Siete Tratados

Juan Montalvo

SIETE TRATADOS

SIETE
TRATADOS

POR

JUAN MONTALVO

———◇———

TOMO SEGUNDO

———◇———

BESANZON

IMPRENTA DE JOSÉ JACQUIN

1,882

DEL GENIO

DEL GENIO

Hermolao Bárbaro era uno como Apolonio de Thyana que creia en el poder y la fuerza de las evocaciones. Un dia ese filósofo tuvo una duda: léjos de acogerse á la sabiduría divina y llamar en su auxilio al espíritu de la luz, recurrió al príncipe de las tinieblas para el esclarecimiento de la que le estaba atormentando la inteligencia atollada en un laberinto de inquisiciones sin fruto y resoluciones sin verdad. Oh tú, sabio del abismo, que ves hácia arriba y alcanzas más que el hombre lo que le atañe al hombre; tú para quien lo secreto es manifiesto, lo incomprensible fácil, lo recóndito palmario, yo te invoco! Me obligarás á proferir la palabra que te hace temblar y te constriñe á la obediencia? El filósofo escatimó con la mirada los rincones de su oscuro aposento, bien como saliéndole á encontrar al ente incorpóreo que habia evocado. Era la una de la mañana: casa, barrio, mundo, todo silencio: ladra un perro en el traspatio, canta un gallo á lo léjos: el filósofo empieza á sentir hormiguillo en el cuerpo y trasudor en la frente, présagos de acaecidos extraordinarios por los cuales uno va á pasar, bien con intervencion propia, bien sin conocimiento de causa. Una llamita azulina, inquieta y juguetona brota por ahí en la esquina del cuarto, no mayor que el fuego fatuo que puede levantarse de una falange de un dedo podrido bajo tierra. Da la llama algunas vueltas : el magico la ve crecer y más crecer, y luégo ir tomando forma como de persona, ora en el volumen, ora en la densidad. Fijos los ojos en ese vano objeto, vano, pero terriblemente verdadero, Hermolao dijo : Hete aquí ! No en balde tomas aspecto de anciano sobrenatural, puesto que va de la averiguacion de cosa superior a los alcances de los simples mortales. Eres el demonio, ese que todo lo sabe : oh tú, demonio, por lo que más temes y respetas en el alto y el profundo, dime qué significa este vocablo misterioso : *Entelechia?* El viejo puso el índice en el ángulo de la boca, meditó una buena pieza, y se quedó callado. Como uno de sus defectos más pertinaces es la soberbia, no quiso confesar que no lo sabia : fué perdiendo poco á poco su espesor, se convirtió luégo en humo sutil, y desapareció relampagueando oscuramente, como una sombra de meteoro encerrado dentro de cuatro paredes.

Cosas hay que no sabe ni el demonio, y por el mismo caso permanecen ignoradas por la sabiduría y libres de la curiosidad humana. En los autores clásicos de la antigua Grecia, en Aristóteles principalmente, ocurre á menudo ese término cuya verdadera significacion se les ha pasado por alto á los más conspicuos traductores y más puntuales intérpretes de esa lengua sábia. Teodoro Gaza, el más prolijo, sagaz e inteligente de cuantos han arrimado el hombro á la dura labor de volver á las lenguas vivas la sustancia de las pasadas, nunca acertó á ponerse de piés en la dificultad. *Entelechia,* unas veces

quiere decir Dios, otras significa forma : cuándo la vierten por movimiento, cuándo por abismo : ahora es inmortalidad, luégo indicará el infierno. Bien así como
el verdadero nombre de Dios no lo sabia sino Salomon,
por tenerlo grabado en su anillo maravilloso , así el
verdadero sentido de este vocablo temible, *Entelechia*,
estaria quizá impreso en la sortija encantada de Táles
de Mileto y Pitágoras de Sámos. Las ciudades antiguas
tenian un nombre oculto en cuyas entrañas se estaba
desenvolviendo el secreto de su destino : ese nombre
nunca debia ser proferido, ni su conocimiento salia del
sumo sacerdote, el presidente del Senado y los grandes
dignatarios de la República, sucediendo que los enemigos pudieran invocar las divinidades tutelares y ser
vencida la Nacion. Roma, verbigracia, se llamaba *Va-
lentia :* el tribuno que se atrevió á descubrir ese nombre, pagó con la vida su temeridad. Los hombres han
gustado en todo tiempo de encerrar el arcano de las
mayores cosas en un signo incomprensible, una palabra
inexplicable, un objeto extraordinario : el género humano es el esfinge que anda proponiéndose á sí mismo
las adivinanzas cuya solucion será la muerte de los
reyes ó el entronizamiento de los sabios. Feijoo discurre
con uno como santo horror acerca del *entelechia* de
Aristóteles, y da tambien noticia por su parte que, con-
sultado por Hermolao, el demonio no pudo salir de la
angostura. Las lenguas suelen tener así uno como símbolo de ellas mismas, piedra preciosa que en volúmen
diminuto encierra la naturaleza, y en cada reflejo nos
da una idea de alguna de sus infinitas maravillas. El
entelechia de los antiguos tiene hoy uno como heredero

de lo vasto, alto, profundo, desconocido y misterioso :
este es *el genio* de todas las lenguas modernas, vocablo
de tántas y tan confusas significaciones, que á fuerza
de sustancia y grandiosidad se les oculta á muchos, y
muchos lo combaten por falta de comprenderlo y co-
gerlo, digamos así, en el vasto, oscuro círculo por
donde anda recorriendo el universo de los idiomas.
Genio, desde luego, significa ente sobrenatural que
acompaña á los varones ínclitos y les dirige sus acciones con respecto al mundo y el género humano, bien
favoreciendo los grandes propósitos de sus benefactores,
bien anunciándoles su destino, que raras veces suele ser
comun, y ménos vulgar, en los hombres que se distinguen de sus semejantes. Este Genio unas veces es propicio, otras infausto ; ó más bien es el destino de cada
cual, destino que en unos es bueno y feliz, en otros
malo y desgraciado. Huyendo los atenienses á la des-
bandada una sangrienta ocasion, uno de los guerreros
vencidos se detuvo súbitamente y se quedó en muda
consulta con los dioses : todos sus compañeros de armas tomaron por el camino que estaba ofreciendo más
probabilidades de salvacion ; él, se fué por otra parte.
Cuando despues le preguntaron cómo no habia seguido
la corriente de los prófugos, respondió que su Genio se
habia interpuesto entre él y sus enemigos. Todos fueron
alanceados ó hechos prisioneros : Sócrates se salvó. Su
demonio ó Genio le habia advertido que no siguiese tal
camino sino tal otro. Este Genio que salva la vida al
filósofo no es sino la sabiduría encarnada en una sombra invisible que se presenta á los ojos del espíritu, y,
aclarando el entendimiento, levanta una cortina del

porvenir y deja ver en su oscuro seno á esos hombres de larga, profunda vista que se hallan en contacto con la Divinidad por medio de la inteligencia y las virtudes. Adivinacion es ciencia infusa de hombres superiores por las facultades intelectuales y sensitivas : estos suelen tener el órgano de la vista tan fino, que rompen el tiempo y le sorprenden en las entrañas los sucesos que en ellas se están formando ; el oido tan agudo, que oyen vagos ruidos en el silencio de la nada ; el tacto tan delicado, que palpan lo que no existe y cogen con la mano lo que aun no tiene cuerpo. *Salve virgo* ' saluda Demócrito á una vírgen en la calle : la encuentra al otro dia, y la saluda : *Salve mulier !* El adivino conoció en sus facciones el pecado : esa noche habia sido desflorada.

Ese vapor sutil que el sol arranca de la tierra y comunica el don profético á algunos filósofos y santos, ése era el Genio del hombre á quien las virtudes y la inteligencia continuamente aguzada volvian apto para recibirlo. Otros averiguadores sublimes de los secretos de la naturaleza han pensado que el espíritu de Dios difundido en to la ella se pegaba en algunas organizaciones excepcionales y perfectas, y de él provenian el conocimiento de lo futuro y las inexplicables sospechas de cosas que son olvido y nada para la generalidad de los mortales. Esa partícula de espíritu celestial incrustada como vívida estrella en el alma del sabio, el santo, les ilumina los ámbitos del entendimiento, y derramándose hácia afuera, les muestra á lo léjos los embriones de las cosas á las cuales el tiempo dará forma y verdad. El Genio de los individuos extraordinarios es esa estrella

pegada en el alma, ese punto de luz divina que, obrando
en la eternidad, da luz á lo oscuro, densidad al vacío,
contornos á la nada, y como carbunclo maravilloso
posee virtudes que llenan de admiracion y espanto á los
que presencian sus obras, sin ser capaces de verificarlas
por su parte. Dicen otros que los astros poseen tal virtud
en su seno, que pueden con ella elevar el espíritu humano, y acrisolarlo y volverlo tan ligero y rápido, que
volando por las regiones del mundo invisible, ve actualmente lo que los demas no pueden ver, porque aun no
tiene forma ; oye lo que para los demas no suena, porque aun no tiene ruido ; toca lo que los otros no perciben, porque aun no tiene cuerpo. El Genio de ciertos
filósofos y héroes, las apariciones de ciertos estáticos y
santos son el fantasma amigo que viene á ellos con nombre de virtud ó sabiduría, y les da á entender cosas de
la eternidad : sabiduría y virtud, esa arte mágica que
en realidad no es sino el querer de Dios obrando actualmente en el pecho de los varones privilegiados. El Genio
de Plotino era de especie superior á todos ; era, dicen,
de la familia de los ángeles, tan luminoso y eficaz, que
este filósofo estaba siempre debajo del dominio de las
potencias celestiales, y derramaba lágrimas al sentarse
á la mesa, lleno de vergüenza y dolor de estas tristes
necesidades que caracterizan la materia. Isidoro Alejandrino, otro que tal, no podia pasar un bocado sino envuelto en lágrimas de sus ojos. El alma no tiene hambre ; horror tiene á la carne : no tiene sed ; el vino la
mata : ¿cómo sucede que esta sustancia inmaterial,
cuyas operaciones se efectúan en los dominios de la
sensibilidad y el pensamiento, á impulsos del sér incor-

póreo que la tiene á su cargo, no puede permanecer en nosotros sino merced á los sufragios que el mundo palpable da á la materia de que es formado nuestro cuerpo? El alma, destello del espíritu infinito, no experimenta sino esas necesidades nobilísimas que la levantan y sumergen en el océano de la gloria, que es ese amor, amor, amor, ese amor violento de los serafines; sed de felicidad, felicidad pura, grande, apénas imaginada por nosotros; gloria, no la nuestra, esta nombradía ruin que ceba la vanidad y exalta la adulacion, sino la gloria del amor divino y la sabiduría mediante las cuales penetramos los secretos de la inmortalidad contenida en el corazon del Todopoderoso. Plotino é Isidoro experimentaban la pesadumbre de la humillacion, naturalezas soberbias, sabedoras de su alto orígen, que convertian en virtud el peor de los pecados: con esa soberbia alababan á Dios, dando á entender al mundo que todo lo que frisa con él es tan inferior á lo del cielo, que quien de ello tuviere alguna noticia, por fuerza se verá afligido y corrido de este influjo de lo bajo sobre lo sublime, este sojuzgamiento del espíritu por los sentidos. El Genio de Plotino, rebelado de dia y de noche contra la tierra, le mantiene en dolor santo, dolor que es vínculo estrecho con la Divinidad. Genio es inteligencia, conciencia, sabiduría; genio es voluntad incontrastable, teson invencible, poder inrestricto; genio es segunda alma puesta sobre la primera, más liviana, pura y luminosa que la del globo de los mortales. El Genio de Sócrates, que desciende sobre él y le deja durmiendo en el espíritu del universo, puestas en olvido tierra y vida; el de Platon, que rueda por los ámbitos de la inmortalidad, resonando hácia adentro de la mansion divina, sin que llegue á nosotros sino la sombra de ese gran ruido; el de Abrahan, que le hace ver en sueños la suerte de su descendencia difundida por el mundo ; estos Genios son la segunda alma con que la Providencia dotó á esos hijos de la tierra, á la cual no estaban unidos sino con las puntas de los piés, levantándose con fuerte voluntad á los espacios infinitos.

El Genio de los hombres raros no siempre es una manifestacion del favor divino puesto en formas, visibles tan solamente para el individuo sobre el cual la Providencia echa su mirada : hay Genios benéficos, y Genios maléficos; Genios propicios, segun que lo llevamos insinuado, y Genios infaustos. El Genio que Marco Bruto vió en su tienda de campaña en los Campos Filípicos, debió de ser de los terribles : á poco perdió la vida, habiendo perdido la victoria. Si ese espectro fué de grande estatura, pálido, y vino herido en cien partes, teniendo con la una mano la diadema que se le queria ir de la cabeza, y con la otra se componia la túnica de púrpura, habrá sido Julio César. Por altos juicios de Dios salió de la tumba y acudió á media noche á advertir á su matador que su dia era llegado, y que iban á cumplirse las represalias del destino. Ese audaz romano tuvo la impavidez necesaria para preguntarle á la sombra que se le habia aparecido : Quién eres? que quieres? de dónde vienes? La sombra muda no respondió : fué creciendo, creciendo á los ojos del sublime asesino, y cuando éste se abalanzó sobre ella á cogerla entre los brazos, una cosa impalpable, nada visible, desapareció

perdida en la oscuridad. Ese hijo pavoroso de la imaginacion de Bruto se llama *su Genio* en la historia ; y tan
á la letra muestran creer en él los antiguos, que en
verdad no acierta uno á tenerse por espíritu *más fuerte*
que Plutarco, Tácito y otros fiadores abonados de esos
grandes acontecimientos.

Juliano el Apóstata, hombre de primera línea, tuvo
su Genio, y le vió dos ocasiones. Ese emperador de dos
coronas, filósofo de dos caras, abrigaba en su naturaleza
la dualidad terrible que se afronta con la trinidad venerable de los cristianos : Ormuz, dios de la luz, y Ari-
manes, dios de las tinieblas, poseian esa alma desmedida, combatiéndose en sus entrañas, como los hijos de
Rebeca, no sobre su premacía de raza, mas aun sobre el
descubrimiento de la verdad, aunadas las fuerzas de
esas invencibles potencias que se daban batalla propen-
diendo á un mismo objeto. Juliano, cual otro Fresnel,
hacia experimentos maravillosos : en los del uno, los
portentos de la física toman bulto en hechos que parecen milagros ; en los del otro, la metafísica se cava á si
propia, y, honda como el abismo, echa destellos luminosos que rompen la oscuridad eterna y se apagan para
siempre, engendrando error ó impiedad en el seno de
las tinieblas. Ese tránsfuga inmortal debia tener su
Genio : inteligencia, sabiduría, facultades sensitivas
allende lo ordinario ; fibra delicada, corazon impetuoso,
todo en él está acreditando que su espíritu mantiene
relaciones ocultas con los dioses ; con los dioses, pues
se apartó de Dios, salió de su morada y, ciego con las
luces de Libanio, se volvió á trancos descomunales hácia

la muchedumbre de divinidades que aun eran osadas á combatirse con el Todopoderoso. Tan profunda la atencion de ese gran sofista, que acertaba, dice Gibbon, á tener ocupados el oido en escuchar, la voz en dictar y la mano en escribir, todo á un tiempo. Como era la atencion, así la penetracion : vió en el mundo invisible ; pero el enemigo extendió sobre el su negra ala, y el investigador de las cosas ocultas, perdida la vista á la verdad, tuvo creido que el error le iluminaba la cabeza y le levantaba el espíritu. En la lucha consigo mismo, y no hay duda sino que luchaba, puesto que los remordimientos son inseparables de la traicion, el apóstata refinó tánto la sensibilidad de su pecho y atersó la inteligencia de manera, que como si fuese poseedor de un sexto sentido, palpaba lo invisible, oia el silencio, y asentaba el pié pasando por un hilo del un extremo al otro de la eternidad. En estas idas y venidas portentosas se le apareció su Genio : la Providencia le enviaba ese caduceador sublime á llamarle de paz y ofrecerle el ósculo de la bienaventuranza : el sofista no quiso acogerse al perdon. Se fué el Genio, cruzó el universo, y de rodillas ante el Altísimo, dió cuenta de su embajada. Dios le dijo . Vuelve, y ve si ese desgraciado tiene por mejor volverse a mí. Juliano volvió á ver su Genio, pero tan estrechos los vínculos que le ataban á los dioses, tan profundas las raíces de su desventura, que, maravillado de la vuelta de esa sombra incomprensible, no tuvo fuerzas todavía para levantar el vuelo, romper la duda, y hendiendo el aire, meterse en el Empíreo.

Bion era otro pensador ahincado que de continuo

estaba requiriendo con los ojos del espíritu el cúmulo de tinieblas que mantienen debajo de su peso las verdades aun no descubiertas por los hombres; esas de que tenemos conocimiento no son sino reflejo lejano de las grandes é inmortales que deificarán al género humano, cuando á fuerza de meditacion, virtud y favor divino viniere á descubrirlas. Bion estaba en su palacio un dia solo y pensativo : qué es lo que ven sus ojos, Señor de cielos y tierra? Un fantasma comparece en una esquina del patio, y va saliendo afuera : cuando hubo llegado al centro, era gigante que daba con la cabeza en el techo, y no hermoso, mas ántes furia aterradora de ojos encendidos y largas serpientes por cabellos. Tiene la estantigua una escoba en la mano, escoba acomodada á barrer con ella los infiernos; tal es de coposa y grande. Pónese á barrer el fantasma, y barre y más barre. El filósofo, en mudo asombro, le está viendo sin moverse. Cuando hubo vuelto en sí, el espectro habia desaparecido. A los dos dias, su hijo, hijo único, cayó del corredor abajo y se hizo pedazos; á los tres, á él mismo le cosieron á puñaladas. El destino habia tomado forma adecuada para los sucesos. El emperador Pertinax fué tambien víctima de un asesinato; pero no ántes de que hubiese visto un espectro que le amenazaba puñal en mano, puñal resplandeciente.

El Genio del peor de los hombres era propicio; á lo ménos él lo tenia para sí. El que se llamaba *feliz*, atribuyendo sus triunfos y sus glorias á la Divinidad, y de ningun modo á sus méritos personales, pudo imaginar que uno de los dioses más bellos y amables le tenia á su

cargo, le inspiraba y dirigia sus acciones. El Genio de
Sila era Apolo, nada ménos ; y tan atrevido en su orgullo esotro azote de Dios, que le habia aherrojado á su
protector, achicado y metido en una figurilla diminuta
que llevaba continuamente al pecho. El dios de la luz
producia las tinieblas en que vivia nadando ese perverso ; el dios de la paz le aconsejaba proscripciones,
matanzas, degüellos de ciudades enteras ; el dios de la
poesía casta y pura era el guion de las bacanales donde
pudor y verguenza servian de pasto á las pasiones más
voraces. Apolo era el Genio de Sila · atrevido éste ! El
que se le apareció verdaderamente, cuando comido de
gusanos, vuelta pus la sangre de sus venas, daba
aullidos de dolor, no fué Apolo ; fué el Genio del abismo
que le arrastraba diciendo : Ven, malvado !

Mario, ménos soberbio, pero más impostor que su
rival, se aconsejaba de una mujer scitia, una como he-
chicera salida de los bosques de la Germania, rebosán-
dole en el pecho los sucesos futuros en proféticas oleadas.
Cosa rara, los hombres más orgullosos y atrevidos, esos
que piensan que lo pueden todo, porque todo lo sueñan,
han atribuido, cual más cual ménos, su buena fortuna
á la causa inaveriguable de todos los humanos acontecimientos. Se vengan, eso sí, los más audaces, se vengan
del destino, y aun imponen castigos rigurosos á los
dioses, cuando éstos no los sacan bien de sus empresas.
Xerjes hace dar de azotes al mar, porque habia roto el
puente echado sobre el Helesponto para que su ejército
pasase. Alejandro crucifica á su médico Gláucias y
manda derribar los templos de Esculapio á la muerte

de Efestion : Augusto excluye de las procesiones de los dioses á Neptuno, despues del naufragio de su escuadra. Ayax habia dado ántes ejemplo de esta impía insolencia de los grandes, desafiando en alta voz á Júpiter, que bajase á combatirse con él en singular batalla orillas del Escamandro.

Si gustais de los sitios agrestes, esos donde el agua está conversando con el silencio eternamente, y las plantas en apiñadas agrupaciones forman circuitos que son palacios de náyades y sílfides, mirad aquí esta gruta como esas donde Calipso prometia felicidad inmortal al viejo rey de Itaca. La peña, en socavon curioso, compone una bóveda adornada de estalactitas que son obra maestra de la naturaleza : al pié de ella está brotando á la continua un caudal de agua purísima, cuyo lecho taracean peladillas de colores varios : fino césped suaviza y enverdece el suelo, miéntras las plantas trepadoras suben por las paredes y forman inestricables laberintos con los árboles que circumbalan la fuente. Un cáliz enorme de color de púrpura está colgado de una rama cabizbaja, y toca y no toca las ondas que en hinchada rebosadura se derraman por las orillas : las flores del campo, la bellaunion silvestre, el pajarito azul de pico largo agracian los alrededores, sin género de ruido sino es el murmurio del agua y el zumbido de los insectos que debajo de la yerba llevan adelante la comedia de su vida. Un viejo venerable, despejada la frente, blanca la barba, se viene hácia la gruta á paso de profeta : entró. Con qué palabras de sentido profundo evocó su Genio, lo ignoramos ; mas de las entrañas de la fuente, rompiéndola con el blanco pecho, ó fué de entre el tupido ramaje, salió una mujer jóven como el alba, fresca como la humedad milagrosa de su gruta, y le echó los brazos al anciano. Hablaron los dos seis horas : en este espacio de tiempo el anciano aprendió más que habia estudiado en los años de su vida, y cargado de ciencia súbita, se volvió á la ciudad á sus alcázares. Era ésto el rey de Roma, y la jóven de la gruta un ente superior al género humano que por misericordia de los dioses se presentaba á un mortal y le comunicaba los secretos del destino. El Genio de Numa es la ninfa Egeria. Los que viajáis á Roma, id á beber por la mañana en la fuente de la ninfa Egeria. Numa pasó, Roma se desvaneció : naturaleza con su agua saludable, sus árboles frondosos, su yerba verde, sus flores aromáticas, sus aves canoras, allí está. Nuestro siglo es incrédulo : burlas para él lo extraordinario ; empero el amor de la naturaleza expresado en el agua corriente, la mullida grama, la flor voluptuosa, el silencio amigo, es Genio en el cual nunca dejaremos de creer los que tenemos en el alma un grano de poesía, y gustamos de leer en esos libros sibilinos que están abiertos de noche en la bóveda celeste, y de dia en las soledades donde no hablan sino el viento sobre el árbol, el insecto debajo de la yerba, y por ventura un pájaro que vuela por encima echando gritos lamentables.

Hé aquí el un aspecto del *genio*, este dios de cien caras, sombra en cuyo seno arden cien luces, como en esa *entelechia* de los griegos tan oscura y tan brillante, tan difícil y tan clara, tan angosta y tan extendida en todas direcciones. Bien como las piedras preciosas en reducido volumen abrigan la luz y los colores, así hay vocablos en los idiomas que son como compendios de cuanta sabiduría pueden ellos comprender. Dándole la vuelta á esta palabra sublime, descubrimos otro universo. Mirad esta niña en cuyo rostro la bondad apacible está presente á cualquier hora en forma de sonrisa : no la sonrisa del orgullo con la cual las soberbias desdeñan calladamente hasta á las personas y las cosas que les cumple venerar, sino la de la humilde obediencia, esa de la alegría que sienten los corazones bien formados cuando sirven á sus padres, dan gusto á sus hermanos, cumplen con sus deberes respecto de sus superiores : esa sonrisa de satisfaccion inocente si alcanzan el complimiento de un deseo, de conformidad si llegan á perder lo que les embelesa, de resignacion si sufren un castigo : sonrisa cuya esencia es el amor, que no falta de los labios ni en medio de las lágrimas que están corriendo por sobre ella, y si se apaga por un instante, es para revivir más sonrosada, alegre y cariñosa. Esta sonrisa no solamente está en la boca : los ojos la conocen asimismo, la cultivan, benefician con ella la admiracion y el afecto de los que la recibimos y dejamos se nos imprima en el alma como sello con que un ángel benefactor quisiera señalarnos para la felicidad del mundo, reinando la pureza. Niña, mujer que sonrien de este modo, con los ojos y los labios, son de *buen genio.* Buen genio en una persona quiere decir á las veces, buena índole, temple suave y espíritu avenidero con todo, puesto que no vaya de cosas opuestas á los deberes y las virtudes. Obediencia afable es buen genio ; condescendencia delicada, buen genio ; sujecion apa-

cible, buen genio : buen genio son prontitud y gracia
con las cuales corremos adelante de nuestras obligaciones en favor de nuestros semejantes, y nos hallamos
listos á quedar bien con ellos, interviniendo honestidad
y decoro. El buen genio es contrario de la cólera, y
más de la ira. Puede uno sentirse de súbito prendido
en una alta llama, sin dejar de tener, gracias á Dios,
buena índole : dormirse en el enojo, dar cabida al
rencor en el pecho, estar incubando la venganza de dia
y de noche, esto no es del corazon bien formado y
el juicio recto, para los cuales agravios son relámpagos
que pasan inflamando el horizonte, pero sin dejarlos
quemados y marcados con la negra huella de la ira.
Ira es la cólera prolongada de la cual es cómplice el
espíritu : ira es mal deseo, mala intencion y, cuando
halla miembros donde encarnarse, ira es mala obra.
Ira contra crímenes deliberados, contra vicios pertinaces ; ira contra tiranías, abusos inrestrictos, iniquidades
constantes ; ira contra violencias, injusticias, perversidades é infamias, es santa ira, virtud inseparable de
naturales remontados y perfectos. El buen genio puede
y debe abrigar en sus entrañas esta noble pasion que
está siempre armada de todas armas contra el crímen y
el vicio. Sin ella ¿qué fuera de la justicia? sin ella ¿qué
de las buenas costumbres? sin ella ¿qué de las virtudes?
Oh tú que abrigas á Dios en el pecho, enciéndete, arde
en ira, vuela por el mundo y devora cuantas iniquidades hallas al paso, ideas erróneas, acciones nefan-
das que deslustran y envilecen al género humano, como
enatieza aferrada sobre la parte más noble y visible
de su cuerpo.

El hombre de buen genio no muestra ruin condescendencia con los de torcida condicion ; al contrario, su cólera está pronta á caer sobre la propuesta indebida, el deseo reprensible, el favor criminal que exigen de él los que le irrogan el agravio de juzgarle flaco y miserable. Será manso en las relaciones y casos de la vida donde la indignacion no es deber del hombre de bien : si ante el crímen ó la infamia permanece uno helado, su pecho no encubre el hogar bendito donde se cuecen las virtudes : ése no es de bueno ni de mal genio : es autómata que vive por máquina, ó perverso que no se ha dejado conocer por falta de oportunidad. Buen genio y buena índole no son una misma cosa : por de buena índole tenemos á esos cuyas propensiones al bien son notorias, al paso que con ellos nada puede el espíritu del mal que anda soplando sobre el mundo y levantando llamas de exterminio en los corazones mal formados. Buen genio es persona mansa, vertible, suave : ni le irritan vanas palabras, ni le encienden chispas ligeras, ni vuela en alas del enojo sobre los que le han tocado blandamente. Cuán mullido y cómodo lecho es el buen genio, bien así para los que lo poseen, como para los que de él sacan ganancia ! La cólera es negra petardista : se queda con cuanto se le da fiado : es ingrata ; nunca vuelve los servicios que se le hacen, como dijo uno que acaso la servia con frecuencia. Cada arrebato es un burujon en el pecho ; cada arranque de furia un golpe mortal para el que lo padece : no avenirse á nada, no tener jamas por solventados para con nosotros á los que nos acompañan y rodean, es vida de Judas llena de sinsabores y quebrantos. El buen genio se los ahorra sa-

biamente : oye con calma filosófica las sandeces de los
mil pedantes con quienes topa cada dia : se harta en
silencio de la miel empalagosa de esos ruines que nos
lavan la cara, hasta cuando se les ofrezca echarnos en
ella un puñado de cieno : sufre, y hasta da impulso á
las locuras de esos insensatos que se levantan á las regiones inmortales en alas de su alabanza propia. El
hombre de buen genio es conllevador perpetuo de
cuantos son sus semejantes : á él le cuentan pajarotas, á
el le llevan quejas, á él le ocupan de balde en todo. Ente
más socorrido para los otros, y más infeliz para sí
mismo que el de buen genio, no hay en la tierra : sin
estas personas benditas de Dios en quienes descargamos
nuestro mal humor, nuestra cólera los irascibles, ¿qué
seria de nosotros ? Así como el Hacedor en su bondad
infinita crió el caballo, el buey para alivio del hombre,
asimismo crió los de buen genio para respiro y desfo-
gue de esos temperamentos inflamables que se prenden
y revientan con los rayos del sol, y hasta con los de la
luna.

Para la sed devoradora de un camino donde el sol
se encarniza sobre la arena y la hace hervir debajo de
los piés del viandante, el agua ; el agua fresca y pura
que corre murmullando por entre las yerbecillas y las
cañas de un oásis : el incendio que nos estaba consumiendo amaina ; las caldeadas paredes del pecho reco-
bran el perdido jugo, y prestan regenerado teatro á las
funciones de la vida.

Para la conciencia cargada de terribles culpas, que se
ahoga en ellas y arroja por adentro gritos de desespe-

racion, espoleada por el remordimiento, el sacerdote : el muelle regazo de un santo investido del poder divino con la ejecutoria de las virtudes, es realmente suave para las almas humildes y creyentes : descárganse de malos pensamientos, crudos anhelos, obras perversas, y quedan aliviadas con ese vacío de culpas, y ese depósito de esperanza que vienen á ser entónces sus arrepentidos corazones.

Para esos espíritus eléctricos que estallan al menor choque y disparan mortales centellas, el buen genio ; el buen genio de estos hombres buenos, pararayos de los airables, los arrebatados que se van á las manos donde hallan imprudente resistencia. He oido que nada más al caso para contener á una alma fosca que está tronando y relampagueando, que hacerle cara, ó levantarle el gallo, como dicen. Cuando el valor y el punto no magnifican la exaltacion del ánimo, puede ser ; pero ay de esos que se afrontan por sistema con un hombre prendido en justa furia, que á un mismo tiempo abriga corazon capaz del cielo y de la tierra! Valen más la modestia, que no tiene necesidad de ser miedo, y esa serenidad rica de filosofía con las cuales algunos temperamentos privilegiados saben romper las tempestades y desbaratarlas, bien como los náuticos hábiles de los mares de China rompen la tromba y le matan en el seno la muerte con que viene amenazando. Sea desprecio, sea reportamiento filósofico, sea elevada indiferencia, lo cierto es que causan asombro esos varones esclarecidos que sojuzgan al enemigo con la paciencia y el silencio, armas de los dioses. Yo no me siento, en verdad, capaz de tanto como ese orador que, teniendo levantado sobre su ca-

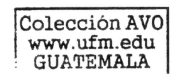

beza el baston de su rival, con serenidad enérgica le
dice : Descarga, pero escucha ! Lo que solemos hacer
los hombres comunes, filósofos de teoría, es abalan-
zarnos al pescuezo de los que nos alzan la mano, y sa-
carles media vara de lengua, á efecto de enseñarles moderacion y darles buena crianza. Bonito soy yo para que
venga á hacerme callar un majagranzas mostrándome
los puños ! Pues á ése me le voy á fondo, y si no sale
como perro con maza, de Dios le venga la salvacion, y
vayase el diablo para atrevido. Si es de los que hacen
rostro y no usan calzas de Villadiego, sino medias de
punto grueso sobre canilla de gallo bien señalada, sera
ese un asalto de Lubaina, y un puñado de ceniza quedará allí dando testimonio de la insensatez de dos soberbios que, no por falta de talento sino de filosofía, se
deshicieron las muelas, ó se abrieron en el pecho feri-
das tales, que Turno apénas las recibió mayores de la
airada mano del hijo de Anquíses. Muchos hay que
tienen en los labios esta máxima de la Escritura: « Gran
virtud es la paciencia : el hombre arrebatado está acreditando su locura ; » y en los hechos son un compuesto
de salitre, carbon y azufre; pólvora de Flandes que
prende la sombra de una chispa. Cuando la paciencia no
frisa con la cobardía, ni el buen genio es máscara de la
ruindad, son virtudes y prendas nobilísimas de paz y
sosiego entre los mortales. Con ser que no soy de los
mejores, detesto á esos desventurados que se andan á la
greña, y sobre el mio y el tuyo se suben á la parra, y
concitan la ira del cielo, y se sacan los ojos, con notable
perjuicio de la sociedad humana, la cual ha de llevar
adelante en ritmo acorde sus revoluciones en la órbita

de la concordia y el amor, fundamentos fuera de los
cuales no hay dicha ni placer que se levanten. La exaltacion del ánimo en las grandes ocasiones, no hay duda
sino que es toque de nobleza : sufrimiento que traspasa
ciertos límites acredita falta de valor, ó ficcion refinada
del orgullo. La única vez que pongo en duda la sinceridad del más santo de los filósofos es cuando le veo
recibir un bofeton y un puntapié con rostro sereno,
é irse á su casa á contarle á su mujer que un asno le ha
dado una coz por ahí en la calle. Pero sí me parece
muestra de gran carácter el silencio con que otro estaba
oyendo la contumelia de un enemigo suyo, y cuando
éste hubo agotado el tesoro de las injurias, siguió adelante su discurso interrumpido, sin aludir á los denuestos que acababa de presenciar el auditorio. Dicen que
para tener razones con un borracho conviene haber bebido, y para trabarse de palabras con un loco es necesario haber perdido el juicio : para reprimir á un furioso
que nos está insultando de hecho, convendrá que seamos tan brutales y menguados como él ? El orador abo-
licionista Cárlos Sumner, apóstol de la libertad de los
negros en los Estados-Unidos de América, fué acometido
súbitamente en el palacio del Congreso por un diputado
del Sur, un negrero cuyos bienes de fortuna consistian
en algunos centenares de esclavos africanos. Para las
oraciones de Sumner, vírgenes hermosas infundidas de
justicia y amor por obra del Espíritu, el negrero tuvo
un palo : fué y dió sobre él, y le rompió la cabeza, y le
hirió profundamente el cráneo, y le dejó tendido en
tierra. El palo fué más elocuente que el verbo encarnado en la voz del santo Casas de los negros ; y donde

el propietario de carne humana no pudo responder al Evangelio en boca del orador sublime, halló la providencia que habia menester, saliéndole al paso al hombre de la verdad, y averiándole los órganos de la sabiduría. Cárlos Sumner falleció despues á consecuencia de esas heridas: no he sabido que su infame agresor hubiese muerto en el patíbulo : una ley errónea le quitó al verdugo de los dientes el mejor de sus bocados.

Suelen los perversos sin grandeza de alma beneficiar la bondad de sus semejantes, y sacar oro del sufrimiento de los mansos : los hombres nobles, generosos, que debajo de la capa del mal genio ocultan el buen corazon, y muchas veces el gran carácter, huyen de abusos que los apocarian á sus propios ojos, acreditándolos de injustos y ciegamente arrebatados con esos sus semejantes que no les hacen oposicion, sino es la de la mansedumbre y la justicia expresada con humildad y dulzura. Para con éstos no hay cólera que valga: bien como el rayo se apaga y muere en la fuente adonde le arrastran sus conductores, así el ímpetu destructor cae desvanecido ante la suave moderacion de los que valen con su flema previsiva más que nosotros con nuestra furia ciega. Desgracias muchas y muy grandes, formadas ya en las entrañas de la cólera, han sido conjuradas por esa maga bienhechora que llamamos paciencia. Si ocurriese que entre dos personas que tienen que ver entre sí la una fuera mansa y avenible, ¡ qué de vituperios, deshonras, vergüenzas, homicidios y desventuras de todo linaje nos ahorráramos los mezquinos de los hombres ! Si la experiencia propia es vena de sabiduría que vamos

cortando á todas horas con el cincel de oro de la cordura, no disuena el que, sin alabarnos, hablemos de
nosotros mismos. Mas como para que este género de
escritos exegéticos parezcan abonados á los lectores pobres de indulgencia es preciso que el nombre del autor
se lleve tras sí el fiel de la balanza en que le pesan
buenos y malos, será obra de más juicio dar aspecto de
observaciones generales á lo que por ventura ha ocurrido con nosotros mismos. « Pensais que va á hablar
(Miguel de Montaigne) de Julio César ó del gran Pompeyo ? No señor ; de Miguel de Montaigne es de quien
habla, » dice un crítico ; de sus gustos, sus caprichos,
sus enfermedades : da cuenta de lo que come, lo que
bebe : nos delinea su casa, la torre descalabrada adonde
se retira por la noche con su lámpara en la mano : nos
presenta su perro que á fuerza de años no se pone ya
de piés ni para ladrar. Este egotista desaforado no pára
hasta no hacernos saber cuántas veces al dia echa aguas,
y sus aprensiones respecto de la piedra que imagina
tener en la vejiga. Y, quién lo creyera, los Ensayos de
Montaigne son una de las obras más excelentes y agradables que podemos haber á las manos ; de esas obras
que nos hacen olvidar comida, sueño, barba, y nos ins-
truyen tanto cuanto nos deleitan. Por eso han dicho que
el que ha leido á Plutarco, Séneca y Montaigne puede
hacer cuenta que ha leido cuanto bueno hay que leer
en el mundo. Addison, el Expectador, hace la observacion de que si ese viejo gascon no hubiera entreverado
las cosas á él pertenecientes con la alta historia y los
sublimes principios de moral de que están henchidos
sus Ensayos, no seria, á buen seguro, tan amena su

lectura. Todo consiste en hablar de sí un autor con ese hábil tanteo, esa gracia mañera con las cuales los más atinados hacen creer á sus lectores que cuando se están magnificando son modestos, cuando muestran sabiduría no la exponen adrede, cuando fantasean y hacen vana-' gloriosos regates, no es por despertar admiracion ni envidia. Hay egotismo de tal naturaleza que es el embeleso del lector: ¿quién no vuelve al regosto cuando ha saboreado esas anécdotas en que Marco Tulio habla de sí mismo, de su vanidad y sus pretensiones á la gloria, cuando aun no era sino un quídan ambicioso de los muchos que abrigaba su patria? A la vuelta de su cuestura de Sicilia, dice, pensó que el mundo estaba rebosando en su fama, y no se hablaba de otra cosa en la capital del imperio que de Marco Tulio Ciceron. Ocurrió que desembarcase en las costas de la Campania en época de recreo para los patricios de Roma, donde ricos, hombres célebres, matronas de chapa venian á pasar esa *villegiatura* de que tanto gustaban los grandes. Preséntase en Puteoles el ex-magistrado de Siracusa: varones consulares, oradores ilustres, damas de alta guisa, allí están en muchedumbre augusta. Nadie habia salido á su encuentro, nadie se llegaba á rendirle pleito homenage: malo, dijo para sí el cuestor: no han sabido tal vez que yo llegaba? esto mismo frisa con lo absurdo; pues quien no está obligado á saber que llega Marco Tulio Ciceron? Viendo que nadie se daba por entendido de su presencia, se dirige á un conocido suyo, y departiendo en materias varias, de una en otra le vino á preguntar: Qué dicen de mí en Roma? En dónde habeis estado, Ciceron?

Quedóse de una pieza el candidato de la gloria : cuando él pensaba que no habia en Roma otro punto de conversacion que él y su cuestura en Sicilia, ni habian sabido en donde se encontrara. Ahora digo, cosas de éstas ¿las ha de contar ó no un autor? le han de gustar ó no al lector? Con todo, para que no me pregunten en dónde he estado, nada diré de mí, sino que hay personas entre las cuales amistad y trato son de corta duracion, cuando al mal carácter acompaña el mal genio uno de los dos : si éste es airable, ése ha de ser bonancible ; si el uno diabólicamente arrebatado, el otro santamente paciencioso : de otra suerte el choque ha de ser continuo, y de ese choque ha de brotar el rayo, bien como de dos nubes cargadas de electricidades opuestas. Los amigos que más duran son los mansos, de buen genio, esos que no se resienten por quítame allá esas pajas, ni se quiebran de un soplo, ni se dan por agraviados á posta para enojarse y retraerse. Los sirvientes más constantes y largos en la casa son los de buen genio : conllevadores sumisos, como el patrono sea bueno, como al palo siga la dádiva, y palabras de cariño borren ofensas, son queridos más que los soberbios que nada quieren sufrir ni disimular. Tenia mi padre un mayordomo llamado don Manuel : hombre más bueno que éste, aguantador y pacífico no ha visto el mundo : no habia quien no le echase una albarda y le pusiese la mano en la bragadura. Resentirse, no era suyo ; exaltarse, ni si le pinchaban con alfileres. Su señor, un trueno : las sobrevientas en él subian á tempestades : don Manuel, invento de Franklin, pararayo admirable, apagaba en su buen genio y su humildad los caudales eléctricos que venian amenazando con dejarle consumido. Soltábase al fin en lágrimas el mozo infeliz; y verle enjugarse los ojos con la manga, gimiendo pasito, pasito, sin dejar de comer en medio de su cuita, era de ponerse a llorar junto con él, segun el enternecimiento de todos los corazones. Los « gloton ! » « bruto ! » « animal ! » de la semana llevados en amor de Dios, le valian el domingo una prenda de vestir y ocho reales fuertes en plata; y era don Manuel hombre que no se trocara con un emperador.

Bien es verdad que el buen genio propasado raya en majadería, en idiotez digna de castigo. Yendo á recorrer yo el campo de batalla de Cuaspud en los confines de Colombia, despues de haber pasado el Carchi, iba subiendo una cuesta asaz dilatada : hé allí una voz lastimera de persona que está dando al viento sus desgracias y pesadumbres . es llanto de amor? de dolor físico? de desesperacion? La queja es triste; la voz alta y profunda está resonando en la anchurosa vega. Allá descubro un hombre sentado á la orilla del camino : blanco el rostro, decente el vestido, su barba negra desciende hasta el esternon en madeja sublime : fisonomía más propia de monarca antiguo, nunca han visto mis ojos. Ese Príamo jóven, ese Carlomagno americano es quien está hiriendo el cielo con sus ayes. Grave debe de ser la causa : doy de espuelas á mi cascudo : Eh, buen hombre, qué le ha sucedido á usted ? — Me pegó mi mujer, aaah, aaah, aaah ! Si el pícaro no se despeña en un pronto, y no se esconde por ahí en un matorral espeso, le mato como hay Dios, haciendo bailar sobre él mi furioso caballo.

Este es un hombre tan bueno, me dijo mi compañero
de excursion, que se deja zurrar juéves y domingo por
una bruja con quien se casó en mala hora. Su arbitrio
es venirse á esta quebrada y llorar á voz en cuello, como
á usted le consta. La bondad infamante es pecado en el
varon : el sexo enérgico tiene lágrimas para el orgullo,
la soberbia, el amor loco, los dolores infernales de su
pecho : Satanás llora de cólera y desesperacion ; Nélson
se echa á llorar como una mujercilla en brazos de su
amada al despedirse para Trafalgar : llorar un hombre
porque le zurra su mujer, y llorar á gritos, es otra
caída del género humano, y más profunda que la primera. Ese mismo marimacho que así ofendia en las
barbas de su marido á la respetable masculinidad,
cuando le hubo quitado la vida al infelice á puros golpes,
llevó su merecido de mano de un destripaterrones que
sabia donde le apretaba el zapato. Señor, suya soy : de
mi persona, disponga como le agrade ; pero en mi yegua
no ha de montar. El cónyugue augusto sabia su deber :
tomóla, ensillóla, montóla, rasgóla con tanta gana, que
á los quince dias de segundas nupcias habia entregado
el alma al diablo la buena de la vieja. Esta, sin duda,
no era ni buena ni de buen genio.

Yo he llorado por un zambito criado mio lágrimas
que hubieran sido envidia de un hijo : así él de manso,
apacible, diligente y amoroso. Mis temporales eran
trombas marinas que me las rompia y desbarataba, no
á cañonazos, como hacen los navegantes, sino con una
humildad, una resignacion al castigo injusto de la cólera,
unos ojos tan llenos de amor y lágrimas, que al punto

era yo un san Francisco de Sáles por la mansedumbre,
un san Bruno de caridad, á quien los ángeles, sobre sus
alas, hubieran arrebatado al cielo. Esta seráfica criatura,
familia, amigos, todo en mi proscripcion ; mi factotum,
ministro universal de mesa y cámara, confidente y
maestresala, cayó con fiebre un dia. Cuando su madre,
una negra alta y seca, le echó al pobrecito á la espalda
para llevarlo al cementerio, no la seguí por no ir gimiendo por la calle. *Un tigre* para los perversos ; para
los buenos siempre he abrigado corazon de madre :
Jesus tenia tambien *corazon maternal* : Venid a mí los
párvulos ! y llora sobre Lázaro el hijo de Dios. Por la
tarde, un llanto lastimero llenó de repente la casa donde
yo vivia. Era la negra : Señor, me dijo, el señor cura no
permite sepultarlo miéntras no consignemos los derechos : dice que allí le comerán los perros. Cuando el
clérigo vio ante el ese hombre de ojos encendidos, de
aspecto feroz, que iba á consumirle, tembló . Señor don
Juan, reportese, por Dios ! qué hay? Usted no tiene
derecho á los derechos, señor cura, de un desheredado
para cuya mortaja y cuya misa fúnebre dejo de comer
cuatro dias el triste pan del destierro ; pero si plata por
obras pías, aquí la tiene usted ! Y tiro con furia un puñado de dinero sobre la mesa. El clérigo negó todo ;
dijo que eran mentiras y picardías de la negra, y que el
cadáver y yo seríamos servidos como lo manda Dios.
Luégo recogió con modestia digna de alabanza el dinero
que yo habia echado por ahí, y me lo puso en el bol-
sillo. El *corazon de tigre* y el corazon de madre juntos
en un mismo pecho suelen hacer las obras mejores de la
vida. Otro muchacho tuve, el antípoda de este difunto :

y tenia nombre de profeta, él que era el mismo diablo : bellaco más completo y más lleno de farándulas y embudos, no ha producido la Playa de Sanlúcar. Grandes las faltas y continuas ; el castigo de tarde en tarde y menor que ellas. Al más indeciso cachete, al más ligero pasagonzalo, caia muerto ese Guzman de Alfarache pequeñuelo ; y era de ver con la gracia que hacia el agonizante : ni la palidez, ni el sudor frio, ni las convulsiones le faltaban para que su traza fuera cumplida. Entónces era el echar yo mano por un látigo, y sacarle vivo como un cohete por esas calles. Tan aviesa criatura me iba corrompiendo : no me gusta ser malo, no queria serlo : le eché de mí y quedé bueno y libre de esa alcabala nefanda de la cólera. Las personas de buen genio y corazon bien formado son los Genios propicios de la vida ; las de mal corazon y mal genio son moradas de Satanás.

Celio era un antiguo cuya sangre estaba hirviendo como las aguas del Cócito cuando caen en el Orco : irascible, precipitado, violento : no habia discusion que no metiese á voces, ni controversia que no trabucase con vuelos de cólera de cuyas alas llovian las injurias. Convidó una tarde á comer á un amigo suyo : vino temblando el pobre ; vino de miedo, y nada más ; que de bonísima gana se quedara en ayunas ántes que verse papo á papo y discurrir con Celio. Rompió éste á conversar con tal ardor, que desde la primer palabra estaba eso oliendo á chamusquina. Saben los cielos en lo que hubiera parado el apacible entretenimiento, si su huésped, con sobrada cordura, no hubiera empezado á pasar por todo cuanto decia su temeroso amigo : « Así es. » « Tienes mucha razon. » « Abundo en tu parecer. » « Dímelo á mí ! si eso que tú dices yo lo he visto. » Celio estaba ya comiéndose de rabia : Canalla ! dijo, tan bajo así eres, y tan humilde que encubres cuanto despropósito explayo por ejercitar tu ingenio? Oponte, arguyo, grita, majadero, á fin de que seamos dos personas.

Bondad que raya en miedo, no es bondad sino bajeza.

El buen genio es nuncio perpetuo de paz : no trae, como el otro embajador, la guerra en el enfaldo de su túnica, si no recibe el enemigo á costal cerrado las proposiciones que le hace. Si algo desea, es de ver con la tímida incertidumbre que saca la cabeza. Sabe rogar en ocasiones ; el exigir, no es suyo ; y si se propasa á este extremo de valor, no oimos, vemos sus exigencias en gotas gruesas y cristalinas paradas sobre sus pestañas. La negativa puede afligirle, pero no le irrita : echa sus miradas de suavidad indecible, sonrie con amable melancolía, y guarda silencio.

Ahora ved estotra mujer : jóven aún y hermosa, mas ni por esas infunde amor, sino es el ahinco ilícito que suele ser herencia de la voluptuosidad. Su cara parece más abultada de lo que es: indignacion, soberbia, cólera están soplando en ella, é imprimiendo en sus facciones el sello de las Furias. Ni la mañana con su frescor y alegría le desencapota la frente: el sedimento de la noche, asentado en ella, rechaza el brillo y el gozo matinales. Levántase fruncida, cazurra, zahareña . buen hombre, si eres su marido, no la saludes ; su respuesta será un vistazo de Gorgona, ó el sofion con que te estrella en las paredes. Si el buen humor de tu mujer es la salsa con que aliñas tus manjares, el hambre te espera, desdichado. Mírala: sus maneras son bruscas: los labios, sin advertencia propia, se le alzan por las esquinas: te está asesinando con el silencio, y todo lo mata al rededor, si á ella le toca dar la ley en el hogar. Nadie es osado á reir alegremente; mucho será si hay quien hable pasito, con una como reserva temerosa. Se levantó, se fué: á media comida, todos se quedan con la cuchara entre la mano y la boca, y ella como un esfinje, afuera sola y muda. Si eres de los buenos, hombre infeliz á quien deparó el cielo ese demonio en forma de mujer, te afliges, lloras sin lágrimas en lo profundo de tu pecho tu desgracia; desgracia, sin deshonra quizá, pero desgracia. Si no naciste para mártir, he allí rompido el zurron de Empédocles, y sueltos los vientos por tu casa: ó tienes por mejor meterte dentro de tí mismo, y estar beneficiando sinsabores y amarguras en la noche de tu alma, cerrándoles el paso por medio del silencio, centinela misterioso que muchas veces custodia tesoros de dolor y desventura. Tan propasada es en su mal genio, que esta mujer es mala: ahijándola los celos, rebelada al fin contra el mal trato, con razon ó motivo de algun linaje, sea en buenhora Estinfálida que aterra á quienes la oyen ó la miran; mas si todo es prurito de incomodar y atormentar al que le hizo el favor de darle la mano, á los que le hacen diariamente el de vivir con ella, servirla y sufrirla, sea mil veces maldecida esta hija del infierno que no merece ser esposa ni madre, ni aprovecharse de la luz del dia.

En los hombres puede pasar el mal genio, el mal humor, enfermedad física incurable, tributo muchas veces de la constitucion masculina que suele adolecer de imperfecciones de las cuales resultan hazañas ó grandes obras de la inteligencia. Dicen que los poemas de Byron, los más terribles, esos donde su misantropía olímpica le levanta al poeta al firmamento en alas del santo odio que profesa al género humano corrompido, fueron fruto de ese humor negro que en algunos hombres tristemente privilegiados es padecimiento que raya en desesperacion. La bilis, el más corrosivo y amargo de los humores de nuestro cuerpo, es el más noble, quién lo creyera : el temperamento de los varones ínclitos es bilioso, teniendo su parte en él esa nerviosidad delicadísima, temblor divino de la inspiracion. Individuos hay que pasan por malos, cuando abrigan el *corazon maternal* de Jesucristo : la bílis negra les está bañando el pecho, y les da aspecto de demonios á esos que no pierden quizá ocasion de echar afuera torrentes de caridad, generosidad, virtud encarnadas en obras de santo ó de filósofo. Con desgraciados de esta naturaleza la indulgencia es obligatoria en nosotros ; no sea que nos vengamos á parecer á esos pobres de espíritu que no distinguen lo bueno de lo malo, y andan empeñados en el descrédito de personas acreedoras á la veneracion de sus semejantes. Apacible resistencia, sufrimiento, mansedumbre, jovialidad insinuante, dones son de la mujer ; su pecho, asiento natural de estas virtudes, las cuales, en cierto modo, dependen de la constitucion del sexo femenino. Son pues más culpables las que, por falta de juicio, imbuidas en principios insanos de predominio y dictadura, se calzan las bragas, y no quieren sufrir contraresto en su extravagante señorío. Este mal genio es atroz; el más empalagoso es el de la contradiccion de que adolecen ciertas mujeres vanas. No exprese uno ante una de ellas pensamientos ni afecciones : por sinceras que sean éstas, y elevados esos, el censor importuno les dará de coces, teniendo á gloria apartarse en ideas y sentimientos del ánimo de ese á quien ojalá estuviera atada fuertemente con la voluntad y la inteligencia. Oh tú que la conoces, porque es tuya á pesar tuyo, no dejes ver tu afecto por uno de tus semejantes; ella mostrará de contado su tirria por ese amable sugeto: no aborrezcas ni á un infame en su presencia, porque ella ostentará su estima por él y su cariño. Mujer de mal genio, compendio de batallas . todo le disgusta, todo lo reprueba, todo la saca de sus quicios. La cólera, suya es; los maullidos de gato encelado, suyos; los trepes y bravatas, suyos · ¡ y qué gesto repulsivo ese que la embravece aferando los porfiles que bañados de mansedumbre serian prendas de amor y felicidad ! Buena gracia y delicadeza, vínculos de corazones. Estas locas ingratas suelen pagar á las veces la pena de su mala índole : si en la soledad despreciable en que devoran la indiferencia de la gente están echando lágrimas de arrepentimiento, no sé ; pero se me alcanza que el desden del hombre cuyo amor poseyeron, es para ellas ascua encendida que les abrasa el pecho y les cocina en las entrañas ese brevaje amargo, viscoso, que se les cuaja en el garguero amenazándolas con muerte desesperada.

Mal genio y mal carácter pueden concurrir en una misma persona ; mas no siempre son sinónimos ; sucede por el contrario que los hombres de mal genio, esos de temperamento eléctrico que están relampagueando sin ruido, cuando no truenan y echan rayos, suelen ser los que más propenden á las buenas, las grandes obras ; al paso que muchas veces los de condicion mansa y apacible no se van tras el mal del prójimo, pero con suma bondad y calma se suelen rehusar á los hechos del bien con que aliviamos y salvamos á nuestros semejantes. En cuanto á sacrificios, no son para ellos. Buen genio es virtud humilde, casera en cierto modo ; nada tiene que ver con las acciones que entran en la jurisdiccion de la sociedad política y civil : el buen carácter tiene advertencia á la conducta, la manera de gobernarse el individuo respecto de los demas en cosas que no son indiferentes y salen de la órbita de la familiaridad y los afectos. Un individuo de mal genio puede ser muy estimable ; uno de mal carácter, sentado está perpetuamente en el banco del desprecio. Mal carácter, poco más ó ménos, es mal comportamiento ; mal genio no es sino disposicion natural que nos tiene aparejados de continuo para la sensibilidad nimia, la cólera, las vanas quejas, y ese prurito de padecer á fuego lento y hacer padecer á los que por obligacion ó por benevolencia nos conllevan.

Conocí un general que á buena cuenta de su genio diabólico y su espíritu amargo era llamado *Cascarilla*. Cascarilla era un demonio : sus ojos azulcelestes volaban en rotacion vertiginosa envueltos en un mar de sangre

hirviente. Hallábase enfermo un dia, malamente enfermo ; enfermo de morirse : ofreció al médico, su espada por testigo, que no tendria la menor cólera, ni saldria de sus quicios si le diesen cantaleta. En cuanto á
la quietud material, el físico sabidor le dijo que el mover un brazo pudiera causarle la muerte. Vuelve Para-
selso dos horas despues, y se da de hocicos con un soldado que huye despavorido. Entra de prisa al cuarto
del moribundo : todo silencio ; la cama, sarcófago vacío.
Vuelve la vista á un lado y a otro : el señor general,
tras una puerta, en camisa, cogido de su lanza. Sin
tiempo para ganar el lecho cuando oyó al doctor, habia
tomado iglesia en ese venerable humilladero. Sin la
feliz aparecida de este sabio, en la calle le alcanza al
asistente y le hace pedazos : ¡ tan bien habia cumplido
su palabra de tener paciencia ! Este mismo hombre del
diablo tenia aferramiento inquebrantable á la legalidad,
la equidad, la distribucion de la justicia : con la ley en
la mano, estatua de Pálas cubierta de su egida : nadie
le conturba. Ministro de su hermano, presidente de una
República, hombre éste sin nociones de moral ni impulsos de grandeza, le resistia como héroe-filósofo.

« Señor Ministro, firme usted esta órden. »

« Excelentísimo señor, es contra la ley. »

« Qué ley ni qué alforja : fírmela usted ! »

« No la firmo ! »

« Pero hombre, Gabriel... »

« Canalla, yo te volveré bueno á tí primero que tú
me corrompas. »

He aquí un hombre de mal genio y buen caracter ; de
malísimo genio y gran carácter.

EPISODIO

EUTROPIO

Conocida es la maldad de los eunucos en los serrallos de Oriente, donde estos miembros descabalados de la especie humana se vengan de sus semejantes con descontar en malas obras las emociones íntimas de la naturaleza y los deleites de grande objeto con los cuales ella regala al hombre por medio de una ley impresa en el corazon y los sentidos. Esos varones frustrados, víctimas perpetuas de la envidia y los celos sin fundamento, descargan su ira sobre esos entes bellos y desvalidos que, estando en sus manos, no pueden servir sino para la felicidad de los á quienes ellos aborrecen en lo profundo de su pecho. Los peores reinados en lo antiguo fueron esos cuya mayor parte era de los eunucos, privados tenebrosos á quienes se entregaban los déspotas incapaces del gobierno. La integridad de las potencias es necesaria para el equilibrio de las pasiones y el ritmo acorde de los afectos, equilibrio fuera del cual la persona es desatinado embolismo de anhelos, ímpetus, delirios y extravagancias que la privan del juicio. Como ha perdido el valor con la virilidad, el capon no es violento ni arrojado : su arte es la astucia, su política la cautela : todos los hombres son sus naturales enemigos, segun como él los conceptúa y trata : su vida, guerra al amor, la amistad, la gloria : felicidad ajena, desgracia para él.

Aborrece de muerte el matrimonio, porque no puede casarse : himeneo es *abracadabra* de explicacion siniestra, logogrifo de donde no sacaria sino verguenza y desventura. El renombre de los varones ínclitos le irrita en silencio : como su estado es una pacífica infamia de la cual no puede salir, sabe que honra y crédito son para él coronas imposibles : se trueca en odio y muda cólera su ambicion sin esperanza ; con ellos está atendiendo á sus semejantes á la vuelta de la esquina, y puesto que no le vean, los derrienga al paso y huye envuelto en sombras.

En la ciudad de Quito, en la América Meridional, habia un individuo llamado Julio Casco, el más desgraciado de los mortales, si verdaderas las cosas que de él dicen las gentes. Cuándo dejó de ser hombre, nadie lo sabe : la muelle gordura de sus miembros, lo ahuecado de la voz, la palidez casi impúdica del rostro acreditando están en él la desdicha mayor que puede afligir al sér humano. Esta pérdida invisible que descompone y arruina la máquina portentosa cuyo agente es el amor, echa tambien por tierra el edificio de la inteligencia, socava el poder físico, destruye la briosidad sublime con que el hombre, satisfecho de sí mismo, anda como dando gracias al Criador, alta la frente, por lo que ha puesto en él de sensibilidad, grandeza y poderío. Julio Casco, entre odio, codicia y ambicion alimenta la negra memoria de las dichas ajenas, y jura la muerte de dia y de noche á los que, conservando íntegros los dones de la naturaleza, pueden sacar el fruto que de ellos exige esta buena, santa madre. Como si los demas fuesen culpables de su des-

ventura, los trae sobre ojo : el que se descuida un punto,
allí cae víctima de calumnia, denuncio, exitacion sangrienta ó alzaprima donde vienen triunfando mentiras é
iniquidades. Esa cara doble ofrece espacio para quinientos bofetones; esos ojos soslayados presentan ángu-
los y sesgos por todas partes, esas ventanas imperfectas
de la nariz son troneras por donde entra y sale en forma
de azufre pestilente el demonio que habita su cuerpo y
mueve sus afectos. Cuellicorto, mofletudo, la barriga
harta de pan ajeno, y quién sabe si de sangre inocente,
es preñez nefanda que promete ventregada enorme de
escuerzos, ranas ponzoñosas y serpientes de dos cabezas. Este capon tiene mirada de Satanás arrepentido ;
arrepentido de mala fe : le baña á uno con ojos de
afectuosa dulcedumbre ; si puede mirar sin contraresto,
allí le echa un mar de odio en caudales de hiel visible,
que son lágrimas ó muerte futuras. Vino un dia á mi
casa, y me alargó la mano; esa mano edematosa, que
en tiempo de la entereza estaba cargada de cerdas como
lomo de puerco zaino : habló de la esperanza de la patria, de mi brillante porvenir, mi gloria : se fué luégo
al como Galerio á quien servia, y esa misma noche era
yo preso y desterrado. Informes inicuos, denuncios
falsos, libelos infamatorios, ¡ qué no salia, gran Dios, de
esa fragua de Júdas donde los treinta dineros, majados
con martillo sin ruido, crecen, crecen, crecen y se con-
vierten en miles de onzas de oro! La gatita de Mari
Rámos no es más suave, inofensiva y cariñosa : reñir,
nunca en la vida este capon : bondad es su herencia,
buen genio su temperamento. Prenden á uno, matan á
otro; mancillan á éste, roban á ése; la Nacion arroja un

grito inmenso de dolor en medio de su negra suerte : Eutropio, ministro, no lo sabe, no ha sabido nada. Modesto, humilde, abatido, ni hace rostro, ni lleva á mal la contumelia : cachetes, coscorrones, puntapieses, todas son muestras de amistad para él : le escupen en la cara, cual á otro Simús ; á él le corresponde excusarse y pedir dispensa, porque es buen cristiano. Pero allí está Ignacio Jarrin, su Galerio ; se va para él, y proscripciones, asesinatos, gravámenes horribles, injurias públicas son el timbre del bondadoso eunuco. El pueblo, cansado de este monstruo, le cogió un dia y le ahorcó en la plaza.

He aquí un individuo de buen genio y mal carácter ; de bonísimo genio é infame carácter.

Nuestro prisma encantado no presenta aún sino dos visos : el *entelechia* de los antiguos y el *genio* de los modernos tienen cien caras ; por ellas echan luces de colores vivos, y tan variados como diferentes sus facetas. Genio, espíritu misterioso, aparicion sobrenatural que anuncia su destino á los varones extraordinarios. Genio, índole, disposicion de la persona que la tiene ojo avizor á la alegría ó la tristeza, la mansedumbre ó la ira, la afabilidad ó el hazteallá con que aleja de sí á los demas en uno como terror, ó cuando ménos disgusto de compañero semejante. Genio, ahora, es aptitud para una cosa, ciencia ó arte ; aptitud declarada y pungente, digamos así, que de manera incontrastable le impulsa á uno á tal estudio ó tal práctica en los cuales hará des-

cubrimientos ó concluira obras perfectas. Este *genio*
suele ser una como alma especial que, gravitando al
centro de la vida, arrastra en pos de sí todas las facultades, de modo que la existencia del individuo cae de
un lado, bien como el peso oculto de la brocha le suele
servir de base para que la suerte quede puesta encima
sonriendo ufana al ganancioso; sino que en el un caso
la mala fe es el ejecutor, y en el otro, naturaleza, con legalidad y verdad, asigna tal ganancia al que para ella le
señaló desde la cuna. Tener genio para una cosa es haber
nacido con disposicion para ella, no dejarse desviar del
camino por donde le está impeliendo un dios oculto.
El poeta de nacimiento tiene genio para la poesía, el
músico natural, lo tiene para la música; el pintor innato,
es pintor ántes que tome los pinceles, á despecho de sus
padres que le destinan para la jurisprudencia, y contra
el torrente del mundo entero. Esta facultad hace sus
revoluciones por órbita asaz estrecha : tener genio para
una cosa es servir para ella, ser bueno con ímpetu para
tal profesion ó tal carrera, siendo el sugeto vulgar para
las demas, de ineptitud clamorosa por ventura. De
los pintores sobresalientes, podemos decir que tienen
genio para la pintura; y un artista de éstos, sobresa-
liendo entre sus coprofesores, será incapaz del arte de la
guerra, de las ciencias abstractas, las meditaciones meta-
físicas durante las cuales el filósofo se levanta de la tierra
con vuelo de águila y se va por esos mundos remotos del
cielo á requerir los arcanos del universo y los grandes
atributos del Altísimo. Entre los que tienen genio para
un estudio, un arte, los hay que lo tienen en especial
para una parte de él : la inteligencia, circunscrita en un

menguado círculo, se estrecha aun más, se aovilla y, pequeñita, se mete en uno más estrecho. Ingres, Delacroix, Fortuny tienen genio para la pintura : Van Huisum, Van Os, Redouté lo tienen para pintar flores ; y de estos hábiles floristas, los habrá que tengan genio para la rosa, genio para la violeta, genio para las plantas corimbosas, como ese que pintó un racimo de uvas con tal perfeccion, que los pájaros venian á picotear los granos.

Entre los treinta y seis espíritus con que los pensadores de la antigüedad poblaron el mundo, unos tienen á su cargo el cuidado de los templos, otros el de las murallas y las torres ; éstos custodian los baños públicos, ésos miran por los puentes ; cuáles vigilan la puerta de calle, táles velan por el jardin y el traspatio : otros hay cuya embajada perpetua es cuidar el escaparate en la despensa, las sillas en el comedor, el brasero donde la marmita está hirviendo con ese murmullo alegre que es la armonía del espíritu que tiene al lado. Así como estos espíritus domésticos, dioses pequeñuelos, no son de facultades que los vuelvan propios para las obras mayores, así esos hombres hábiles en una cosa no suelen sobresalir en otras, y tienen genio para la ciencia ó el arte en que son maestros.

> Si querer entender de todo
> Es ridícula pretension,
> Servir sólo para una cosa
> Suele ser falta no menor :

Ya lo dijo Iriarte ; y todavía es verdad inconcusa que nadie alcanza la perfecion, sin un fuerte ahincamiento

de sus facultades en la empresa que tiene acometida.
Hay en Francia una profesora de dibujo en miniatura,
tan hábil, tan brillante en su ramo, que ningun artista
le hace contrapeso en su industria de dibujar para las
porcelanas de Sèvres. Esas flores, esas aves del paraíso,
esas cariátides extrañas, esas figuras entrelazadas en
vueltas prodigiosas y nudos inextricables ; esos pám-
panos abiertos, esos angelitos con alas en el cuello y
piernas gordas, esas caras de náyades que entreparecen
por los claros de las espesuras rústicas, esos graciosos
sátiros que tienden redes á las ninfas, nadie los pergeña
con más pulso que esa musa del carboncillo, para quien
lápiz y carton son elementos de idilios embelesantes.
Esa mujer es Madama Jacotot : Madama Jacotot tiene
genio para el dibujo. Quitadle de la mano ese instru-
mentito negro del cual brotan primores tántos y tan
raros, ponedle entre los dedos el largo pincel del Pous-
sino, y no es nada esa creadora de jardines estampados
en la transparente materia de una fábrica maravillosa.

Habia en otro tiempo en Florencia un poeta que hacia
epopeyas de bronce y de plata ; epopeyas que viven
aún en los museos de esa ciudad primera entre las más
famosas. Cada figurilla de metal de las de Benvenuto Cellini es un canto de poema, si ya no la saboreamos como
suave madrigal que encierra en sus entrañas la flor de
los panales del monte Hibla. Los que viajais por la Tos-
cana, llegaos al palacio Pitti y llamad á sus puertas :
esa roca negra, escarpada, abrupta, es un palacio de los
más espléndidos con que los Médicis enriquecieron la
ciudad de su cuna. Allí, en los departamentos á pié

llano, hay un museo sobre el cual habitaba el Gran
Duque esas salas magníficas que hoy están desiertas:
en ese museo topais á cada instante con las obras de ese
mágico que, volviendo cera entre sus dedos los metales,
ha dado batallas en bronce, figurado entradas reales,
coronaciones de pontífices y otras grandes escenas de la
grande vida. Pasos mitológicos que os llenan de satisfaccion : Citerea, desnudos brazo y pierna, está sonriendo
con labios donde el amor da mil vueltas encantadas en
forma de serpientes divinas : Cupido, pequeñito, gordo,
crespo, una banda en los ojos, va, y dispara sobre una
ninfa que cae herida de amor en el lecho del placer : las
Gracias, en grupo seductor, cogidas unas con otras, se
están contemplando cada cual su cuerpo, como para
cubrir con la mirada su desnudez, de la cual, por otra
parte, quedan satisfechas. Las Musas, coronadas de rosas,
no tienen por qué agacharse avergonzadas, pues son inocentes, y no delinquen ni con la imaginacion ante su
reina y directora la inmaculada Vesta. Benvenuto Cellini,
poeta de la piedra y el metal, tiene genio para el bajo
relieve : el cincel de Miguel Angel, ese instrumento cargado de la inspiracion grande, la inspiracion épica con
que desbasta un trozo de mármol de Carrara á golpes
de ciclope y arranca de sus entrañas un profeta vivo ;
ese pincel seria el martillo de Encélado para el delicado
labrador de figurillas celestiales.

Ya habeis visto la *música muda*, como decia el bardo
de Weimar ; la música del carton y de la piedra ; ahora
oid la música con voz, esos torrentes de ruidosa melodía
que están llenando los palacios de los reyes. No os doy

aquí esas entonaciones marciales que levantan á deseo de guerra el ánimo de los valientes que la escuchan : esa música rompida á la sangre, que arrastra los ejércitos al campo de batalla y consuma mil proezas con el brazo de los héroes : esa es la « Sinfonía militar » de Haydn.

No oigais tampoco los acentos desesperados con que el esclavo del demonio está dando á saber al mundo que el plazo de su contrato fatal está cumplido, y se dispone á entregar su alma á quien le hizo venta de ella : esa es la « Condenacion de Fausto, » de Berlioz.

Llegan á vuestros oidos esas voces remotas, aéreas ; esos como suspiros de sombras dichosas que en el seno de la oscuridad están quejándose de un contratiempo sobrevenido á su felicidad, pero quejas resignadas, tenues, dulces, que se pierden en los confines de la alegría y la tristeza, el consuelo y el despecho, la desesperacion y la esperanza de placeres y triunfos renovados ? Esa es la « Obertura de la flauta encantada » de Mozart.

Ahora suena una voz profunda y monótona, grande y grave como si los abismos se estuvieran levantando de sus asientos, atormentados por una dolencia misteriosa : bum !... bum !... bum !... La tierra se llena de gemidos de gigantes moribundos, la atmósfera se puebla de espectros presentes al oido, pero ajenos á la vista : se está quejando una montaña adentro de su pecho, con ánimo de que nadie la oiga ? está la tierra visitando la tumba de su esposo, y no puede contener el ay profundo y repetido ? Esa es la sinfonía de « El Océano » por Rubinstein.

Lo que hoy quiero regalaros no es de tanto bulto : es

un arpa, pero arpa encantada, instrumento cuyas cla-
vijas gimen amorosas movidas por los ángeles del cielo :
arpa suave, y á un mismo tiempo aguda, que rompe con
sus sonidos el pecho y los envia á clavarse en el corazon
como espinas de dolor medio loco de placer : arpa mágica que pone á la vista mil sombras invisibles, y hace
bailar á los ojos del que la oye las graciosas figurillas
en que se encarnan los ensueños de felicidad y los delirios del poeta : arpa que canta versos sin palabras,
esos versos en que las pasiones se acomodan prodigio-
samente para salir del alma y meterse en el alma, en
ese vaiven de deseos, esperanzas, satisfacciones, desde-
nes y despechos de que se compone la vida en sus mejores años : arpa melancólica y alegre, ciega y profética,
pausada y loca, que hace sospechar un lindo dios metido
en el seno de la artista, dándole golpes de amor é inspiracion, volviéndola pitonisa que ve en el porvenir de
las felicidades y las pesadumbres. El célebre músico
Wagner, hablando de Esmeralda Cervantes con el rey
Luis de Baviera, le dijo : Señor, éste es el genio. No es
el genio : Esmeralda Cervantes tiene genio para la música ; el arpa es su genio. El genio para la música encarnado en una jóven que es toda poesía, cuyo espíritu se
está echando afuera por los ojos, empapada en un caudal de amorosa inocencia ; cuyos labios componen á
cada instante la firma con que las almas puras se prometen á Dios, esto es esa sonrisa de lineamientos divinos que hieren los corazones ; cuyos miembros rebosan
en voluptuosidad involuntaria, la cual si despierta deseos
no aconseja temeridades ; el genio de la música encarnado en una mujer de éstas, digo, por fuerza da golpe

en cualquier parte, el golpe que dió la Esmeraldita en las naciones cultas de Europa, esas que tienen la más delicada porcion de la cultura en el oido. Strauss, Lanquenbach se quedaron mudos de asombro cuando la oyeron á la bella catalana y, triunfantes, la pasearon por las cortes de más rumbo, presentándola á las testas coronadas. Viena, Berlin, Paris, en qué gran ciudad no mostró su linda cara la española, su cara musical, de cuyas facciones se levantan con sólo mirarla sombras de armonía que vuelan dando ayes apasionados, pero mudos? El genio no se enriquece: el genio vive de miseria, muere de hambre, oculto y olvidado, como Cristóbal Colon, como Cervantes: su herencia es incredulidad é ingratitud de los demas, cuando no persecucion y muerte. Esmeralda ha visto acumularse los bienes de fortuna en torno suyo como por encantamiento; la endiosan halagos y distinciones; no la persigue la calumnia ni la combate la envidia; luego no es el genio. Pero es la suya alma tan armónica, su habilidad tan cumplida, su arte tan perfecto, que á boca llena podemos decir que tiene genio para la música, y genio especialísimo para el arpa. ¡ Y digo si habrá parecido bien la señorita á las señoras reinas cuando, despues de una noche de embeleso, ha salido de sus palacios cargada de diamantes y rubies, joyas que conserva como altos recuerdos de sus triunfos!

Así como Esmeralda Cervantes tiene genio para el arpa, así Teresa Carreño lo tiene para el piano: el maestro Listz sabe si esa bella americana dió con el secreto de su instrumento, y si las teclas de marfil debajo de sus dedos son intérpretes elocuentes de esa alma noblemente apasionada. Cuando la inteligencia no se remonta en frenesí divino á los ámbitos oscuros é infinitos de la creacion, no cobra proporciones de genio. De tener genio para una cosa á ser un genio va tanta diferencia, como de ser hombre distinguido á ser grande hombre. El que tiene genio para la poesía, la música, la pintura, despierta, digamos así, un afecto moderado que suple con el cariño lo que falta de admiracion : el genio, al contrario, se propasa en su ascendiente en términos que la superioridad suya, gravitando fuertemente sobre los hombres comunes, los irrita y, mal enojados éstos de tener que verle para arriba, le juran odio y muerte. Es cosa incomprensible la antipatía que los hombres altamente superiores despiertan en el vulgo : uno de los más ardientes apasionados de lord Byron refiere que cuando le vió la vez primera, una súbita crispatura de nervios le advirtió que aborrecia á ese hombre, sin saber quien fuese. Entró éste á una biblioteca en una de las ciudades de Italia, negra y crespa la cabellera, pálido el rostro, claudicando elegantemente ; figura por todo extremo hermosa, dice su biógrafo, pero de repulsion invencible. Cuando supo quien era, y vió el alma de ese varon excelso derramada en sus obras, el odio expontáneo se le volvió cariño y respeto profundos. No de otro modo el que veia desde luego al gran escritor Gibbon le aborrecia ; bien es verdad que éste era feo ; pero la antipatía no de lo feo, mas ántes de lo grande : el vulgo se venga de su inferioridad con el aborrecimiento.

No hay quien no tenga genio para alguna cosa : esta inclinacion particular de cada persona á las ciencias, las artes, los oficios, es orígen de la civilizacion y la sabiduría con que resplandecen cuál mas cual ménos las épocas del género humano. Genio para la guerra, genio para las ciencias, genio para las artes, de todo hay en el mundo : las obras de estos individuos, cada una en su departamento, son perfectas, por cuanto sus facultades, tirando todas á un centro, vienen á componer una muy grande y fuerte, de la cual resultan las obras maestras en todos los ramos de la habilidad y el saber humano. Entre *tener genio para, ser el genio de, y ser un genio*, hay abismos que sólo puede llenar el *entelechia* con su misteriosa abundancia.

Habiendo oido un sátrapa de Jonia sus más sublimes entonaciones al músico Ismenias, exclamó : « Con más gana oyera yo los relinchos de mi caballo. » Hay en efecto personas organizadas de manera que son indiferentes al canto del ruiseñor, si ya no le acometen cuando este fugitivo del paraíso está llenando de armonía los mirtos de la Alhambra. El sexto sentido con el cual algunos hombres privilegiados abrazan lo bello y lo grande, parece desvío y locura á los demas ; y donde ésos están agitando su espíritu ferviente en los ámbitos de un universo invisible, éstos se quedan en el suelo, riéndose de los insensatos que vuelan por los mundos escarpados de la imaginacion y la quimera. Hablad del genio, y allí os salen al paso hombres de buen entendimiento, eruditos por ventura, á deciros que no existe en castellano y es plagio miserable de la lengua francesa, lo que ellos, en su tacañería, llaman *galicismo*. Si no hubiera genio en España, la nacion española fuera la más infeliz de todas : pobre nacion, ciertamente, esa donde no hay sino ingenio. Facultad tan comun es ésta que, fuera de los tontos, no hay quien no lo tenga : un mal poeta puede tenerlo ; y siendo ingenioso se halla tan léjos del genio, que no alcanza ni el poder de conocerle y admirarle en los demas. Ingenio es talento, inteligencia repartida, con desigualdad, pero repartida en casi todo el género humano ; al paso que genio es don rarísimo, virtud que constituye el alto privilegio con que Dios mejora á los predestinados de su amor, esos hombres-águilas cuya audacia es igual á la fuerza con que levantan el vuelo y se pierden por las regiones infinitas. Genio, dicen pedagogos de maestría encerrada en la materia, es ingenio y nada más : si en español tenemos ingenio, para nada necesitamos *el genio* de los franceses. Los franceses tienen tambien ingenio, y no por esto califican el genio de cachivache de poner á un lado : su ingenio es el *esprit,* su genio el *génie* resplandeciente, ese carbunclo casi fabuloso cuya luz propia alumbra un vasto campo y deslumbra á los profanos, como el que iluminaba la roca de Albraca, y ese que, puesto sobre el yelmo de Godofre de Bullon, servia de antorcha á los cruzados. Mezquinos por demas se conceptuarian los franceses si no tuvieran más que talento y chispa : lo que endiosa á esa nacion perínclita es el genio, virtud incomprensible por medio de la cual sus grandes hombres componen las obras maestras de la pluma, la palabra y la espada : Bossuet, el « Discurso acerca de la Historia universal ; » Massillon, sus « Oraciones fúnebres ; » Napoleon, la conquista de Europa. Qué absurdo no seria contentarnos con llamar á Racine hombre de ingenio? hombre de ingenio y nada más el que concibió y dió forma á la Athalía? Sófocles, ordenando en su cabeza la trama prodigiosa del *Edipo rey*, no es un simple poeta de ingenio como todos; es un genio; un genio como Demóstenes que vuelve ceniza con la palabra á los enemigos de su patria, y le hace temblar á Filipo en medio de sus macedonios. Iseo, Andocides, Nisias son oradores ingeniosos; si Demóstenes no es más que hombre de ingenio, ¿ en qué se distingue pues de esos que, siendo grandes, tienen que mirarle para arriba como á un dios? Si volvemos á los modernos, el poeta de « El Cid, » el autor de « Don Juan » son hombres de genio, son los genios que han levantado á su patria al pináculo de la gloria. Los que forjan en el Etna las armas de los dioses, borneando ese martillo capaz de desbaratar un mundo; los que ponen monte sobre monte para tomar el cielo por asalto; los que necesitan un mar para verse la cara, no son hombres como todos; son gigantes, hijos de Opi, que de un tranco han recorrido una nacion, y se van de polo á polo del medio dia á la noche.

Hombres de ingenio, en Francia, son Luis Veuillot, Emilio de Girardin, Julio Verne : acaso á éstos les aplican sus compatriotas el dictado de genios? Genios son Corneille, Racine, Molière; genios Bossuet, Fenelon, Mirabeau; genios Talma, la Rachel, la Malibran. Mirad qué mundos entre los hombres de ingenio y los genios en la Gran Bretaña : sus oradores de mérito son muchos:

con cuál calificativo distinguis de ellos á lord Chatham, *el gran pechero*, ese que se las hubiera tenido tiesas á Demóstenes? Alfredo Tennyson es bardo de ingenio; pero no es el genio, como Byron. Y si á cualquier hábil almirante de los que gobiernan las flotas de la reina de los mares le poneis en docena con el vencedor de Trafalgar, en vano se habrá levantado Nélson sobre todos los hijos del Océano y mirádolos para abajo, como si su tierra se hallara entre la nuestra y la bóveda celeste. Villeneuve, Gravina, don Cosme de Churruca son oficiales valientes y entendidos : Napoleon en tierra firme, Nélson en el teatro del agua eterna, son genios. Los hombres de ingenio abundan en Italia; los genios allí mismo son raros : entre los de nuestro siglo, no hay ninguno, sino es en la política el conde de Cavour; en las letras humanas, Manzoni mismo, ni por alto, alcanza las proporciones del genio; es hombre superior, eminente; pero no de la talla de Dante, el Ariosto, el Tasso. Y- qué atrevimiento es ese de robarle en Alemania á Gœthe la mayor parte de sus grandiosas facultades llamándole ingenio á secas? Gœthe es un genio, Schiller otro : Enrique Heine es hombre de ingenio, buen poeta. Si ni por notoria quereis apreciar esta diferencia en haciéndola yo, probad á disputarle á Horacio la verdad de ella, y veamos cómo os tomais con el padre de las humanidades. « No honreis, dice, con el hermoso título de genio sino al ingenio sublime que se expresa en noble y majestuosa manera*. » El sublime, el sublime de Longino es requisito indispensable del genio.

---

* Sátiras

El ingenio puede ser modesto, humilde, y hasta bajo : el genio es sublime, siempre sublime ; y sublimidad no existe sin grandioso atrevimiento, fuerza incontrastable, ímpetu irresistible. El ingenio es juicioso, tímido muchas veces : su vuelo no traslimita el espacio de una apocada sensatez : el genio se agita en una como demencia celestial, bate las alas impetuosamente y, encendidos los ojos, se dispara, bien como el rey de los aires desde la cumbre del Atlas, ó como el nuncio de Dios atraviesa el universo cual meteoro divino. El genio, puesto sobre su trípode, levanta la frente al cielo, sacude la melena, devora el espacio con la vista y exclama : *Veni, creator spiritus !* El espíritu creador desciende sobre él, lo ilumina, le posee, y ese mortal divinizado por esa temible visita echa afuera torrentes de inteligencia en forma de poemas, templos, óperas, estatuas, cuadros y batallas.

Para que estas cosas sean grandes, para que alcancen la admiracion perpetua del mundo, y se estén allí expuestas en el museo universal como obras ante las cuales el deseo de imitacion es osadía, preciso es, quién lo creyera, que en su seno lleven escondida la imperfeccion que nace del grano de locura que no puede faltarle al genio ; ese grano de locura que el mismo Horacio exige como condimento de las obras de alta inspiracion, y Séneca requiere aun en la filosofía. El grano de locura de Séneca y Horacio es la pimienta que comunica el mordicante delicioso, tan necesario para la lengua y el paladar civilizado ; es la mostaza con que los europeos más descontentadizos dan fuerza y gusto formidable a sus manjares. Yo supongo que el ingenio pulido es leche, miel que recogeis en vuestro panal doméstico : el genio es vino fuerte, pero generoso, productor de embriagueces y devaneos celestiales ; carne de leon compuesta de manera que pase con agradable furor por el garguero de sólida contextura, y el estómago bien templado la resista, sacando de ella las vísceras humanas esos jugos creadores de la potencia olímpica. El genio es Musa enfurecida : el hombre de genio, si piensa, piensa con profundidad ; si padece, padece con intension ; si ora, ora con violencia, como la Magdalena : tira para el un lado, y se da contra el polo ártico ; echa para el otro, y se estrella contra el antártico : se levanta, y rompe con la cabeza el firmamento ; desciende, y cae en el centro de las tinieblas. El genio es loco ; empero de su locura corre la sabiduría en raudales que bañan é iluminan la tierra. Ingenio no es sino inteligencia aguda ; genio es facultad múltiple, compuesta de facultades muchas y muy grandes. El carácter entra en el genio ; el ingenio no necesita de él : valor, audacia, don de profecia, entendimiento excelso, voluntad poderosa, sensibilidad exquisita, ímpetu, orgullo, teson, partes del genio : incompleto seria éste si le faltasen las principales. Sin audacia, no acometiera las obras que acomete : sin valor, su audacia fuera alevosía. Sin don profético, sus aciertos fueran acasos ; sus vaticinios, fallidos casi siempre. Sin elevado entendimiento, no anduviera recogiendo por el mundo su gran caudal de ideas. Sin fuerte voluntad, le faltara empuje : sin teson, nada concluyera. Sin sensibilidad extraordinaria, no sintiera esas cosas que siente, tan terribles unas veces,

tan agradables otras. Sin orgullo, no mirara de hito en hito
al sol, como el águila, no sacudiera la greña en majestuosa fiereza, como el leon : el genio es leon, águila,
tórtola apasionada, viento encendido del desierto, tempestad del océano, sensitiva que se encoge y oculta al
menor ruido de la atmósfera, volcan que vomita fuego,
trueno que revienta y va rodando del un extremo al otro
de la bóveda celeste. Le convienen al ingenio por ventura
estas grandezas?

En el genio hay mucho de irregular y salvaje : mirad
esta colina que parece redondeada por mano del hombre : sus derrames bajan hasta el prado en suave decli-
vio : su comba al rededor semeja los abultamientos
excitadores de la mujer hermosa. Cubierta está de verde
yerba, de entre la cual brotan á salto de mata florecitas
de colores varios, amarillas, azules y purpúreas. Un toro
negro, lucio, con su cara de braveza apacible, va subiendo mugiendo lentamente : allá en la cumbre está
una vaca pintada, la cual tiene con él sus primeros amores. Doy que al pié de esta culta prominencia corra un
arroyo saltando por entre guijos blancos, cubiertas sus
orillas de retamas odoríferas : esta colina agraciada,
elegante, voluptuosa si gustais, es el ingenio. Todo es
regular y fácil en ella : ni ásperas quiebras, ni bravíos
torrentes, ni hayas gigantescas, ni bóreas desencadena-
dos. Ahora ved en la cordillera cómo arranca para arriba
esa montaña, rompiendo las nubes que le ponen sitio, y
muestra por sobre ellas la frente luminosa ! Desde sus
faldas principia la aspereza que la vuelve inaccesible :
romped por esas breñas : hé allí esa grieta profunda en

cuyo fondo oscuro se pierde la vista intimidada : el buitre está sentado sobre una piedra grande como una casa, que parece á punto de rodar al abismo : la paja silvestre gime en brazos del viento, víctima de esas caricias heladas con que intenta seducirla y esa fuerza con que la está arrastrando eternamente hácia un teatro desconocido de placeres funestos. Allá, á la distancia, un raudal estrepitoso se desprende por entre quemados pedernales y cae, como las aguas del Aqueronte en las quebradas del Averno. Subid, subid la vista : una banda de nubes le ciñe la cintura, cual sı la montaña fuera el monarca de la naturaleza : más arriba, capricho de las cosas, esa reina de la sierra muestra la frente, y los rayos del sol en el ocaso la coronan de luz, llegando á ella en largos chorros horizontales. Este es el genio.

Thompson, con su lindo poema de « Las Estaciones, » es la colina ; Guillermo Shakespeare, con sus tragedias terribles, la montaña. El genio hace irrupciones en la eternidad : se mete allí por fuerza, separa violentamente sus cortinas, y echa adentro miradas escudriñadoras. Cuando vuelve, no sabe lo que hay en la eternidad, pero á lo ménos sabe lo que es ella La eternidad es la sombra de Dios : de piés en el centro de la creacion, Dios hace sombra por todas partes : hácia la aurora, hácia el poniente : al norte, al sur : abajo, arriba ; y como esa sombra es sagrada, no podemos acometer á forzarla y ver lo que hay tras ella. El genio mismo no lo puede : el ingenio, el pobre ingenio, ni siquiera tiene valor para mirar esa sombra ; no sabe que existe ; no averigua cosas grandes, ni busca recónditas . no desentraña misterios, no propone dudas. Dudas, cualquiera propone, todos las abrigan; pero no de las tremendas, las sin resolucion, las que pueden acarrear desgracias eternas: éstas son aventuras del genio: él las acomete, él deshace encantos muchas veces, y otras, vencido, caído, pero no rendido, está allí aleteando como águila herida, desesperada y moribunda. El genio está entre Dios y el demonio: si se recuesta al primero y se embebe en él, y se pierde en su seno, es un ángel: si la atraccion del segundo le hace más fuerza, y se llega á él, y se ahija con las sombras, es pupilo del infierno. El uno salva y edifica, el otro destruye y condena: entrambos son poderosos. Si el genio tuviese cuerpo y sucumbiese á un inesperado cataclismo, cincuenta mil años más tarde los hijos de esa época del mundo hallarian mil estadios bajo tierra sus restos fósiles como los del gigante Anteo, ó como el *titanosaurus montanus* que Arthur Lakes acaba de descubrir en las Montañas Pedregosas.

Entre nuestros contemporáneos hay dos hombres que no se contentarian, por cierto, con que los llamásemos hombres de ingenio, equiparándolos con los muchos de éstos que abrigan en su seno las diferentes naciones de Europa; ni seria justicia en nosotros cercenarles su grandeza, achicándolos segun nuestra mezquindad y nuestra envidia. Víctor Hugo se ha elevado tánto sobre sus compatriotas y sobre el mundo, que su frente está resplandeciendo allá, perdida casi en las nubes. Este anciano prodigioso, maravilla de nuestros tiempos, sonará en la posteridad, así como el viejo Homero hace con su nombre el ruido que asorda las épocas civilizadas y cultas del género humano. Hugo está poseido por una divinidad profética, y echa en grito supremo esas alabanzas, esas maldiciones; esos consejos, esos reproches; esas promesas, esas negativas con las cuales nos llena de luz ó de oscuridad, de gozo ó de melancolía, de esperanza ó de abatimiento en la senda de la vida por donde vamos adelante en busca de ese todo ó esa nada que hallaremos al otro lado de la sepultura. Víctor Hugo, aun en sus delirios inconexos, es sublime; ni puede ser de otro modo cuando Dios es el remate de sus pensamientos y afecciones. Si vuela, es águila; si ruge, leon; si se agita, mar, se encrespa, sube en montes; si desciende, es abismo: se oscurece, baja, baja, y envuelto en las tinieblas arroja de allá adentro esas voces que, como rayos que suben, llegan á la tierra ahogadas en luz divina. No hay quien resista su poder: los astros le franquean su fuego: las estrellas le cuentan sus amores: los ángeles hablan con él rompiendo el universo en viaje invisible para los mortales. Montañas, rocas, desiertos, huracanes son sus amigos, con ellos departe, como Byron. Pero ese grande se hace pequeño cuando da vagidos un niño, cuando gime un pobre, cuando se lamenta una desgraciada. Vedle, ya se apea de su trono, y enjuga las lágrimas de los que padecen, y da consuelo á las aflicciones con esa dulce voz de poeta que parece haber nacido sólo para ese humilde, santo ministerio. Qué mujer inocente y fervorosa ora como él? qué niña perdida de amor llora como él? qué madre apasionada arrulla como él? qué patriota habla y triunfa como él? qué héroe se dispara hácia la gloria y corre como él? qué sacerdote predica como él? qué

profeta amenaza como él ? qué pontífice infunde respeto
como él ? qué juez castiga como él ? qué monarca fulgura como él ? Brilla como relámpago, estalla como
trueno, declina como tarde, se apaga como crepúsculo,
se enlobreguece como noche, y, foco de oscuridad gloriosa, arroja negros ayes de terrífica armonía. Cuando
con su varilla mágica le toca en la frente á la estatua de
Enrique IV, yo tiemblo : ese hombre de bronce se mueve,
abre el paso, baja de su pedestal, y lento, callado, misterioso, horrible, se pierde en la oscura ciudad, y se
va hiriendo con sus plantas las losas del pavimento á
no sé qué lúgubre conferencia con otras sombras coronadas. Relaciones con las estatuas, quehaceres con la
tumba, secretos con la eternidad, todo tiene. Pero si se
halla en el campo cuando el sol se va á poner, y la luz
está rociando horizontalmente las copas de los árboles,
un baño de suave melancolía toma su alma, olvida sus
tratos con los espectros y los muertos, y suspira y se
queja como persona que oculta pesadumbres en el corazon. Antes de que rompa el alba, es la estrella matu-
tina; á medio dia, sol; de noche, luna inundada de
tristeza. Dejad que amanezca Dios : hé allí que el ruiseñor se despierta, y se sacude para ponerse en punto,
y mira al cielo, y canta en inefable gozo la belleza del
mundo, la gloria del Omnipotente.

Si la fama guarda proporcion con el mérito, Emilio
Castelar ha traslimitado el círculo de la grandeza comun,
y es grande de primera clase en esa heráldica resplandeciente donde están amontonadas las condecoraciones
de la inteligencia y la sabiduría. El telégrafo se apodera

de los discursos de este insigne español, tan pronto como se desprenden de sus labios, y en vuelo portentoso los lleva del uno al otro extremo de Europa : el Nuevo Mundo es testigo de la palabra que se dilata por el recinto sacrosanto de las leyes de nuestra antigua madre patria : no le faltan sino la vista y el oido para acabar de admirar y aplaudir al orador , competidor, dicen, de los más renombrados de Grecia y Roma. La vista y el oido, esto es, le falta todo : orador escrito es muy diferente cosa de orador hablado : ojos, cara, semblante en general, accion, manera, rasgos son que dan cuerpo á ese gran artista de ideas y sentimientos del ánimo. Sin la parte física, el orador no es sino retrato de sí mismo, figuracion muda de las pasiones que están haciendo en el pecho del hombre elocuente ese tumulto sublime con el cual han triunfado para todos los tiempos Demóstenes y Ciceron. En la oracion *pro Ligario* este orador se apodera del alma del juez, y la sacude, y la sube en alto, y la dispara al cielo, y la atrae nuevamente, y la empuja al abismo, y se juega con ella moviéndola por medio de hilos y resortes puestos en sus manos por las divinidades del Olimpo. Julio César, pálido, trémulo, perdido, no sabe lo que se haga : viénensele á tierra sus papeles : los dedos, en crispatura irreducible, se le encogen, se le abren : gruesas gotas de sudor inundan su frente : el corazon acelera sus latidos ; y el orador, tronando, relampagueando, arrullando, llorando con la garganta, poniendo las pasiones en música encantada, consuma su obra : ál fin del discurso, su cliente queda absuelto. Y César habia dicho poco ántes : Tiempo ha que no tengo el placer de oir á Ciceron : importa poco

que me allane á oirle hoy dia : Ligario está irremisible-
mente condenado : diga lo que quiera Marco Tulio, nada
podrá conmigo. Y pudo todo. Si esa oracion vista,
oida, tocada, gozada con todas las potencias, hubiera
sido leida por César léjos del orador, hubiera alcanzado
el propio triunfo? No lo creo. Al poeta no necesitamos
verle ; al orador sí : orador sin palabra, orador escrito,
es rayo sin estallido , y el trueno es lo principal en este
grandioso fenómeno de la naturaleza. Los que no han
oido á Castelar, no le conocen, me han dicho españoles
y viajeros : Castelar en periódico, Castelar en libro, no
es Castelar en tribuna. La oratoria, entre las artes libe-
rales, será siempre la mas noble y poderosa. Cuál será
la importancia de la accion, cuando en el Areópago no
le era dado al defensor de un reo hacer su defensa sino
á oscuras ? El orador impreso de nuestros tiempos es el
areopagita elocuente a oscuras : Justicia exigia que a la
elocuencia se le cortasen las manos y se le reventasen
los ojos : así era estatua inmóvil sin más armas que la
lógica sin entrañas. La accion es el cuerpo de la elocuencia ; y aun por eso un célebre trágico producia los más
terribles efectos sin articular una palabra, tan solo con
el gesto y los ademanes. Viéndole estoy á Castelar, sin
conocerle : su robusto pecho sale afuera : su cabeza, si
melenuda, como la de Mirabeau ; si calva, como la de
Ciceron, se levanta sobre los hombros regiamente : su
mirada rompe el espacio, y señala allá en el tiempo el
triunfo de la libertad y la justicia : sus brazos caen
como palancas poderosas en ademán apasionado, sus
manos se hunden en el abismo, y de allí sacan arriba
las cosas que él quiere poner á la vista de las naciones y

las gentes : su voz se ejercita en diapason infinito, grave, profunda. Si consejos de la razon, Méntor vivo : si lástimas y desgracias de los pueblos, padre atribulado : si orgullos nacionales y soberbias patrióticas, águila irritada : si triunfos y alegrías, Apolo radioso : si enternecimiento y amor, flauta gemebunda : si cólera, trueno : si muerte, sepulcro con voz humana. El orador perfecto coge la esencia ; esencia de las ideas, esencia de las pasiones ; y subido siempre en lo más alto, es grande, amable personaje que conmueve y convence para bien del género humano. Si algun dia veo á Castelar en la tribuna, tendré barruntos de lo que habrán sido Demóstenes y Ciceron en medio de un mar de gente colgada de sus labios.

Como escritor, Castelar es de los primeros : su estilo, como para sus ideas : arriba, arriba, siempre arriba. Los grandes talentos son electricidad ascendente : buscan su orígen en las nubes, y de las nubes al cielo. El lenguaje de este escritor no es para ménos : largo, resonante, puesto en secciones graves, donde la armonía va y viene. Teófilo Gautier se alababa de que no habia en Francia sino un hombre que le llevara en punto á vocabulario y pureza en el decir : éste era Víctor Hugo. Hugo, en sus ochenta años, ha leido cien veces el precepto de Ciceron y Quintiliano en órden al lenguaje : la pureza del idioma es requisito indispensable para la inmortalidad de las obras del ingenio. Castelar tiene en poco esta parte de la elocuencia, y comete un error. Jóven es : sus oraciones y obras maestras de la edad provecta vendrán, sin duda, con el sello de las Musas, y podrán arder como el hogar de Vesta, donde no habia echar combustible que no fuera puro. El carbon que recibe la lumbre sagrada debe ser legítimo, de nuestra mina : por qué ir á tomarle, como san Agustin, sus peras al pobre, cuando las tenemos tan ricas en nuestro huerto ? Las manchas del sol están ahogadas en un mar de luz : fuera de este desvío, comun con el rey de los astros, Castelar le satisface plenamente á Horacio, y podemos llamarle genio, por que se expresa en noble y sublime manera. Ya es inmortal : cuando muera, su asiento está entre los grandes oradores de nuestros tiempos, Chatham, Burke, Mirabeau, Berryer. Allá irá tambien Gambetta, ciclope formidable, personificacion de un gran pueblo que se va cayendo y levantando tras el espectro de la antigua Roma, como Napoleon se va tras la sombra de Julio César, segun que dice un bello peregrino del Parnaso.

Andan fuera de camino los que afirman que genio, en sentido de alta inspiracion, númen excelso, inteligencia sobrehumana, es galicismo. Horacio nos ha hecho ver que los latinos fijaban ahora dos mil años la propia diferencia que hoy fijan los franceses entre genio é ingenio. Los españoles, es verdad, con ménos aviso, no tomaron ese primor de la lengua madre; mas no habiéndolo tomado en su cuna, ¿ no han de poder tomarlo en ningun tiempo, ni hacer de él uso grande y necesario? Nuestros clásicos del siglo de oro, de alguna manera habrán puesto por escrito la idea que hoy damos á entender con el término que nos recuerda el *entelechia* de Aristóteles : ciertamente, y era llamar prohombre ó

grande hombre al que sobresalia entre los sobresalientes, cuándo con la pluma, cuándo con la espada,
cuándo con el éxito feliz en las empresas que daban por
resultado grandes obras ó descubrimientos inauditos.
Harto expresa este modo de decir ; mas todavía es cierto
que entre un grande hombre y un genio hay notoria diferencia, obrando en favor del segundo una idea vaga
de maravilla que no alcanza el primero. Todas las lenguas modernas tienen el *grande hombre*, y ninguna ha
dejado de adoptar *el genio* de la francesa, sin rehusarse
á la admision de un vocablo que en realidad lo toman
de la latina. Mas demos que fuese invento y riqueza del
frances esta grandiosa palabra de sentido tan elevado
y extenso ; ¿ era ésta razon para que nos priváramos de
esa clavija de oro de la inteligencia? « Tan dignos de
censura son los que embadurnan el lenguaje con voces
extranjeras que no necesita, dice Clemencin, como los
nimios puristas que no aciertan á consentir un galicismo. » Y galicismos son ahora para los poco leidos los
cortes y maneras de decir que ya fueron de nuestra lengua, y por incuria ó estrechez de los escritores modernos han caído en desuso lamentable. Muchas de las que
los doctos sin caudal antiguo tienen por maneras y voces galicanas, son elegantes arcaismos : por poco que
andemos agua arriba los hallamos en « El conde Lucanor, » el poema del Cid, Gonzalo de Berceo y otros
autores que no iban á formar su lengua con los elementos de ese embrion ordinario de los galos, mas aun con
propios y cultos que, volando del Lacio, venian á posar
en los términos de Castilla. En tiempos posteriores,
cuando la lengua española daba limosna á manos lle-

nas a la vecina, reinaron frases y modismos, torneos de
la expresion y vocablos que hoy, cultivados esmerada-
mente por los franceses, parecen autóctonas de su
suelo, cuando nosotros, gracias á nuestra ignorancia, no
los reconocemos por abolengo de nuestro idioma, sino
como hijos exclusivos del ajeno. Esa preciosa síncopa
expresada por el *hi* de los escritores primitivos, que
quiere decir allí, en ese lugar ; ese *ca* breve y sonoro
que tan malamente hemos sustituido con el *porque* importuno, hoy serian galicismos para los ignorantes, ha-
llándolos, como los hallan, en frances en forma de ese *y*
y ese *car* tan socorridos, significantes y de manual y
cómodo provecho. La pureza de la lengua es su cultura :
sin etimología, no puede haberla sábia : los neologistas
arbitrarios que forjan en el seno de la nada sus vocablos
sin el elemento requerido, son bárbaros que hacen irrupciones de hunos y vándalos en el idioma . el hábil tanteo de los varones provectos que lo enriquecen sin perjuicio de la esencia ni la forma, ejemplo es digno de
imitacion. Don Gaspar de Jovellanos, el más entendido,
culto y elegante de cuantos son los escritores modernos de la lengua castellana, ha mirado con desden esa
mezquindad pueril con que algunos de sus compatriotas
dan por perecido el término del perfeccionamiento de la
lengua. Jovellanos es sábiamente audaz : si su falta de
escrúpulo occuriera sin cordura y sensatez, sus galicismos fueran barbarismos, y él no estuviera allí presentado como el modelo de los buenos y grandes escritores. Hagamos un solo autor de Jovellanos y Capmany,
y el resultante sera el escritor perfecto : el uno con su
franqueza tal vez extralimitada, el otro con su rigurosa

intolerancia, pasan los términos de lo razonable : las sabidurías de esos dos insignes españoles, corregida la una por la otra, dieran por resultado un fray Luis de Granada cual lo requieren nuestros tiempos.

Mens agitat molem, la inteligencia remueve el mundo. el genio, lo levanta y pesa en la mano : alarga ésta sobre las estrellas, y las mide : pone el dedo en el foco del sol, y calcula la intensidad de su fuego. Newton, adivinando en sus éxtasis científicos el sistema del universo, fijando la ley de la gravitacion, es un genio Copérnico, disponiendo los movimientos de los astros de modo que en sus revoluciones por sus órbitas no se estrellen unos con otros, es un genio : Cristóbal Colon es un genio : ha forzado con su voluntad rompiente las barreras de la tierra, y echando abajo las Colúmnas de Hércules, se ha metido en el vacío. Allende ese vacío existe un mundo : nadie sabe que existe, y ese hombre lo está viendo. Se engolfa en mares sin orillas, se pierde en el abismo, va á parar en la inmensidad de la nada. La nada? Allí, allí, allí está lo que él buscaba : gloria á Dios en las alturas ! gloria, gloria al hombre excelso, gloria al genio !

Un mortal convertido en águila se encumbra arriba, pasa el aire, se mete en las nubes, y en sus negras entrañas se apodera del rayo y lo encadena : de hoy más, el rayo bajará por via conocida, la electricidad gemirá en el calabozo donde ese mortal le señala para la muerte. Franklin es un genio. Samuel Morse, sirviéndose de ella para conductor del pensamiento, volviendo

agente de vida el de ruina, es un genio. Un genio Syrus
Field ; Fúlton un genio. A los grandes descubridores,
esos que buscan de propósito en el seno de lo desconocido, y hallan las cosas nuevas con que nos asombran,
parece convenir más que á todos el dictado de genio.
Los creadores singulares que ordenan en su cabeza
mundos fantásticos, y los echan afuera en grande,
bella forma, son tambien genios. Epopeyas, obras perfectas del arte, victorias admirables, fruto son del genio
que se anda agitando por el mundo en esa como locura profética con que David danzaba en torno del
arca santa. El *algo de divino* de esas ciertas enfermedades de que habla el médico de Coos ; la *violencia de
la oracion* con que una sublime arrepentida se levantaba al cielo, son caractéres del genio : este enfermo
piensa, siente, padece, produce con violencia : el grano
de locura que está enfureciendo santamente su espíritu,
es el algo de divino de esas ciertas enfermedades de
Hipócrates. Estos enfermos son los predestinados de
Dios para el acabalamiento del género humano : su acabalamiento es la civilizacion en medio de la virtud ; y
civilizacion no es otra cosa que la moral ilustrada y am-
pliamente difundida : los enfermos de Hipócrates son
los grandes moralistas : moral es la aproximacion á la
causa primera de las cosas, á la luz infinita ; y á ella propenden los filosofos, los sabios, los descubridores, los
poetas, los héroes que consuman sus hazañas por los
grandes principios, y en falange prodigiosa, todos juntos, se van al encuentro de los siglos, al grito de los
cruzados : Dios lo quiere !

LOS HÉROES

DE LA EMANCIPACION DE LA RAZA HISPANO-AMERICANA

LOS HÉROES

DE LA EMANCIPACION DE LA RAZA HISPANO-AMERICANA

SIMON BOLÍVAR

Al tiempo que el Genio de la guerra se coronaba emperador de Francia por mano de un pontífice cautivo, corria la Europa un hijo del Nuevo Mundo, poseido de inquietud indefinible que no le daba punto de reposo. De ciudad en ciudad, de gente en gente, ni el estudio le distrae, ni los placeres le encadenan, y pasa, y vuelve, y se agita como la pitonisa atormentada por un secreto divino. *Est Deus in nobis*, exclama el poeta, gimiendo bajo el poder de Apolo, en la desesperacion que le causa la tiranía de las Musas. Dios está en el pecho del poeta, Dios en el del filósofo, Dios en el del santo, Dios en el del héroe, Dios en el de todo hombre que nace al mundo con destino digno de su Creador : belleza, verdad, beatitud son cosas dignas de él : la libertad es tambien digna de él : él es el libre por excelencia : la libertad es bella, verdadera, santa, y por lo mismo tres veces digna de Dios. No el Genio impuro del vicio, ni el amable Genio del placer le poseen á ese desconocido, sino un Genio superior á todos, el primero en la gerarquía mundana, el Genio de la libertad encendido en las llamas del cielo. Tiene un dios en el corazon, dios vivo, activo, exigente, y de allí proviene el desasosiego con que lucha, sintiendo cosas que no alcanza, deseando cosas que no sabe. El dios sin nombre, el dios oculto á quien adoraban en Aténas, le pareció á san Pablo la divinidad más respetable. La más respetable sí, pero la más temible, la más insufrible, por cuanto el seno del hombre no ofrece tanto espacio como requiere la grandeza de un dios que se extiende infinitamente por lo desconocido. De Madrid á Paris, de Paris á Viena, de Viena á Berlin, de Berlin á Londres no para el extranjero : qué desea? qué busca? El dios de su pecho le atormenta, pero él no le conoce todavía, si bien columbra algo de grande en la oscuridad del provenir, y ve apuntar en el horizonte la luz que ha de ahuyentar la hambrienta sombra que le devora el alma. No podemos decir que no procurase poner remedio á su inquietud, cuando sabemos por él mismo que en tres semanas echó á mal treinta mil duros en una de esas capitales, como quien quisiese apartar los ojos de sí mismo, dando consigo en un turbion de logros y deleites. O era mas bien que tenia por miserables sus riquezas sino daba como rey, él que habia nacido para rehusar las ofertas de cien agradecidos pueblos. Si la vanidad no es flaco de las naturalezas elevadas, el esplendor les suele influir en ocasiones : mal de príncipes, si ya la inclinacion á lo grande es enfermedad en ningun caso.

Llamábase Bolívar ese americano ; el cual sabiendo al fin para lo que habia nacido, sintió convertirse en

vida inmensa y firme la desesperacion que le mataba.
La grande, muda, inerme presa que España habia devorado trescientos largos años, echa al fin la primer
queja y da una sacudida. Los patriotas sucumben, el
verdugo se declara en ejercicio de su ministerio, y el
Pichincha siente los piés bañados con la sangre de los
hijos mayores de la patria. Bien sabian éstos que el
fruto de su atrevimiento seria su muerte ; no quisieron
sino dar la señal, y dejar prendido el fuego que acabaria
por destruir al poderoso tan extremado en la opresion
como dueño de llevarla adelante. Qué nombre tiene ese
ofrecer la vida sin probabilidad ninguna de salir con el
intento? Sacrificio ; y los que se sacrifican son mártires ;
y los mártires se vuelven santos ; y los santos gozan de
la veneracion del mundo. Nuestros santos, los santos
de la libertad, santos de la patria, si no tienen altares en
los templos, los tienen en nuestros corazones, sus nombres están grabados en la frente de nuestras montañas,
nuestros rios respetan la sangre corrida por sus márgenes y huyen de borrar esas manchas sagradas. Miranda,
Madariaga, Roscio á las cadenas ; Tórres, Caldas, Pombo,
al patíbulo. Pero los que cogieron la flor de la tumba,
los que desfilaron primero hácia la eternidad coronados
de espinas bendecidas en el templo de la patria, se llaman Ascásubi, Salinas, Morales, y otros hombres, grandes en su oscuridad misma, grandes por el fin con que
se entregaron al cadalso, primogénitos escogidos para el
misterio de la redencion de Sud-América. La primera
voz de independencia fué á extinguirse en el sepulcro :
Quito, primera en intentarla, habia de ser última en
disfrutarla : así estaba de Dios, y doce años más de cau-

tiverio se los habia de resarcir en su montaña el más virtuoso de los héroes. Ese ay! de tan ilustres víctimas; ese ay! que queria decir. Americanos, despertaos! americanos, á las armas! llegó á Bolívar, y él se creyó citado para ante la posteridad por el Nuevo Mundo que ponia en sus manos sus destinos. Presta el oido, salta de alegría, se yergue y vuela hácia donde tiene un compromiso tácitamente contraido con las generaciones venideras. Vuela, mas no ántes de vacar á una promesa que tenia hecha al monte Sacro, mausoleo de la Roma libre, porque el espíritu de Cincinato y de Furio Camilo le asistieran en la obra estupenda á la cual iba á poner los hombros. Medita, ora, se encomienda al Dios de los ejércitos, y en nao veloz cruza los mares á tomar lo que en su patria le corresponde de peligro y gloria.

Peleó Bolívar en las primeras campañas de la emancipacion á órdenes de los próceres que, ganándole en edad, le ganaban en experiencia; y fué tan modesto miéntras hubo uno á quien juzgó superior, como fiero cuando vió que nadie le superaba. Bolívar, despues del primer fracaso de la república, tuvo la desgracia de ser uno de los que arrestaron al generalísimo, achacándole un secreto que no podia caber en la conducta de tan claro varon, soldado de la libertad que habia corrido el mundo en busca de gloriosa muerte. Si historiador ó coronista ha explicado el motivo de esa vergonzosa rendicion del ejército patriota, no lo sé. Sin batalla, sin derrota, seis mil valientes capaces de embestir con Jerjes bajan las armas ante enemigo menor en número, sin más capitan que un aventurero levantado, no por las

virtudes militares, sino por la fortuna. Miranda expió
su falta con largos años de prision; agonizando en un
calabozo, donde no padeció mayor tormento que el no
haber vuelto á tener noticia de su adorada Venezuela,
hasta que rindió el espíritu en manos del único á quien
es dado saber todas las cosas.

No era Bolívar el mayor de los oficiales cuando hubo
para sí el mando del ejército; y con ser de los más jóvenes, principió á gobernarle como general envejecido en
las cosas de la guerra. Hombre de juicio recto y voluntad soberana, aunque temblaran cielos y tierra sus órdenes habian de ser obedecidas. En los ojos tenia el do-
mador de la insolencia, pues verle airado era morirse el
atrevido. Estaba su corazon tomado de un fluido celestial, y no era mucho que su fuego saliese afuera ardiendo
en la mirada y la palabra. La fuerza física nada puede
contra ese poder interno que obra sobre los demas por
medios tan misteriosos como irresistibles. Los hombres
extraordinarios en los ojos tienen rayos con que alumbran y animan, aterran y pulverizan. Pirro, agonizante,
hace caer de la mano la espada del que iba á cortarle la
cabeza, con una mirada, ¡qué mirada! eléctrica, espantosa: en ella fulguran el cielo y el infierno. Mario pone
en fuga al cimbrio que viene á asesinarle, sin moverse,
con solo echarle la vista; y se dice que la mirada de
César Borjia era cosa imposible de sostener. El general
Paez habla de los ojos de Bolívar encareciendo el vigor
de esa luz profunda, la viveza con que centellaban en
ocasiones de exaltacion. Y sino, ¿por dónde habia de
verse el poco que arde en el pecho de ciertos hombres

amasados de fuego y de inteligencia? La medianía, la frialdad, la estupidez miran como la luna, y aun pudieran no tener ojos. Júpiter mueve los suyos, y treme el firmamento. Homero sabia muy bien lo que convenia á los inmortales.

Naturalezas bravías incapaces de avenirse al yugo de la obediencia, no eran los compañeros de Bolívar hombres que cooperaran á su obra con no desconcertarle sus planes; ántes con la sedicion dejaron muchas veces libre al enemigo, una vez recobrado, formidable. Pero los atrevidos las habian con uno que daba fuerza al pensamiento, mostrando con los hechos la superioridad de su alma, y tenian que rendirse al genio apoyado por la fuerza. Así fué como en lo mejor de la campaña quitó de por medio á un jefe tan valeroso como turbulento, tan útil por sus hazañas como embarazoso y dañino por sus pretensiones desmedidas. Terrible inexorable, manda el general pasar por las armas al leon, y el invicto Piar entrega en manos de sus compañeros una vida, preciosa para la patria, si ménos apasionada. Tras que este ejemplo de rigor era justo desagravio de la autoridad ofendida, no habia otra manera de poner á raya los disparos de la ambicion, la cual se sale de madre siempre que no se le opone sino el consejo y las caricias. No en vano ciñe espada el príncipe, dice un gran averiguador de verdades: no en vano ciñe espada el caudillo de una revolucion : libertad y anarquía son cosas muy diferentes. Habian sacudido el yugo los fieros hijos de una tierra que no es buena para esclavos, y su ahinco se cifraba en irse cada uno con la corriente de su propia voluntad; cosa que hubiera traido el perderse la república, pues donde muchos mandan el órden viene mal servido, y la desobediencia vuelve inútiles los efectos del valor. Si el más fuerte no los dominara con su poder olímpico, término llevaban de ser todos ellos dictadores. En esto es superior el héroe americano á los grandes hombres antiguos y modernos; ninguno se ha visto en el duro trance de haber de rendir á sus compañeros de armas al tiempo que el enemigo comun cerraba con unos y otros. Alejandro no hubiera llevado adelante sus conquistas, si sus capitanes le hubieran disputado la primacía; César no hubiera subido en carro triunfal al Capitolio, si entre sus conmilitones se contaran ambiciosos del mando, envidiosos de su gloria, Napoleon mismo no experimentó la ingratitud de sus tenientes sino cuando los hubo puesto sobre el trono: en tanto que ese monstruo se iba tragando el mundo, todos le obedecian y servian de buen grado. Bolívar tuvo que sojuzgar á más de un Rotolando; no eran otra cosa Bermúdez, Mariño, Rivas: tuvo que fusilar leones como Piar: tuvo que servirse de los mismos que no perdian ocasion de traer algun menoscabo á su prestigio, y para esto fué preciso que ese hombre abrigase en su pecho caudales inmensos de energía, fortaleza, constancia. En pudiendo crecer su propia autoridad, pocos tenian cuenta con lo que debian á la patria; y si bien todos anhelaban por la independencia, cada cual hubiera querido ser el á quien se debiese su establecimiento. Represen la ambicion en pro de la república hasta cuando los enemigos de ella se declaran vencidos; y puesto que ningun tiempo es hábil para soltar la rienda á esa pasion bravía, mal por mal, primero la guerra civil que el triunfo de las cadenas.

No era don Simon amigo de recoger voluntades, como suelen los que no alcanzan espíritus para causar admiracion, ni fuerzas para infundir temor · el cariño que brota sin saber cuando de en medio del respeto, ése es el acendrado; que el amor de los perversos lo grangeamos con la complicidad, el de los soberbios con someternos á ellos, y el de los vanidosos con deferir á su dictámen. Por lo que mira al de los ruines, bien como al de ciertos animales, cualquiera se lo capta con el pan. Aquel flujo por andar haciéndose querer de este y del otro por medio de halagos y caricias, no conviene á hombres respetables por naturaleza, los cuales tienen derecho al corazon de sus semejantes; y ménos cuando el resorte del temor es necesario, en circunstancias que más rinde la obediencia ciega que el afecto interesado. A Aquiles, á Héctor no se les quiere; se les admira : á Napoleon se le teme : á Washington se le venera : á Bolívar se le admira y se le teme. En ocasion tan grande como la libertad de un mundo, el protagonista del poema no ha de ser amable; ha de ser alto, majestuoso, terrible : feroz no, no es necesario; cruel no, no es conveniente; pero firme, grande, inapeable, como Bolívar. Seguro estaba de entrar con él en gracia el que hacia una proeza; y no se iba á la mano en los encomios, como hombre tan perito en los achaques del corazon, que á bulto descubria el flaco de cada uno : dar resquicio á la familiaridad, nunca en la vida. La familiaridad engendra el desprecio, dicen. Hombre que supo todo no pudo ignorar las máximas de la filosofía. Mas nunca tomó el orgullo y el silencio por partes de la autoridad, pues cuando callaban las armas, su buen humor era presagio de nuevos triunfos. La alegría inocente es muy avenidera con la austeridad del alma, puesto que la moderacion ande ahí juntándoles las manos. En uno de sus banquetes, el vencedor de Darío propuso un premio para el que más bebiese : Prómaco se bebió ocho azumbres de vino, y lo ganó. A la vuelta de tres dias la muerte se lo habia comido al bebedor. Otra ocasion se tomó á burlar con el poeta Charilao, ofreciéndole un escudo por cada buen verso de los que debia leer, como llevase un cachete por cada uno de los malos. El poeta llenaba la faltriquera, pero ya le saltaba la sangre por las mejillas. El conquistador risa que se moria. No sé que Napoleon hubiese adolecido de flaquezas semejantes. Bolívar, nunca. Borracho al fin el hijo de Filipo.

Austero, pero sufrido ; pocas virtudes le faltaban. Si el sufrimiento no se aviniera con la fogosidad de su alma cuando el caso lo pedia ¿ qué fuera hoy de independencia y libertad? Sus aborrecedores agravios, él silencio ; sus envidiosos calumnias, él desprecio ; sus rivales provocaciones, él prudencia : con el ejército enemigo, un leon : se echa sobre él y lo devora. Los huesos con que están blanqueando los campos de Carabobo, San Mateo, Boyacá, Junin acreditan si esa fiera nobilísima era terrible en la batalla. Si de la exaltacion pudiera resultar algo en daño de la república, un filósofo. Cuando el fin de las acciones de un hombre superior es otro que su propio engrandecimiento, sabe muy bien distinguir los casos en que ha de imperar su voluntad de los en que se rinde á la necesidad. Su inteligencia no abrazaba solamente las cosas á bulto, pero las deslindaba con primoroso discernimiento; y nunca se dió que faltase un punto a la gran çausa de la emancipacion apocándose con celos, odios ni rivalidades. En órden á las virtudes, siempre sobre todos: cuando se vió capitan, luégo fué Libertador. Imposible que hombre de su calidad no fuese el primero, aun entre reyes. Como caudillo, par á par con los mayores; de persona á persona, hombre de tomarse con el Cid, seguro que pudiera faltarle el brazo en diez horas de batalla, el ánimo ni un punto. Pero ni el brazo le falta: el vigor físico no es prenda indiferente en el que rige á los demas. Palante yace extendido boca arriba en las tierras de Evandro con una herida al pecho, la cual nada ménos tiene que dos piés de longitud. Eneas se la dió. Un troton sale corriendo por el campo de batalla de entre las piernas de su caballero, cuando éste ha caído en dos mitades, una al un lado, otra al otro, partido desde la cabeza de un solo fendiente. Pirro es el dueño de esta hazaña. Y quién se bota al suelo, se echa sobre la granada que está humeando á sus piés y la aplica á las fauces de su caballo que baila enajenado? Ah, estos poetas de la accion labran sus poemas en formas visibles, y los del pensamiento las estampan en caractéres perpetuos. Napoleon es tan poeta como Chateaubriand, Bolívar tan poeta como Olmedo.

Fervoroso, activo, pronto, no era hombre don Simon

cuyo genio fuese irse paso á paso en las operaciones de
la guerra ; ántes si mal resultó en ella varias veces, fué
por sobra de ardor en la sangre y de prontitud en la resolucion. De Fabio Máximo no mucho, de Julio César poco,
todo de Alejandro en el determinarse y el acometer.
Cierta ocasion que habia dejado mal seguras las espaldas, reparó con la celeridad el daño de la imprudencia ;
porque revolviendo sobre el enemigo cuando éste ménos
lo pensaba, hizo en él estragos tales, que el escarmiento
fué igual á la osadía : unos á punta de lanza, otros ahogados en la fuga, dió tan buena cuenta de ellos, que si
alguno se escapó fué merced al paso que llevaba. Agua-
longo, caudillo famoso, griego por la astucia, romano
por la fuerza de carácter, sabe si á uno como Bolívar se le
podia acosar impunemente. Pocas veces erró Bolívar por
imprevision : el don de acierto comunicaba solidez á
sus ideas, y al paso que iba levantado muy alto en el
ingenio, asentaba el pié sobre seguro, creciendo su
alma en la ereccion con que propendia de continuo
hácia la gloria. El leer y el estudiar habian sido en él
diligencias evacuadas en lo más fresco de la juventud,
sin que dejase de robarle á ésta buenas horas destinadas
á las locuras del amor; lo que es en la edad madura,
tiempo le faltó para la guerra, siendo así que combatió
largos veinte años con varia fortuna, hasta ver colocada
la imágen de la libertad en el altar de la patria. El cultivo de las letras más sosiego necesita del que permite
el ruido de las armas; ni es de todos el dar ocupacion
á la pluma á un mismo tiempo que á la espada. César
transmitia á la posteridad sus hechos segun los iba con-
sumando, ¡ y en qué escritura, si pensais ! Las obras

del acero, como suyas ; la prosa en que las inmortali-
zaba, medida por la de Ciceron. En los hombres extraordinarios, esos que prevalecen sobre cien generaciones,
y dominan la tierra altos como una montaña, el genio
viene armado de todas armas, y así menean la cuchilla
como dejan correr la pluma y sueltan la lengua en so-
noros raudales de elocuencia. Guerrero, escritor, orador, todo lo fué Bolívar, y de primera línea. El pensamiento encendido, el semblante inmutado, cuando
habla de la opresion, « la dulce tiranía de los labios » es
terrible en el hombre que nació para lo grande. Su voz
no ostentaba lo del trueno, pero como espada se iba á
las entrañas de la tiranía, fulgurando en esos capitolios
al raso que la victoria erigia despues de cada gran batalla. Cuéntase que al penetrar en el recinto del congreso, libertada ya Colombia y constituida la República,
entró que 'parecia ente sobrehumano por el semblante,
el paso, el modo, y un aire de superioridad y misterio,
que dió mucho en que se abismasen los próceres alli
reunidos. Una obra inmensa llevada á felice cima ; batallas estupendas, triunfos increibles, proezas del valor
y la constancia, y por corona la admiracion y el aplauso
de millones de hombres, son en efecto para comunicar
á un héroe ese aspecto maravilloso con que avasalla el
alma de los que le miran, agolpándoseles á la memoria
los hechos con los cuales ha venido á ser tan superior á
todos.

Bolívar tiene conciencia de su gran destino : hierven
en su pecho mil aspiraciones á cual ¡más justa y noble,
y sus anhelos misteriosos trascienden á lo exterior de su

persona, bañándola toda, cual si en ella si difundiera el espíritu divino. Lo que en los otros esperanza, en él habia pasado á certidumbre, aun en los tiempos más adversos; y seguro de que combatia por el bien de una buena parte del género humano, no dudaba del fin y desenlace de ese romance heroico. Libertad era su dios vivo; despues del Todopoderoso, á ella rendia culto su grande alma. Caído muchas veces, alzábase de nuevo y tronaba en las nubes como un dios resucitado. Gran virtud es el teson en las empresas donde el vaiven de triunfos y reveses promete dejar arriba el lado de la constancia, sin la cual no hay heroismo. El secreto de erguirse en la propia ruina, romper por medio de la desgracia y mostrarse aterrador al enemigo, no lo poseen sino los hombres realmente superiores, esas almas prodigiosas que en la nada misma hallan elementos para sus obras. Hoy prófugo, proscrito, solo y sin amparo en extranjero suelo; mañana al frente de sus soldados, blandiéndole en el rostro al enemigo la espada de la libertad, esa hoja sagrada que empuñó Pelayo y que, depositada en las regiones secretas é invisibles de la Providencia, ha ido sirviendo á los bienhechores de los pueblos, á Guillermo Tell, á Washington, á Bolívar. ¿ Cuál era la maga protectora de este fabuloso caballero? No eran Melisa, Hipermea, la sábia Linigobria; era Urganda la desconocida, pero no la mágica de Belianis, sino otra más afectuosa en la proteccion y más eficaz en los encantos, esa mágica que vela por los hombres predestinados para los grandes fines de Dios, que es su providencia misma, llámese Urganda ó ángel de la guarda.

Tan ciega era la fe de Bolívar en el poder oculto de su protectora, que donde se hubiera visto perdido para siempre cualquier otro, él desenvolvia á lo victorioso sus planes de conquistador, y se paseaba en el imperio de los Incas libertando medio mundo. Sucedió que una ocasion, sorprendido con cuatro oficiales por un destacamento de españoles, acudiese á salvar la vida enzarzándose en un jaral, donde hubo de permanecer una buena pieza, á riesgo de muerte si daba un paso. Perdida la batalla, dispersa la gente, el enemigo corriendo la tierra, ellos sin salida : pues en cuanto duraba el peligro, se puso á discurrir en cosas que, tanto parecian más extravagantes y efectos de locura á su cuitado auditorio, cuanto eran más grandes é inverosímiles. Acaba con los españoles en Venezuela; liberta la Nueva Granada, y lleva la independencia al país del Ecuador : constituida una gran nacion con estas tres colonias, no hace sino un paso al Perú, y funda otras repúblicas, cabalmente en tierras poseidas por grandes y poderosos enemigos. Adónde iria despues? No hubo, sin duda, un Cineas que se lo preguntase, escuchándole sus oficiales en la angustia de sus corazones, pues para ellos era cierto que á su general se le trabucaba el juicio; tan imposibles parecian esas cosas. Y llegaron á ser tan positivas, que el mundo las vió con asombro, y los sud-americanos las gozan sin cuidado, aunque agradeciendo poco. Su maga protectora, que no era sino el ángel de la guarda del Nuevo Mundo, le sacó á paz y á salvo, y le llevó á una montaña, de donde le hizo ver en el porvenir la suerte de nuestros pueblos.

Andando el tiempo, hallábase enfermo en Pativilca, presa de la calentura, desencajado, mustio : uno de sus admiradores nos le describe sentado ahí, juntas y puntiagudas las rodillas, pálido el rostro, hombre más para la sepultura que para la batalla. Los españoles, formidables, dueños de todo el alto Perú y de la mayor parte del bajo : quince mil hombres de los que habian vencido á las huestes napoleónicas y echado de España el águila poderosa. Laserna, Canterac y otros valientes generales, bien armados, ricos y atrevidos con mil triunfos : la República, perdida. Qué piensa hacer vuestra excelencia? le pregunta don Joaquin Mosquera. Vencer, responde el héroe. Toques sublimes de elevacion y longanimidad que acreditan lo noble de su sangre y lo alto de su pecho. En qué la cede á los grandes hombres de lo antiguo? En que es menor con veinte siglos, y sólo el tiempo, viejo prodigioso, destila en su laboratorio mágico el óleo con que unge á los príncipes de naturaleza. Qué será Bolívar cuando sus hazañas, pasando de gente en gente, autorizadas con el prestigio de los siglos, lleguen á los que han de vivir de aquí á mil años? Podrá Europa injusta y egoista apocarnos cuanto quiera ahora que estamos dando nuestros primeros pasos en el mundo ; pero si de ella es el pasado, el porvenir es de América, y las ruinas no tienen sonrisas de desden para la gloria. Luis décimocuarto, Napoleon, grandes hombres ! Grandes son los que civilizan, los que libertan pueblos : grande es Pedro primero de Rusia, grande Bolívar, civilizador el uno, libertador el otro. Luis décimocuarto es el Genio del despotismo ; Napoleon, el de la ambicion y la conquista. El Genio de la libertad en ninguna manera ha de ser inferior; ántes siendo hijo de la luz, su progenitura es divina, cuando los otros crecen, y se desenvuelven y son grandes en las sombras. Sus enemigos echaron en campaña la voz de su coronacion por mano de las potencias europeas, cuando nada estuvo más léjos de su pensamiento. Verdad es que hubo Antonios que le tentasen á ese respecto; pero más leal que César ó ménos ambicioso, él siempre rechazó de buena fe tan indebidas ofertas. Su bandera habia sido la de la democracia, y no podia sin incurrir en mal caso relegar al olvido el símbolo de sus victorias. A ser él para dar oido á las almivaradas cláusulas de la adulacion, tiempo habia que hubiera muerto rey, pues de seguro le matan si acomete á coronarse. El cuchillo de la envidia envuelto en tinieblas, erró el golpe; el puñal de la salud en el brazo de la libertad le hubiera acertado en medio pecho. Trabajo les mandaba yo á sus detractores de que fundasen sus malos juicios en alegaciones aceptables. El puñal tendrá fuerza de convencimiento cuando habla en mano de Bruto; en la de cualquier otro, jura falso. Los que evocan la sombra de este romano, aseguren el golpe, si quieren ser libertadores; en fallando la empresa, quedarán por asesinos. el buen éxito es necesario para la bondad de la causa Qué digo? Si Bolívar muere á poder de los Cascas y los Casios colombianos, las maldiciones de América hubieran estado cayendo perpetuamente sobre ellos, como las gotas negras que miden la eternidad y marcan la frente de los réprobos. el mal suceso de su temerario intento los ha salvado; pues, segun se me trasluce, perdonados están en razon de la buena fe con que tal vez algunos de ellos abrazaron esa horrible causa, ya por exceso de credulidad, ya por sobra de ardor en la sangre. Voy á más y digo, que puesto caso que las intenciones ambiciosas del Libertador fueran manifiestas, no era el puñal el instrumento de la salvacion de la república : el parricidio vuelve negro todo cuanto le rodea, infesta un gran espacio á la redonda, y sus sombras envenenadas son capaces de corromper la luz del dia. Los chinos arrasan, no solamente la casa, sino tambien el pueblo donde ha nacido un parricida : parientes, extraños, viejos, mozos, mujeres, niños, todo lo matan, hasta los animales, y esterilizan con sal la tierra que produjo bestia semejante. En ser de hombres libres y republicanos todos somos hijos de Bolívar, libertador y fundador de la república : no podemos matarle sin merecer el castigo de los parricidas.

La vida de un tiranuelo ruin sin antecedentes ni virtudes ; la vida de uno que engulle carne humana por instinto, sin razon, y quizá sin conocimiento ; la vida de uno de esos séres maléficos que toman á pechos el destruir la parte moral de un pueblo, matándole el alma con la ponzoña del fanatismo, sustancia extraida por putrefaccion del árbol de las tinieblas ; la vida de uno de esos monstruos tan aborrecibles como despreciables, no vale nada : azote de los buenos, terror de los pusilánimes, ruina de los dignos y animosos, enemigos de Dios y de los hombres, se les puede matar, como se mata un tigre, una culebra. No he sabido que hasta ahora hubiesen caído sino las bendiciones del mundo sobre los matadores de Calígula, Caracalla, Eliogábalo, y serian malditos quienes los maldijesen. Conque es tan digna de respeto la existencia de los que viven privando de ella á los que la gozan otorgada por el Creador, y la llevan adelante girando honestamente en la órbita de sus leyes y de las humanas ? No se le debe matar porque es hombre, y su vida la tiene del Altísimo : son otra cosa los que él mata, y viven por obra de un sér diferente? El verse revestido de un poder humano y usurpado trastrueca el órden de las cosas naturales y modifica en favor de los perversos las leyes eternas que obran sobre todos ! El que hace degollar por mano de verdugo, ó manda á un grupo de soldados fusilar uno ó muchos inocentes, sin procedimiento bueno ni malo, porque esto conviene á su ambicion ó su venganza, ¿ será ménos asesino que el que mata de persona á persona ? Solamente la cuchilla de la ley en mano de la justicia puede quitar la vida sin cometer crímen. La tiranía es un hecho, hecho horrible que no confiere derechos de ninguna clase al que la ejerce, porque en el abuso no hay cosa legítima. Los tiranos, los verdaderos tiranos, se ponen fuera de la ley, dejan de ser hombres, puesto que renuncian los fueros de la humanidad, y convertidos en bestias bravas, pueden ser presa de cualquier bienhechor denodado. Quién seria harto impío que tuviese por delincuente al matador de Neron, si éste hubiera muerto á manos de algun hombre dichoso ? Senadores sabios, ciudadanos ilustres, matronas venerandas, niños inocentes, cuántas vidas preservadas con la muerte do uno solo, de un demonio revestido de las formas mortales ! Tracea, « varon clarísimo, digno de progenitura celestial, » ha llegado al lugar del suplicio : la

hoguera que ha de consumir sus miembros va á ser
prendida bajo un árbol fresco, verde, lozano, que prodiga su sombra á la tierra y desaloja una vasta porcion
de aire en poética ufanía. El reo, reo de virtudes de todo
linaje, echa de ver el peligro de ese egregio fantasma,
y suplica á los esbirros separar de su tronco la pira que
á sus carnes se destina. Extraño á su conflicto, repara
en el de un árbol el rato de la muerte. A éstos quitaba
Neron la vida. Británico, pobre muchacho! Agripina,
poco importa; Locusta, me alegro mucho : pero el filósofo! pero Séneca! Y cuál es el perverso, el insensato
que venga á llamar delincuente, y condene á patíbulo
al santo matador de Caracalla? Léjos estoy, gracias á
Dios, de conceptuar un monstruo al que despoja de la
vida á un malvado consumado, un asesino de profesion;
y en siendo mio el juzgar á ciertos grandes hombres,
grandes en crímenes y vicios, ninguno se me escapara
de la horca. ¡ Qué castillo ese tan airoso, tan cargado de
la fruta que deleita á Lucifer!

El toque está en que juzguemos á juicio de buen varon acerca de las intenciones y las acciones de los
hombres, y sepamos cuál sentencia seria confirmada
por el Juez Supremo, y cuál otra revocada ; pues sucede
que el malvado para unos es santo para otros, y miéntras éstos vocean llamándole tirano, ésos se desgañitan
por acreditarle de hombre justó y bienhechor. Justo,
bueno y católico, norabuena ; si á pesar de esto es enemigo de Dios y de los hombres, yo le destino á la
cuerda, y allá se averigüe. Los antiguos sabian poner
las cosas más en su punto que nosotros, y eran acaso

más acreedores á la libertad, cuando la defendian ó la
reconquistaban á todo trance. Nosotros andamos con-
fundiendo algun tanto los principios de justicia, y no
tenemos gran cuenta con los de la moral : atentamos
contra la vida de los buenos, los grandes, y dejamos
vivir á los perversos, los ruines perjudiciales. Para un
Bolívar más de un puñal ; para un García Moreno no
hay sino bendiciones, las de Cafarnaum. Bendita sea la
servidumbre, bendita sea la ignorancia, bendita sea la
mentira, bendita sea la hipocresía, bendita sea la calumnia, bendita sea la persecucion, bendita sea la infamia, bendito sea el fanatismo, bendito sea el perjurio,
bendito sea el sacrilegio, bendito sea el robo, bendito
sea el azote, bendita sea la lujuria, bendito sea el patíbulo, benditos sean, benditos sean, benditos sean ! Maldito sea el corazon que concibe la muerte de Bolívar,
obra de Satanás, preñez infanda ; maldito el pensamiento
que la madura en sus entrañas pestilentes ; maldita la
noche en que se comete ese pecado ; maldito el instrumento de que se sirven sus autores ; maldito el valor
que los anima ; maldita la fuerza en que confian ; malditos sean, malditos sean, malditos sean !

Yo no maldigo lo pasado, maldigo lo futuro ; pues si
Dios misericordioso perdonó a los delincuentes ¿que
seria de mis maldiciones ? Maldigo lo futuro, para que
los hombres que merecen bien del género humano, los
civilizadores, los libertadores, los héroes perínclitos,
los filósofos, los maestros de la ley moral se hallen
expuestos lo ménos posible á las locuras de estos Brutos
ciegos, Brutos insensatos que matan á Enrique cuarto

y dejan vivir á Cárlos nono, maldicen á Bolívar y bendicen á García Moreno. Puñal para Sucre, el más modesto de los grandes hombres, el más generoso de los vencedores, el más desprendido de los ciudadanos : Sucre, varon rarísimo que supo unir en celestial consorcio las hazañas con las virtudes, el estudio con la guerra, el cariño de sus semejantes con la gloria. Puñal para Sucre, el guerrero que comparece en la montaña, cual si bajase del cielo, y cae y revienta en mil rayos sobre los enemigos de América ; Sucre, el vencedor del Pichincha, el héroe de Ayacucho, el brazo de Bolívar : puñal para Sucre, esto es, puñal para el honor, puñal para el valor, puñal para la magnanimidad, puñal para la virtud, puñal para la gloria. Americanos! ese golpe de sangre que os inunda el rostro en ondas purpurinas es vuestro salvador : la vergüenza borra la infamia, y los que gimen en silencio bajo esta enfermedad bienhechora, están salvados. Sucre no murió á nombre de un principio, de una idea, ni por mano de un partido : su muerte no pesa sino sobre su matador, y su memoria no infama sino á su tenebroso verdugo. « Los gobiernos se han fundado y consolidado en todo tiempo por medio de la cicuta y el puñal, » dijo uno de los asesinos, echándole al rostro al género humano esta necia calumnia. El crímen no puede servir de fundamento á cosa buena en el mundo : la cicuta mata la filosofía, destruye las virtudes, no funda los gobiernos. Fedon, Criton, Cerefon rodean al maestro agonizante : la Divinidad, casi visible á los ojos de los discípulos, está derramada en el rostro de ese hombre, el más bello de los hombres, á despecho de sus imperfecciones. Ese corazon

siente y palpita aún, esa cabeza piensa y raciocina, esos
labios se agitan en habla dulce y armoniosa. Dios, inmortalidad del alma, suerte de la especie humana, vida,
tumba son objeto de su conversacion postrera. El frio
le ha ganado los piés : tiemblan los discípulos, el maestro está impasible. El frio le sube a las rodillas : los discípulos se estremecen, el maestro está sereno. El frio le
invade la parte superior del cuerpo : los discípulos se
exasperan en ansiedad mortal, el maestro permanece
grave é indiferente. El frio se apodera del corazon,
espira el maestro; los discípulos sueltan el llanto, llanto
sublime que no dejan de oir los hombres despues de
treinta siglos : murió el filósofo. Esto es fundar gobiernos, oscuro malvado ? Los treinta tiranos fundaron el
gobierno de Aténas con dar á beber á Sócrates el vaso
de cicuta ? Los lacedemonios están furiosos, escribia de
Esparta Xenofonte ; prorumpen en dicterios contra nosotros, y dicen que es preciso haber perdido el juicio
para dar muerte al que la pitonisa ha declarado el más
cuerdo y virtuoso de los hombres.

Tales son las obras, tales los efectos de la cicuta, si
me escuchas, oh tú, el más perverso de los nacidos.
Pitágoras, Platon, cuál de los filósofos sentó ese principio ? Licurgo, Solon, cuál de los legisladores dió esa
ley ? Plutarco, Tácito, cuál de los historiadores la ha
transmitido á la posteridad? « En todo tiempo los gobiernos se han fundado y consolidado por medio de la
cicuta y el puñal. » En tiempo de Moisés que gobernó y
guió al pueblo de Israel ? en tiempo de David que cantó
al Todopoderoso y reinó por la virtud ? en tiempo de

Perícles, el más sabio gobernante de los griegos ? en tiempo de Augusto, de Tito, de Marco Aurelio? No, en esos tiempos no fueron el puñal y la cicuta los reguladores de los destinos sociales: en tiempo de Alejandro VI, en tiempo de César Borjia, en tiempo de Cárlos IX reinaron el puñal y la cicuta. En tiempo de Enrique IV, ah, sí, en tiempo de Enrique IV, éste es el secreto: se irguió el puñal, y fundó el regicidio, el parricidio. Santo puñal, puñal bendecido en el tribunal de la penitencia, tú fundaste el mejor de los gobiernos, asesinando al mejor de los monarcas. Oh tú que fundas tus gobiernos por medio del puñal y el veneno, ¿sabes á quién obedecia Ravaillac? *Aut Cæsar, aut nihil*, era la divisa del célebre hijo de un gran pontífice romano. Estos cargan veneno en el anillo, tienen enherboladas las aldabas de las puertas, las llaves de los cofres: el vino, las viandas no bastan para el halago de sus huéspedes y compadres: les estrechan la mano afectuosamente, les ingieren la muerte en el cuerpo como por milagro, y les echan la bendicion para la otra vida. Pero á lo ménos éstos no pretendian fundar gobiernos legítimos, sino conquistar el mundo, despues de haber dejado en la calle á sus semejantes. *Aut Cæsar, aut nihil*, y este mote se espacia en un escudo ancho como el de Lucifer, cuyo emblema es un puñal y un vaso de ponzoña. Mas fundar gobiernos republicanos y virtuosos, consolidar las leyes santas de la igualdad y el amor en el seno de la democracia por medio de esos agentes, no cabe sino en el confuso entendimiento de esos tiranuelos cuya cabeza es el edificio donde trabaja la ineptitud moviendo la máquina de la tiranía. De Augusto se ha dicho que la especie humana hubiera sido muy feliz si nunca ese hombre naciera ó no hubiera muerto jamas. Fundó un imperio, un gran imperio donde reinaron paz, justicia é ingenio, y lo consolidó por medio de la crueldad; pero no fué él quien habia asesinado á su gran tio. En razon de los fines podemos perdonar los medios; mas si á lo inicuo de los primeros añaden los malvados lo infame de los segundos, ¿dónde la filosofía? dónde el provecho de tan bárbaro sistema? El que funda su poder con el veneno y el puñal, de ellos necesitará toda la vida para mantenerse en el trono del crímen: si él vive zozobrando entre el manejar esos resortes y el huir de ellos ¿á quién se queja? y si la fortuna le abandona, ¿a quién vuelve los ojos? Los perversos son los más desgraciados de los hombres, aun en medio de la prosperidad, segun que siente un sabio; los perversos en desgracia, mas desgraciados todavía.

Puñal para Bolívar, puñal para Sucre; y porqué no? no lo hubo para Enrique IV, el mayor y más virtuoso de los reyes? Tiberio muere en su cama, y ésta no es observacion moderna.

Errores, puede ser; bastardías, ni una sola en la historia de Bolívar. Sagrada su palabra, sus promesas realidades, á pesar del mal ejemplo de los enemigos, los cuales raras veces tenian cuenta con memoria de lo prometido, siendo entre ellos axioma de guerra que no obligaba el juramento para con los insurgentes. Ruiz de Castilla en Quito, Monteverde en Caracas, Sámano en Bogotá rompieron la fe y anegaron en sangre la estatua sacrosanta de esta divinidad. Bolívar era un rey; Dios, patria y pundonor la trinidad augusta de su religion, dando por sentado que falta uno al pundonor cuando falta á la palabra. Liberal y magnífico por naturaleza, no cuidaba sino del acicalamiento del alma; en lo tocante al arreo de su persona, no era ello de sus ocupaciones predilectas; ántes dicen que tenia el ánimo tan embebido en las cosas grandes, que poco reparaba en las suyas propias, si sus edecanes no andaban á la mira. Así ocurrió que una mañana hallase un uniforme nuevo en lugar del que habia dejado por la noche; y no le pareció tan bien que no echase ménos el deterioro causado en el antiguo por las fechorías del tiempo y las travesuras de las armas. Bonaparte miraba con rara predileccion su sombrerito de Eylau, prenda que se conserva en su mausoleo entre las más respetables. Y en verdad que el viajero contempla absorto esa figurilla que ha abrigado el molde más perfecto de la inteligencia, cráneo en el cual naturaleza echó el resto de su sabiduría. Bolívar era hombre esencial; su ánimo raras veces hacia diversiones hácia las cosas de poco valor, sino fueron las del amor, ante cuyo dioscuelo hincaba de buen grado la rodilla, aunque sin rendir la espada. César no fué el más gran enamorado de Roma? El amor es la grosura del corazon, légamo suavísimo que abriga el principio de los grandes hechos, sin que de ninguna manera estrague las virtudes heroicas, cuando se deja pulsar por la moderacion. Barsene dió al traves con la continencia de Alejandro: quien no amase sino á Belona, seria monstruo capaz de todos los crímenes. Fuera de las dulces flaquezas de esa pasion divina, el pensamiento de Bolívar se estaba moviendo siempre á lo grande; y como sus fines eran justos, por fuerza habian de ser plausibles sus acciones. Su encargo era la libertad de un mundo; tenia que ser gran capitan : su propósito fundar nuevas naciones; le convenia ser organizador, legislador. Capitan, ya lo hemos visto : Luciano le hallara en los Campos Elíseos disputando el paso á Aníbal y Escipion. Guerrero, no le cede una mínima á Gonzalo Fernández de Córdoba : lo prueba el haberse puesto con una gran nacion, el haber vencido á los soldados de Bailen, antiguos de Pavía. En el hacer de las leyes, procuraba dictar, no las mejores, sino las que más convenian á los pueblos, memorioso del precepto de Solon, el cual habia usado esta manera con los atenienses.

Hombre constante, hombre avisado : en cada una de sus obras parecia echar el resto de su genio, tan fecundo era en los arbitrios y tan ejecutivo en las resoluciones. Empeñado más y mejor en su grandioso intento á cada golpe de la suerte, era cosa de ver con el ardor que volvia á la demanda cada vez más pavoroso. Conque yo combato á la hidra de Lerna, cuyas cabezas se multiplican al paso que se las va cortando ! exclamaba un gran conquistador al ver cómo el general enemigo volvia más formidable despues de cada una de sus derrotas. Arruinado varias ocasiones, fugitivo, proscrito, y siempre el mismo contrario al frente de los españoles : ¿ qué mágico terrible era ése? Sus enemigos nunca dieron con el secreto de vencerle de remate : si le toman en los brazos y le ahogan en el aire, allí fué la independencia, allí fué la república. Muerto él, España tan dueña de

nosotros como en los peores tiempos de nuestra servidumbre, y América á esperar hasta cuando en el seno de
la nada se formase lentamente otro hombre de las propias virtudes; cosa difícil, aun para la naturaleza, como
la Providencia no la asistiera con sus indicaciones.
Pero se contentaban con echarle en tierra, y esta buena
madre le llenaba de vida, infiltrándole á su contacto sus
más poderosos jugos. Anteo reanimado, cada uno de sus
recobros era ganar en fuerza : Dios le envestia de un
punto de la suya, y esto era hacerle gigante contra los
míseros que peleaban fuera de su proteccion. Sin des-
corazonarse á los esquinces de la fortuna, no desapro-
vechaba ocasion de darle un nuevo tiento. Fortuna,
diosa de los pícaros, honra de los infames, bondad de
los malvados ; fortuna, más inicua que ciega, más torpe
que injusta, si eres una deidad, lo serás de los infiernos. Poderosa eres; pero hay uno que puede más que
tú, y es el que está sobre el cielo y el infierno : cuando
éste se arrima á la otra parte, la tuya sucumbe : razon,
verdad, justicia están de triunfo.

Que los de Bolívar no eran debidos á la fortuna, lo
acreditan sus numerosas desgracias; debidos fueron á
la felicidad · valor, ingenio, osadía, constancia, fe, fe
ciega en su destino, constituyen la felicidad de los varones que resaltan sobre sus semejantes y han sido
enviados para grandes cosas. Sin miedo de propasarnos
en el encarecimiento, podemos contar á don Simon entre
los hombres con los cuales naturaleza demuestra su
poder, y Dios el amor con que glorifica al género humano. Oiga la edad futura los juicios que sobre la

tumba del héroe formulan los presentes; y cuando demos que los venideros no tengan nada que añadir en su alabanza, ya será el Genio cuya gloria parece haber madurado veinte siglos. No dieron estampida en Europa sus acciones, porque Júpiter hecho hombre la tenia sorda con un trueno continuo : las armas del conquistador crujian más que las del libertador, y esto ha redundado en desgracia del que más títulos alcanza á la admiracion del mundo, si el heroismo puesto al servicio de la libertad vale más que el heroismo obrando por la esclavitud del universo. Los españoles dan ciento en la herradura y una en el clavo con ese flujo por achicar á Bolívar y sus compañeros de armas ; si supieran su negocio, le delinearan sus escritores como sér casi fabuloso, héroe del linaje de Rama y de Crisna, Rustan que presta asunto á la epopeya. Mostrar en Bolívar, Sucre, Paez, aventureros sin consecuencia, hombres mezquinos que no obraban sino al impulso de ambiciones personales, cobardes ademas y en un todo inferiores á los europeos, es apocarse ellos mismos, desdecir de las virtudes antiguas de la gran nacion hispana.

> Pues no es el vencedor más estimado
> De aquello en que el vencido es reputado.

Don Alonso de Ercilla no pensaba que las huestes castellanas abundarian tanto más en gloria cuanto ménos dignos de su valentía fuesen los enemigos con quienes se estaban combatiendo ? Caupolican y Bayocolo podian muy bien dar al traves con las falanges españolas ; y domarlos y conquistarlos era crecer en gloria ante el rey su señor y ante las naciones de la tierra. Nos-

otros no extremaríamos la insolencia ni refinaríamos
la negadez tirando á disminuir los méritos de nuestros
enemigos; ántes por el contrario, quisiéramos que hubieran sido más valientes, avisados, peritos en la guerra,
si cabe en hombres serlo más que esos egregios españoles que dieron tanto en que entender al dueño de
pueblos y reyes. Si ellos hubieran sido campeones ruines, sin fuerza ni expedientes, ¿ dónde la gloria de sus
vencedores? Por que los indios, dice Solis, ni en vigor
de ánimo, ni en fuerza de cuerpo y buena próporcion
de miembros eran inferiores á los demas. Don Antonio
sabia muy bien que si los indios fueran para ménos,
Hernan Cortés no mereciera el loor que alcanza, por
cuanto el vencer á un adversario flaco no es maravilla
que debe pasar á la posteridad envuelta en el reflejo de
la gloria.

> Qué honra es al leon, al fuerte, al poderoso
> Matar un pequeño, al pobre, al coitoso?
> Es deshonra et mengua, et non vencer fermoso :
> El que al mur vence es vencer vergonzoso ...
> El vencedor ha honra del precio del vencido,
> Su loor es á tanto cuanto es lo debatido.

Parece que el Arcipreste de Hita fué más sabio que
el conde de Toreno. Si los vencedores tienen tan sumo
cuidado de ennoblecer á los vencidos, ¿ qué no debe-
rian hacer los vencidos respecto de los vencedores?
Que nos abrumen Hércules, Teseo; que nos maten Bernardo del Carpio, el Cid Campeador; que nos pongan en
fuga Marfisa, Roldan el encantado, ya podemos llevar
en paciencia; mas qué razon sufre andemos encareciendo la pequeñez de los que nos han puesto bajo la

suela de su zapato ? Yo me moriria de vergüenza si me hubiera dejado zurrar por el cojo Tersites ; pero anduviera ufano aun de haber llevado lo peor, combatiéndome con el hijo de Peleo. La succesora de Roma en el poderío y las hazañas ; los vencedores de Lepanto ; los soldados de Pavía ; los conquistadores del Oriente, esos aventureros maravillosos que van entre cuatro amigos, y pasan por sobre emperadores, y echan tronos abajo á puntapieses ; los descendientes del Gran Capitan ; los compatriotas de Espínola, Roger Lauria, Toledo y Roberto de Rocafort ; los héroes de Trafalgar ; les señores de Bailen ; esos españoles tan denodados como fieros, tan fuertes como entendidos en la guerra, si los ahorcasen no convendrian en que en América los hubiesen vencido hombres sino mujeres, mayores sino niños, guerreros en forma sino bárbaros. Don Alonso de Ercilla y don Antonio Solis, como quienes sabian lo que importaba más á su patria, supieron entenderse mejor con la pluma, y dejaron entreparecer su cordura por esas hábiles insinuaciones. Qué dirian ellos de sus mal aconsejados compatriotas si les oyesen hablar de los soldados de la emancipacion americana con desden tan infundado como necio ? Pues si eran tan miserables como decis, gritarian, porque no los sojuzgasteis y castigasteis á vuestro sabor, bellacos ?

Esos bárbaros no son bárbaros de ninguna manera, exclamaba un gran enemigo de Roma, al ver del modo que ordenaban la batalla : esos bárbaros no son bárbaros de ninguna manera, hubiera exclamado Gonzalo de Córdoba al ver la disposicion de la de Carabobo, cuya victoria fué debida á las del general republicano : esos bárbaros no son bárbaros de ninguna manera, iba sin duda exclamando Latorre en la heroica retirada del Valencey : esos bárbaros no son bárbaros de ninguna manera, exclamaba el tan valiente cuanto infortunado Barreiro en Boyacá : esos bárbaros no son bárbaros de ninguna manera, exclamaba Canterac en el campo de Junin : esos bárbaros no son bárbaros de ninguna manera, exclamaba Laserna en Ayacucho. Cómo lo habian de ser, cuando despues de envolverlos, aturdirlos, ofuscarlos con el númen de la guerra, los estrechan, los acometen, los despedazan con el acero ? Cómo lo habian de ser, cuando despues de tenerlos baja la cerviz, rendido el brazo, les conceden los honores militares y los envian salvos á su patria ? Cómo lo habian de ser, cuando proclamada la paz constituyen naciones, y las ponen debajo de leyes tan razonables como las que más ? Bárbaros, cobardes y mezquinos los que hacian esas cosas ! Mirad, incautos españoles, no os reduzcamos á la memoria la famosa expresion con que se regocijaba Morillo en sus francachelas y bataolas de Carácas : « Si los vencedores son éstos, cuáles serán los vencidos ? » Los vencidos fueron unos que á la vuelta de poco le pusieron de patitas en la calle, desbaratado, pulverizado, anonadado su ejército compuesto de vencedores de franceses.

Un escritor mal avisado lleva la ojeriza hasta el punto de decir que Bolívar huyó cobardemente en la batalla de Junin. Como Aquíles huye de los troyanos? La victoria se le iba, y voló á cerrarle el paso. Y aun cuando su retirada personal no hubiera tenido un fin relativo al combate, todo el que sepa quién fué Bolívar tendrá por bien averiguado que, juzgándose necesario para la independencia, preservaba su vida á todo trance. Perder una batalla, no era mucho; se podian ganar diez en seguida: muerto Bolívar, muerta la patria. Huir el capitan, dejando al ejército enfurecido en la pelea; cosa imposible al entendimiento y á la pluma. El leon va y viene, se mueve en torno, bravea y se multiplica contra los que le acosan, y sucumbe ó queda vencedor, pero no huye. Podia Bolívar colocarse al frente de sus legiones atemorizadas, y echar á andar delante de ellas, porque se entendiera que seguian á su general y no iban fugitivas, como ya hizo en tiempos antiguos Cátulo Luctacio; ponerse en cobro él solo, dejándolas mano á mano con la muerte, calumnia absurda á todas luces. Primero que echa esa pamplina, consúltese con Bóves el que tuvo á Bolívar por cobarde, y ese leon le hubiera dicho si á la cobardía de su contrario debió su desengaño en san Mateo. Bóves, el más audaz, valiente é impetuoso de cuantos españoles pelearon esa guerra, sabe si Bolívar fué más que él por la serenidad, la intrepidez, la firmeza, la constancia con las cuales arrostró con esa horrenda hueste debajo del imperio de jefe semejante! El guerrero descuella sobre la tempestad, la cabeza erguida, el brazo alzado: llueve la metralla, el ruido asorda, el humo ciega, y en medio esa espantosa cerrazon, la frente de Bolívar resplandece, su voz se sobrepone á la de los cañones enronquecidos, en su pecho se estrellan y se doblan las lanzas de los llaneros de Bóves, este héroe de la antigua Caledonia, cruel como Starno, feroz como

Swarán. A una accion romana debió Bolívar su salvacion en san Mateo; pero es asimismo cierto que á la
constancia de Bolívar debio Ricaurte su sacrificio. ¡ Cuántas arremetidas resistió, y cuántos asaltos rechazó, y
cuántas esperanzas burló primero que el nuevo Cocles
salvase á la patria! Confundido, despechado, desesperado, levanta el campo Bóves, y deja el triunfo á los
cobardes. Españoles valientes, heroicos españoles, así
deshonrais vuestra derrota?

Nuestra dicha es haber conquistado la libertad, pero
nuestra gloria es haber vencido á los españoles invencibles. No, ellos no son cobardes; no, ellos no son malos
soldados ; no, ellos no son gavillas desordenadas de
gente vagabunda : son el pueblo de Cárlos Quinto, rey
de España, emperador de Alemania, dueño de Italia y
señor del Nuevo Mundo. Cuántas jornadas de aquí á
Paris? preguntaba este monarca á un prisionero frances.
Doce tal vez, pero todas de batalla, respondió el soldado.
El emperador no fué á Paris. La grandeza del vencido
vuelve más grande al vencedor. No, ellos no son cobardes ; son los guerreros de Cángas de Onis, Alárcos y las
Navas; son el pueblo aventurero y denodado que invade
un mundo desconocido y lo conquista ; son la familia
de Cortés, Pizarro, Valdivia, Benalcázar, Jimenez de
Quesada y más titanes que ganaron el Olimpo escalando
el Popocatepelt, el Toromboro y el Cayambe. Pueblo
ilustre, pueblo grande, que en la decadencia misma
se siente superior con la memoria de sus hechos pasados, y hace por levantarse de su sepulcro sin dejar en
él su manto real. Sepulcro no, porque no yace difunto ;

lecho digamos, lecho de dolor al cual está clavado en su enfermedad irremediable. Irremediable no, tampoco digamos esto : si España se levanta, se levantará erguida y majestuosa, como se levantara Sesóstris, como se levantara Luis XIV, ó más bien como se levantara Roma, si se levantara. Cuerpo enfermo, pero sagrado ; espíritu oscurecido, pero santo, España ! España ! lo que hay de puro en nuestra sangre, de noble en nuestro corazon, de claro en nuestro entendimiento, de ti lo tenemos, á ti te lo debemos. El pensar á lo grande, el sentir á lo animoso, el obrar á lo justo en nosotros, son de España ; y si hay en la sangre de nuestras venas algunas gotas purpurinas, son de España. Yo que adoro á Jesucristo ; yo que hablo la lengua de Castilla ; yo que abrigo las afecciones de mis padres y sigo sus costumbres ¿cómo la aborreceria ? Hay todavía en la América española una escuela, un partido ó lo que sea, que profesa aborrecer á España y murmurar de sus cosas. Son justos, son ingratos los que cultivan ese antiguo aborrecimiento ? El olvidar es de pechos generosos : olvidemos los agravios, acordémonos del deudo y la deuda. Y acaso todo fué bárbaro y cruel por parte de los españoles? Monteverde, Cervéris, Antoñanzas, es verdad ; pero no honraron su patria y la guerra hombres buenos, humanos como Cajigal ? No habia visto poco ántes el Nuevo Mundo un virey Francisco Montalvo ? Y esto sin hacer memoria de Las Casas, el filántropo, el apóstol, ese que con el crucifijo en la mano andaba interponiéndose entre los conquistadores y los conquistados, suavizando la crueldad, conteniendo la rapacidad de los unos ; esforzando la debilidad, aclarando la oscuridad de los otros. Cuba, ah, Cuba ensangrentada y llorosa se alza en el mar, y puesto el dedo en los labios, me hace seña de callar las alabanzas de la madre patria. Pobre musa desesperada, blanco el vestido, suelto el cabello, da el salto de Leucadia para olvidar su pesadumbre ó sepultarse con ella en el abismo.

Como no sea la de Olmedo, cualquier voz será desentonada para cantar los hechos de la guerra de la libertad, y trémula cualquier mano para rasguearlos segun pide su grandeza. En las pinceladas sublimes de aquel bardo descuellan con toda su pujanza las virtudes del mayor de los héroes del Nuevo Mundo, y al cadencioso rompimiento de esos versos figúrase uno ver á Fingal cómo desciende todo armado de las montañas de Morven. Ullin, bardo de Cona, gastó ménos poesía en alabar á sus guerreros, y ni el Pindo resonó con más arrebatada armonía á los acentos de Tirteo.

Quién es el caballero que alarga el brazo y enseña las alturas del riscoso Bárbula? El general dió la órden de victoria, vuelan los soldados rompiendo por los enemigos batallones. El combate está empeñado, las balas caen como granizo, los valientes se extienden por el suelo heridos en el pecho. El general abraza con la vista el campo de batalla, y se dispara adonde la pelea anda más furiosa : suena su voz en donde quiera : su espada, como la del ángel exterminador, despide centellas que ciegan á los enemigos. Bolívar aquí, Bolívar allí : es el Genio de la guerra que persigue á la victoria. Flaquea un ala, él la sostiene; otra es rompida, él le vuelve su

entereza : anima, enciende los espíritus, y no hay salvarse el enemigo, si no agacha las armas y se pone á
merced del vencedor. Los que resisten son pasados á
cuchillo ; los que huyen no volverán al combate : la imágen de Bolívar los aterra, ven su sombra, y tiemblan y
trasudan, semejantes á Casandra en presencia de la estatua del macedon invicto.

Triunfo caro, triunfo horrible : las lágrimas de los
jefes, los ayes de los soldados manifiestan cuánto fué
triste esa jornada. Jóven hermoso, qué haces ahí tirado
sobre el polvo ? contemplas la bóveda celeste, tu alma
se ha enredado en los rayos del sol y no puedes liber-
tarla de esa prision divina ? Álzate, mira : tus armas han
vencido, mas sin tu brazo, la victoria era dudosa. Toma
tu parte en la alegría del ejército, ve hácia tu general y
recibe la corona que han merecido tus proezas. Quién
eres ? Te conozco : la frescura de los años, la energía
del corazon, la nobleza del alma, todo está pintado en
tu rostro bello y juvenil como el de Ascanio. Atanasio,
no respondes ? Este cuerpo frio, esta belleza pálida, esta
inmovilidad siniestra me dicen que no existes, y que
tu espíritu voló á incorporarse en el eterno. Muerto
estás : la frente perforada, los sesos escurriendo lentos
hácia las mejillas, la sangre cuajada en los rizos de tus
sienes dan harto en qué se aflija el corazon y porqué
lloren los ojos. Morir tan jóven no es lo que te duele, si
en la eternidad se experimenta alguna pesadumbre ;
morir tan al principio de la guerra, cuando la suerte
de tu patria está indecisa ; morir sin verla libre y dichosa, esto es lo que te angustia allá donde miras nues-

tra cuita. Léjos de tu sepultura, tu madre no podrá regarla con su llanto ; tus hermanas, ¿ las tuviste ? recibirán la nueva de tu fin y se desesperarán en su terneza ; tu amada, tu prometida (preciso era la tuvieras, pues mocedad sin amor es senectud) ; tu amada, tu prometida perderá el color y andará silenciosa por lugares solitarios. Qué mucho ? Te lloran los soldados, te lloran tus amigos, te llora el general : Urdaneta, D'Eluyar empapan la victoria con lágrimas de sus ojos : Bolívar, Bolívar mismo, mírale, parece el capitan de los cruzados que llorase sobre Reinaldo. Flor del ejército, esperanza de la patria, bendícela desde las alturas, envíanos tu fuerza que nos ayude en las batallas.

Despues de esta victoria, Bolívar decretó los honores del héroe y el ciudadano eminente á Jiraldot : el ejército, los venezolanos todos debian cargar luto por un mes : su nombre se inscribiria entre los de los próceres como el de un bienhechor de la patria : su familia gozaria una pension igual á su sueldo, y otras prerogativas de las con que se suele honrar la memoria de los hombres altamente distinguidos. Atanasio Jiraldot, jóven granadino, descolló como los valientes de primera clase, salió de esa cama de leones que tántos hombres prodigiosos dió á la independencia. Bolívar, que no conocia la envidia ni era ingrato, honró esa muerte, y el nombre de Jiraldot es uno de los más ilustres de nuestra santa guerra. No nos admiren los extremos de dolor del capitan : hombre era ése que en siendo su destino otro que la guerra, habria sido poeta : la imaginacion encendida, el alma delicada, sensitivo y ardiente, el poema que labró con el acero lo hubiera escrito con la pluma. Embelesa la galanura de sus cláusulas cuando habla á lo fantástico, embebido en el dios universo, allá sobre los hombros del mayor de los montes : Chimborazo no conserva recuerdo más glorioso que el haber visto frente á frente al hijo predilecto del Nuevo Mundo. No es maravilla que corazon tan fino gimiese en trance tan funesto aun en medio de los afanes de la guerra : si ésta lo consintiese, se habria retirado, como Cuchullin á la colina de Cromla, á llorar la muerte de su amigo. Alejandro hizo locuras á la de Efestion ; y conmueve con una suerte de grandeza el ver á Napoleon inclinado hácia Lannés espirante, diciendo en voz ahogada en lágrimas : Lannes, querido Lannes, no me conoces? soy Bonaparte, soy tu amigo.

Los soldados andan taciturnos por el campamento, el cañon está apagado y triste : la lanza no amaga tendida en el brazo del llanero, y el corcel pace tranquilo en la dehesa. Qué ha sucedido? El jefe se halla en su tienda de campaña, la calentura le tiene delirante : sus heridas, anchas y profundas, hablan de muerte, y amenazan á la guerra con viudez inconsolable. España va á perder uno de sus hijos más feroces, pero más esforzados ; la causa de la servidumbre se verá privada de su primer ministro. Bóves se muere, murió Bóves ! Bóves no ha muerto : sobre un bridon que resopla y manotea pasa revista á sus llaneros, sus amigos fieles, cuyo cariño es para nosotros la ruina de la patria. Negra la cabellera, pálido el rostro, se gallardea en un pisador soberbio, ostentando la salud recobrada y el brio de su temperamento. Los soldados han visto convertirse en júbilo su tristeza, en bélico ardor el desmayo de sus corazones. Bóves está allí, al frente de ellos, Bóves su jefe, Bóves el cruel, Bóves el terrible con el enemigo ; el afable, el bueno, el generoso con el amigo. Por Bóves, no por el rey, se combaten con sus compatriotas, por él se matan con sus hermanos : el amor de la guerra une esas almas fieras, y este consorcio apasionado es funesto para los republicanos. Bóves el leon habia infundido cariño terrible en el pecho de los llaneros, otros leones, los del Apure, más reales que los de Asia, los de esos bosques temerosos donde el sol y la tierra se unen para crear los séres más pujantes.

El jefe va y viene, su aspecto anima á los soldados, su voz los enardece ; todos piden el combate. Á caballo ! á caballo ! Tiembla el suelo á ese galope tempestuoso, los aceros van despidiendo sanguinolentas llamas, suena airada la vaina en el estribo, y una torre de polvo se levanta detras de aquel turbion humano. Quién resiste el empuje de esas fieras juramentadas ante el príncipe de las tinieblas para salir con la victoria ó bajar todos al infierno? Qué cuello es tan listo que rehuya la comba homicida de ese sable? qué pecho tan duro que rechaze los botes de esa lanza? El escudo de Ayax, aforrado con siete cueros de toro, no seria resguardo harto seguro contra esa lengua horripilante que se viene vibrando como culebra enfurecida. Ya embisten, ya sueltan el brazo, ya causan la herida larga como la cuarta. Qué los detiene? porqué retroceden aterrados los jinetes? El enemigo habló por mil bocas de fuego,

la metralla hace estragos en los contrarios escuadrones : las columnas de San Mateo permanecen inmobles :
las fuerzas todas de la potente Iberia no las quebran-
tarian, si contra ellas se viniesen en hórrido corage.
Y el jefe realista esta allí, activo, ardiente, furioso.
Llaneros, á la carga ! Y los llaneros vuelven, porque no
iban de fuga, y acometen con más ímpetu, y se estrellan contra los infantes que les oponen la erguida
bayoneta. Mil caballos huyen sueltos, otros arrancan
espantados, su dueño colgando en la estribera, y bufan
y acocean al agonizante. El número de los llaneros dis-
minuye, pero su valor aumenta : la sangre de sus camaradas les aviva la sed que tienen de la del enemigo, los
enfurece, les pone fuego á las entrañas : quieren vengar
á los caídos, y caen á su vez, y la tierra se encharca, al
tiempo que el aire rebosa con el ruido de las armas y
el vocear de los guerreros. Ninguno da pié atras : la
pelea está irritada con el punto de honra y la venganza,
ese fuego no se apaga sino con la última gota de la enemiga sangre. Bóves se dispara del uno al otro extremo
de las filas combatientes ; Bóves manda en alta voz
triunfar á todo trance ; Bóves anima, Bóves enloquece,
y en su pasar de un lado á otro semeja al héroe fantástico de las batallas infernales. El fuego contra el fuego
nada presta : arma blanca, sable, espada ! cargar, llaneros ! triunfar, valientes ! Bóves habla ; los llaneros se
tiran ciegos, miles caen de una y otra parte, la victoria
está indecisa.

Qué palidez mortal invade el rostro de Bolívar ? En
mudo asombro echa la vista á la colina del frente, su

alma se muestra en sus ojos con angustia inmensa. El perder la vida nada es ; mas con su muerte los españoles remacharán la esclavitud de América. Una columna enemiga halló el modo de trepar la floresta en cuya cima están depositados los elementos de guerra, las santas municiones, prendas de la libertad de un mundo : ellas perdidas, ya no habrá resistir ; le envolverá el enemigo, y él morirá con el último soldado. Qué sinfin de horrorosos pensamientos en ese instante atroz ? qué dolor en el pecho del hombre á quien estaban confiadas esas cosas ? Allí fué el ver morir á la naciente patria, allí el contemplar la propia ruina inevitable. La escasa guarnicion abandona el depósito sacrosanto, desciende la colina á paso de fuga ; todo está perdido. Perdido ? Nada está perdido donde la Providencia pone un mártir. El mártir es más que el héroe, por cuanto el sacrificio consumado por las ideas sublimes, por las causas grandes, no es sino el heroismo que se extrema hasta el punto de cosa celestial. Mucio cuando mira fijamente al invasor de Roma en tanto que su mano está ardiendo en el brasero ; Horacio Cocles cuando manda cortar tras sí el puente del Tíber, para salvar la ciudad undiéndose él, son los santos del heroismo, víctimas sagradas del amor á la patria, pasion que arraiga en los más nobles pechos, y de tal suerte que no se la arranca sino con el alma. Horacio Cocles tuvo á lo ménos esperanza de salvar la vida, y se salvó en efecto nadando hácia tierra todo armado. En tanto que sus camaradas se afanan por cortar el puente, arrostra él solo con el ejército enemigo, le contiene, le diezma, le abisma : cruje el maderámen, se unde todo, y el héroe al fondo del rio el instante que partia la cabeza al más audaz contrario. Las armas no le abruman, ninguna ha perdido, y en esguazo heroico sale al lado de los suyos. Qué grande y respetable continente? Ricaurte despidiendo imperioso á sus soldados y quedándose solo en el edificio que va á volar, no tiene ni sombra de esperanza, y no vacila. El peligro de la gran causa por la cual combate le prende una luz angélica en el seno : va á perecer Bolívar, con él la independencia ; y la elevacion de su alma, que sin duda la tuvo elevada, puesto que fué capaz de resolucion semejante, le impele al sacrificio. Llega el enemigo dando voces de triunfo : el parque es suyo, suya la victoria : la guerra está concluida, pues que Bolívar, si no muere peleando, morirá prisionero. Pero allí estaba el ángel de la guarda de cien pueblos revestido de las formas de un jóven ; el ángel de la guarda armado con la espada de América y una mecha prendida con el fuego del Empíro Una detonacion inmensa, un mar de negro humo que se dilata por el espacio, en seguida silencio pavoroso : la patria está salvada.

Adónde volaron tus miembros, mancebo generoso? Si fuera dable suponer que los que desaparecen del mundo sin dejar rastro de su cuerpo son llevados al cielo en figura de hombre, yo pensaria que tus huesos no yacen en la tierra, ni las cenizas de tus carnes se han mezclado con el polvo profano. Quemado, ennegrecido, sin ojos en el rostro, sin cabello en la cabeza, todavía me hubieras parecido hermoso, y al contemplar ese tizon sagrado, mis lágrimas hubieran corrido de

admiracion y gratitud ántes que de dolor : los grandes
hechos, las obras donde la valentía y la nobleza concurren desmedidamente, no causan pesadumbre, aun
cuando traigan consigo una gran desgracia ; conmueven, exaltan el espíritu, maravillan, y al paso que sentimos la pérdida de un hombre extraordinario, experi-
mentamos satisfaccion misteriosa de que la especie
humana le hubiese contenido, y de que se hubiese dado
á conocer con muerte sublime. Ricaurte, hombre grande
en tu pequeñez, ilustre en tu oscuridad, no eres pequeño ni oscuro desde que te sacrificaste por la libertad
de la raza que tiene á gloria el haber producido hijo
como tú. Porqué Escévola seria más admirable ? porqué
su fama revierte en el mundo, y tu nombre no lo sabemos
sino los que te amamos ? La grandeza de Escévola está
en la grandeza de Roma : no es mucho que el renombre
de sus héroes, creciendo al influjo de los tiempos, sea
mayor que los de un pueblo salido apénas de la cuna.
La esencia de las cosas es que el antiguo puso la mano
en el fuego, por aterrar al enemigo con la firmeza del
alma romana ; el de nuestra edad se entregó á las llamas todo entero por salvar la patria. Quedan en favor
de Escévola los más de veinte siglos que acrisolan su
fama y refinan su gloria ; y en el de Ricaurte la trompa
del porvenir, que sonará estupenda, si el Nuevo Mundo
da algun dia un Tito Livio.

Sorprendido, asombrado, aterrado, manda Bóves tocar
á retirada, y el campo queda por los libres. Qué acciones !
qué guerra !

La suerte de las armas libertadoras fué varia por mu-

cho tiempo en Venezuela : ora triunfante, ora vencido ;
ora al frente de sus conmilitones, ora refugiado en medio de los mares, Bolívar no vivia sino para la emancipacion de su patria, llamando así la vasta porcion de
hombres que puebla el país de Sur-América. Eran sus
capitanes muy para vencer en el combate ; poner la
victoria al servicio de la República, él solamente. Así
fué que entre subvertir el órden, no obedecer las de la
cabeza principal, y hacerse proclamar primeros y segundos en el mando, muchas veces lo estragaban todo, y
tal hubo en que la causa de la libertad se vió del todo
perdida. Conquistada Venezuela por la célebre expedicion de la Nueva Granada, tan ·grande obra se vino
abajo, y á un pecador de bajo suelo se vió señorear in-
solentemente la parte más heroica de la futura Colombia.
Pero Bolívar no habia muerto, y *en él vivia la República,*
segun dijo un hombre ilustre de ese tiempo, hombre de
esos cuya mirada es larga y profunda, y ven el triunfo
atras de la derrota, la gloria atras de la desgracia ; suerte
de profetas, que á fuerza de penetracion y fe leen el
porvenir y animan á sus contemporáneos con las sen-
tencias favorables que descubren en su seno oscuro.
Bóves el leon ya no existia ; Moráles el tigre quedó heredado con su prestigio y su poder, triunfando por
casualidad, hombre como era de inteligencia escasa, en
valor no muy feliz. Y sobre esto Morillo se venia por
esos mares tronando y relampagueando, con propósito
firme de asegurar por medio de la sangre doscientos
años más de servidumbre. Imposibles muchas veces las
cosas que parecen más fáciles y prontas, y burladas las
disposiciones de la tiranía. El que sin combatir andaba

cual vencedor, soberbeando como un águila, se volvió con ménos tono, cuando don Simon le hubo enseñado con la mano la vuelta de su casa. ¿Qué hizo el teniente general de los quince mil valerosos españoles que trajo consigo, y de esos elementos sobrados para conquistar un mundo? Quintilio Varo, vuélveme mis legiones! pudiera haber exclamado el que le envió, dándose de calabazadas contra las puertas de su alcázar. Victorias no, riquezas para el caudillo; laureles no, títulos inmerecidos fueron el fruto de esa aventura, vergonzosa por lo que tuvo de inhábil, desastrosa para España por la gente y los caudales que en ella se habian invertido. Expedicion formidable por el número y la calidad: de oficiales, de soldados, de recursos, lo mejor; y con tener seguro el buen éxito, fué desbaratada y vencida por el genio de Bolívar y el valor de sus compañeros de armas. Cuéntase que don Pablo, reconvenido confidencialmente por Fernando VII, contestó de esta manera: Deme vuestra majestad cien mil llaneros, y me paseo triunfante por la Europa á nombre del rey de España.

Los llaneros, los enemigos de la república, eran ya republicanos; los contrarios de Bolívar eran ya sus soldados. Bóves, el mago que los hechizara, habia descendido á las tinieblas, al tiempo que se levantaba en sus corazones su verdadero dios, ese á quien amaron y obedecieron ciegos, Paez, rey de los Llanos, Genio del Apure. Este combatia por la patria, la patria era la buena causa para los llaneros: verdad que Morillo y los expedicionarios habian tenido por su parte el cuidado de ponerles manifiesta con la ingratitud y el menos-

precio. Para arrastrarlos contra sus hermanos habian ademas los españoles recurrido al sortilegio de la religion,
y con el cristo por delante los obligaban á empuñar la
lanza fratricida. Un terremoto en manos de un predica-
dor popular es arma formidable, dice Gibbon. Sí, por
lo que tiene de divina ; pero contra el brazo de la libertad nada pueden los rayos de la Iglesia. Y acaso la des-
truccion de Carácas habrá sido obra de Dios, el cual se
recostaba al lado de los opresores? El envia el ángel
exterminador al campo de los amonitas, no combate
por los tiranos. El terremoto de Carácas fué, con todo,
golpe mortal para la república, no solamente á causa
de la ruina de ese hogar de fuego sagrado, sino tambien
por los sentimientos adversos á la patria que los sacerdotes infundieron en el ánimo de los simples é ingenuos
moradores de los campos. El cielo habia hecho esa
grave demostracion, lo cual era condenar las armas de
los enemigos del rey. Oh hombres, hasta cuándo con-
fiareis al Todopoderoso el éxito de vuestros crímenes ?
El quiere la servidumbre de los pueblos ; él se deleita
con el retiñido de las cadenas ; él goza en la tiranía de
los déspotas ; él pide sangre ; él desea ver hambreados,
desnudos á los pobres ; él impone la ignorancia ; su
reino, las tinieblas ; él envia terremotos, langostas,
pestes en favor de unos y en contra de otros. Pues si
vuestro Dios hace todo esto, vuestro Dios es Molok, y
no el puro y manso, el justo y misericordioso que nos
envió á su hijo á redimirnos.

Una vez que los americanos dejaron de creer en las
andróminas de la mala fe y en las chapucerías del fana-

tismo, todos abrazaron con ardor nunca sobrado la causa de la patria, y los llaneros sus más fieles y eficaces servidores. Dios poderoso, y cuáles eran sus acciones en la guerra! Las Queseras del Medio están asentadas en el memorial de las venganzas que nunca han de satisfacer los españoles; esa jornada terrible donde ciento cincuenta hombres de á caballo acometen á un ejército, le acuchillan, le despedazan, le aturden, le trabucan y le ponen en retirada nada ménos que vergonzosa. Morillo dió cuenta de este suceso al rey, y no pudo el orgullo tanto con él, que no dejase entrever su admiracion, si bien procurando disminuir el mérito de los americanos con ciertas infidelidades á la verdad. Ciento cincuenta hombres le parecian de hecho número harto menguado para haber dado tanto en que merecer á un general de su reputacion con tropas tales como las suyas. Y no fué esta la única desgracia del propio género, pues cuando la derrota no fuese declarada, no pocas veces los invictos españoles se alejaron más que de paso de esos buenos criollos, el vibrar de cuya lanza veian hasta en sueños. Bárbaros, rústicos y desatinados: séres hiperbóreos sin conocimiento de la guerra ni valor de buena ley, en ocasiones; en otras, gigantes desemejables, jayanes desaforados que se ven la cara en el mar, como Polífemo, y no hacen sino un bocado de cada uno de los hominicacos de Europa. Pues si para con los hijos del Nuevo Mundo eran unos braguillas, ¿cómo pretendian, con el yelmo de Mambrino y el lanzon, domar y dominar á estos Pandafilandos de la fosca vista?

La gente era curtida, y en siendo ir contra los españoles, llanos las cuestas para esos recien nacidos á la libertad y viejos ya en el combatir por ella. Su lanza y su caballo, no más el indómito llanero : pan, Dios le dé ; jamas hace mochila : sueño, segun que lo consiente el negocio de la guerra : el amor á la patria suple por todo. En cuanto al brio y el poder del brazo, no hay pecho que resista un bote de esa arma pavorosa, si viene armado á prueba de pistola : un jeme asoma por la espalda brillando entre hilos de sangre esa hoja que parece lengua de serpiente gigantesca, por lo sutil, por lo sediento. Si los soldados eran tales, ¿ cuáles debian ser los capitanes ? Paez era hombre de llamar á Júpiter á singular combate ; y en llevando lo peor, hubiera espantado con sus alaridos de despecho al Orinoco, bien como Ayax hacia temblar el Escamandro con sus lamentaciones. Bermúdez, atrevido, turbulento, sedicioso ; en la batalla, Rodrigo Diaz de Vivar. Mariño, amigo del mando á todo trance, pero valiente y esforzado : su orgullo tan superior, que queria prevalecer sobre Bolívar. Rivas, un leon. Valdes, gran general. Piar, sin la insolencia, lo mejor del ejército. Cedeño, el valor casado con la subordinacion. Urdaneta, ah, Urdaneta, el más fiel, constante y poderoso amigo de la república y su caudillo. Bolívar en fin, Simon Bolívar, el protagonista de la Ilíada semibárbara que está esperando el ciego que la ponga en páginas olímpicas.

En los mayores acontecimientos obró siempre de pensado el capitan ; mas si el trance lo pedia, improvisaba la victoria. De una parte ciencia de la guerra, disciplina, gente ensoberbecida con los laureles traidos de Europa ; de otra, más inspiracion que arte, obediencia á duras penas, escases de municiones ; pero amor á la libertad, no gran apego á la vida y brazo fuerte : el corazon, capaz del cielo y del infierno. Gente de sangre en el ojo que tenia en poco la vida, la honra en mucho. El recibir en el pecho las heridas era cosa suya ; ninguno murió de espaldas, sino fué en la derrota ; y es preciso confesar que los españoles nos las dieron muchas y muy grandes. Qué maravilla ? Los vencedores de Napoleon eran hombres de entrar por fuerza de armas el Olimpo y tomarse cuerpo á cuerpo con los dioses. Y no se achaque al artificio, si milicia tan provecta acabó por sucumbir y despejar la tierra : entre los oficiales españoles pocos vinieron que se dejasen llevar al pilon : vencidos, destruidos, pero á furor de espada. Ni era Bolívar de los que encomiendan á la astucia el éxito de sus cosas, siendo por el contrario uno que no gustaba, nuevo Alejandro, de ocultar la victoria en las entrañas de la noche.

Gran hombre de á caballo don Simon, pues verle en su Frontino, un Rugero. A pié y en el consejo :

Augusto in volto et in sermon sonoro,

como Godofre de Bullon. Es realmente majestuoso cuando adelanta al encuentro del general español á resolver con él en Santa Ana las cosas de la paz ó de la guerra. Escipion no es más interesante cuando acude á su avistamiento con Masinisa, segun nos lo describe Tito Livio, elevado, erguido, blanco, flotando sobre los hombros la rubia cabellera. Bolívar no era blanco, mas aun de tez curtida al sol del ecuador, moreno aristocrático, algo como la resultante del mármol y el bronce que figuran los bustos de los emperadores romanos; rostro bajo cuya epidérmis corria ardiente el caudal de su noble sangre. Tampoco era rubio como Escipion, sino de pelo negro y ensortijado, semejante al de lord Byron, pelo rico y floreciente, que en graciosos anillos de ébano se cuelga hácia las sienes del poeta, mas que el guerrero tiene cuidado de atusar, como quien sabe que nada de femenil conviene al heroismo. Los poetas pudieran llevar hasta airon en la cabeza y ajorcas al tobillo, sin que estos preciosos arrequives desdijeran de sus ocupaciones : las Musas traen corona de rosas, y Apolo, si bien flechero, ne desdeña los adornos de la hermosura. Al hijo de la guerra le conviene rígido continente, varonil, temible, con cierta insolencia elevada que de ninguna manera pase á brutalidad, pues el crudo afan de las armas es muy avenidero con los primores de la cultura. Pálas no es cerril, es austera : su belleza marcial impone respeto, y no excluye el amor. Quisiera yo saber cómo se hubiera presentado Bolívar á Napoleon : estas dos águilas se habrian arrancado mutuamente el alma de una mirada, como el héroe del poema que con los ojos escudriña el centro de la naturaleza. Desdeñaria Napoleon á Bolívar, si viviesen aún? No lo creo. Se inclinaria Bolívar hasta el suelo, puesta la mano en el pecho? Imposible. Si estos hombres se echan los brazos al cuello, esas dos almas refundidas en una hacen rebosar el universo.

En dónde está Bolívar? Él es, allí le veo que corona la cima de ese monte. Una legion de sombras viene tras él : desmazalados, tristes, hambre en el cuerpo, abatimiento en el espíritu, dan sus pasos cual si adelantaran á la sepultura. El vestido se les quedó en las breñas por las cuales han roto como fieras; el vigor se les acabó con las provisiones ; la alegría, desvanecida en el desierto ; la esperanza, muerta con la escasez de espíritus vitales. Quiénes son? Los héroes de Colombia. Adónde van? A libertar un pueblo, á echar de una comarca esclavizada las huestes de Morillo. Y esos espectros sin paños en los miembros, sin fuerza en el brazo, vencerán, libertarán ese pueblo y limpiarán esa comarca de los enemigos que la infestan, por que á la vista de ellos el pecho se les prende en el furor guerrero, y la abundancia les vuelve redobladas las fuerzas. Bolívar ha levantado la bandera tricolor de los llanos á los montes, y traspuestos los Andes, rompe por la Nueva Granada. Barreiro le sale al encuentro, Sámano se queda temblando : el guerrero al campo de batalla, el tirano á poner la vida en seguro : cuándo ha sucedido otra cosa? A la llegada de Morillo quedaron guadañados esos pueblos, habiendo caído la flor, no tanto bajo la espada del soldado, cuanto bajo la cuchilla del verdugo. Los españoles, con ser valientes y de buena raza, lo estragan todo con la crueldad : las *Bóvedas* los templos de sus misterios, el cadalso el altar donde cantan esos *Te Deum* impíos con que lastiman los derechos de la impotencia y la desgracia. Morillo, entrada Santafé, dió la tala á las familias : no hubo hombre notable por el ingenio, el patriotismo y las virtudes que no cayese de-

bajo de la jurisdiccion del ejecutor, ese inmundo sacerdote de la tiranía. Las crueldades de la guerra, las
acciones desaforadas que despues de la victoria llevan
adelante los enemigos poco generosos, cuando les
hierve la cólera en el seno y les arde la venganza en las
entrañas, se pueden sufrir, no perdonar; y aun perdonar, si se contempla en la condicion del hombre, ente
mezquino, sujeto á mil flaquezas y desvíos. Pero entrar
á pié llano provincias sin género de resistencia; llegar á
ciudades que por lo inermes no parecen enemigas, é
imponerles la ley de sangre y fuego, no lo hacen sino
esos hombres de alma cruda que ni aspiran á la gloria,
ni exponen su existencia miserable al peligro de la
guerra. Bóves mil veces ántes que Enrile; Bóves mil
veces ántes que este consejero de Satanás, siniestro
provedor del patíbulo, cuyo altar no debia verse ni
una hora falto de una víctima ilustre. Bolívar viene á
castigarlos, allí viene Bolívar. Pero Bolívar castiga á lo
grande: el castigo impuesto por Bolívar es la victoria,
y tras ella el perdon del enemigo. Los españoles hacian
pocos prisioneros, aun regularizada la guerra: en pudiendo haber algunos á las manos, allí al punto los ma-
taban. Bolívar nunca traspasó sus leyes tiznándose la
frente con un asesinato, y si mandó matar fué impe-
rando la guerra á muerte y obligado por la necesidad.
Bolívar castiga á lo grande: Bolívar viene á castigarlos,
allí viene Bolívar.

Un hombre de alto puesto, pero que no era Bolívar,
quiso desfacer los agravios de Morillo y Enrile con la
ejecucion de los prisioneros de Boyacá, y no consiguió

sino empañar la victoria, la cual, sin este excusado rigor, hubiera sido tan limpia como fué grande y hermosa : desbarro tanto más deplorable cuanto que no era justo quitar la vida á los que la gozaban otorgada por el vencedor, ni presta algo para la gloria el degüello de gente prisionera. Andar, era hombre y sujeto á las pasiones. Las represalias son ley de la guerra, empero la victoria resplandece circundada de luz divina, cuando á lo justo de la causa se une lo humano del comportamiento. Sucre lo entendia muy bien cuando enviaba á España sanos y salvos los diez y seis generales prisioneros en Ayacucho. Generosidad es prenda del valor : sin ella no hay grandes hombres. Cuando lo pide la salud de la patria, ya podemos pasar por las armas ochocientos, y hasta ocho mil españoles. Hizo mal Bolívar en ordenar la ejecucion de los prisioneros de la Guaira? No hubiera sido el guerrero filósofo, el capitan á cuyo cargo estaban cosas tan grandes como la libertad y la independencia, si por respetar á todo trance la vida de unos cuantos enemigos hubiera puesto, no digamos al tablero, pero á la ruina cierta el asunto de la patria, y en manos del verdugo, otra vez el verdugo, siempre el verdugo, la gente granada de mil pueblos y ciudades. ¿ Cuántos prisioneros hizo pasar por las armas Bonaparte en su expedicion á Egipto, porque no podia custodiarlos, ni otorgarles la libertad sin peligro de su ejército? Acciones crueles, pero inevitables, que no deslustran á los héroes. Las matanzas sin necesidad, los saqueos, los ultrajes al sexo desvalido son crimenes que vienen envueltos en infamia. Bolívar viene á castigarlos, allí viene Bolívar.

Jóven inexperto, sabes quién es el enemigo al cual osas afrontar en el campo de batalla? Te hierve la sangre en las venas, pero tu corazon presiente una desgracía; ni es otra cosa esa melancolía fatídica que rompe por medio de la animacion facticia de tu rostro y da en que pensar á tus camaradas. Tu madre Iberia sabrá que uno de sus hijos ha combatido por ella en uno de los más célebres campos del Nuevo Mundo, pero no volverá á verte : tus laureles se te marchitaron en las sienes, la espada se te cayó de la mano, porque encontrarse el enemigo con Bolívar es perderse. No sabes cuántas batallas ha ganado, y cuántos generales antiguos ha vencido, y cuántas proezas se hallan ya inscritas en los anales de la patria? El grande, provecto, temible es el que te busca, que te sigue : ponte en cobro, salva tus huestes con la fuga. Tú sabes que salvarse con la fuga es arruinarse : la infamia es siempre una derrota, al paso que la muerte en brazos de la honra es siempre un triunfo. Aun para la retirada es tarde, las vueltas estan cogidas, la espada de América relumbra sobre tu cabeza. Para cuándo el denuedo de tu pecho castellano? En la batalla está tu ruina, pero evitarla es imposible. Quién es el héroe que se dispara de la altura abajo y se viene fulgurando como el rayo? Anzoátegui te acomete, Anzoátegui te acuchilla, Anzoátegui te desbarata y extermina : es Anzoátegui el guerrero que vuela sobre un águila pisando en la cabeza á centenares de enemigos. Su espada silba en el aire, su brazo se retrae, y la punta de ese acero mortífero se abre paso por la garganta del que encuentra, y sale por la nuca un palmo. Bolívar manda, Anzoátegui ejecuta : él está por todas partes, sigue el pensamiento del general, y en su feroz caballo vuela fantástico, siniestro para el enemigo como el Genio de la muerte. Quién se opone al torrente de esos héroes enloquecidos con el furor de la pelea? Quién resiste el empuje de esos hombres maravillosos que parecen vomitar fuego y matar hasta con la mirada? Allá se levanta una manga de polvo; el ruido de un galope inmenso se aleja del campo de batalla : el fiero castellano está vencido : los jinetes huyen aterrados, los infantes quedan en el suelo. Ya Rondon habia puesto en Sogamozo un proemio sangriento á esta grande obra : Rondon el fiero, Rondon el bravo, una de las lanzas más temibles de Colombia, salvó á su general de en medio de los enemigos, rompiéndolos, deshaciéndolos y echándolos á salvarse en las alturas de Paipa. Vencidos una vez, lo fueron otra, y ésta no hubo acogerse al gremio de la noche, que el sol, benigno y generoso, dió tiempo á la victoria.

La batalla de Boyacá echó el sello á la libertad de la Nueva Granada, pues nunca más volvieron los españoles á sentar la planta en su tierra bendita con la sangre de los buenos hijos de la patria. El general español con casi todos sus oficiales y gran parte del ejército fueron hechos prisioneros, no sin que hubieran mostrado en el combate el bien conocido valor de tan nobles europeos. Sámano el virey, Sámano el opresor, el héroe del cadalso, trémulo y desconcertado, se puso en salvo abandonando la capital, adonde entró Bolívar al frente de los libertadores, en medio del júbilo inmoderado del pueblo que erguia la cabeza fuera del yugo, alzaba las manos fuera de las cadenas. Así entró Mac-Mahon á Milan despues de las batallas de Solferino y Magenta, así entró Garibaldi á Nápoles despues de la casi fabulosa toma de Sicilia. Los conquistadores entran en medio de maldiciones secretas de pueblos acuitados, hombres que amenazan en lo íntimo del corazon, mujeres que piden á Dios la muerte de esos extranjeros injustos : así entró Napoleon á Berlin, á Viena ; asi hubiera entrado el rey Guillermo á Paris. Bolívar gozó muchos dias de satisfaccion en su vida de huracan, vida de guerra continua ; pero esta entrada á Santafé despues de victoria tan gloriosa, fué para él uno de sus triunfos más llenos de felicidad. No sabia que de entre las guirnaldas que iba cosechando por esas calles saldria despues el puñal, que si no le acertó en el pecho, le hirió en el alma, y para toda la vida : esa herida fué una de las que le llevaron al sepulcro, pues este hombre tan feliz murió con el alma acrivillada, pero con un gran consuelo : sus esperanzas no se habian ido en flor, y á su muerte quedó cuajado el fruto de sus afanes.

Quién habla aquí de muerte ? Ahora no hay muerte, sino vida ; vida inmensa, inextinguible ; vida de inmortales. Si la Nueva Granada estaba libre, Venezuela luchaba todavía, y su hijo, su gran hijo, vuela allá. Libertad ! ésta es la seña ; libertad ! ésta es la voz que ha de resonar desde el Orinoco hasta el Apurímac, desde el Avila hasta el Misti, pasando por las regiones encumbradas del Cotopaxi y el Cayambe. Tres ejércitos republicanos cercan á los españoles en Venezuela : Ma-

riño, Paez y Urdaneta son tres columnas oscuras, semejantes á los héroes de Ossian, cuya espada brilla como
un rayo de fuego. Llega Bolívar, y la tempestad se declara vasta y espantosa, hasta que en Carabobo da al
traves con la nave en que aun bogaban pujantes los
opresores del Nuevo Mundo. Carabobo, campo inmortal,
porqué no te han declarado santo los padres de la patria? Los pueblos que no tienen una Elida no se atre-
ven á echar la vista atras, porque temen no ver nada
en el mar de sombras que sus ojos encuentran. Un lugar de recuerdos, un depósito de glorias, un receptáculo
de misterios donde los dioses entiendan en las cosas
de los hombres, es indispensable para los pueblos ilustres : Maraton es santo para los griegos, Salamina es
tan bendita como Samotracia. Y vosotras, llanuras de
Poitiers, donde la media luna quedó en pedazos; vosotras, donde la cimitarra fué abatida por la cruz; vosotras, donde un mar de sangre musulmana dejó cerrado
para siempre el paso á los conquistadores del Profeta ;
vosotras sois sagradas, no sólo para la nacion donde os
extendeis ámplias y hermosas, sino tambien para todo
el mundo, cuan anchamente se dilata la fe de Jesucristo.
Qué monumentos, qué señales autorizadas por los legisladores de Colombia dicen al viajero : Este es el campo
de Carabobo ? Dos veces cayeron allí boca abajo nuestros enemigos ; dos veces les dió allí Bolívar una leccion
sangrienta ; allí quedó sellada la libertad de tres naciones, y no hay hasta ahora una piedra que diga al viajero : Este es el campo de Carabobo. Que no honremos
nuestros lugares memorandos con columnas y pirámides
donde gusta de posar la gloria, no es mucho ; nuestro

genio es destruir hasta los recuerdos de la sabiduría: un viandante encontró de puente de una acequia la piedra cargada con las inscripciones de Lacondamine y sus compañeros *. El magistrado, el militar, el sacerdote, el indio ignorante, la ramera soez, todos hollaban sin saberlo esa prenda inmortal que en otra parte estuviera en un museo. Monumentos en Carabobo, en Pichincha, en Ayacucho ¿ para qué? No está ahí la naturaleza que no pierde la memoria de los grandes hechos? no están ahí los huesos de nuestros mayores sirviendo de inscripcion indeleble? Los huesos no, pero las cenizas, esas cenizas pesadas, polvo de diamante, que no se van con ningun viento, como las del templo de Juno Lacinia. Desgraciado del hijo de América que ponga los piés en el suelo de Carabobo, Chacabuco y Tucuman y no sepa donde está. Esos campos se descubren desde léjos las sombras de Bolívar, San Martin y Belgrano se elevan en ellos superiores á las pirámides de Egipto, y cuarenta siglos ántes de llegar, el porvenir las contempla desde el oscuro seno de la nada.

Un dia subió un niño á las alturas del Pichincha: niño es, y sabe ya en donde está, y tiene la cabeza y el pecho llenos de la batalla. El monte en las nubes, con su rebozo de nieblas hasta la cintura: gigante enmascarado, causa miedo. La ciudad de Quito, á sus piés, echa al cielo sus mil torres: las verdes colinas de esta linda ciudad, frescas y donosas, la circumbalan cual nudos gigantescos de esmeralda, puestas como al des-

---

* El sabio Cáldas.

cuido en su ancho cinturon. Roma, la ciudad de las colinas, no las tiene ni más bellas, ni en más número. Un ruido llega apénas á la altura, confuso, vago, fantastico, ese ruido compuesto de mil ruidos, esa voz compuesta de mil voces que sale y se levanta de las grandes poblaciones. El retintin de la campana, el golpe del martillo, el relincho del caballo, el ladrido del perro, el chirrio de los carros, y mil ayes que no sabe uno de donde proceden, suspiros de sombras, arrojados acaso por el hambre de su aposento sin hogar, y subidos á lo alto á mezclarse con las risas del placer y corromperlas con su melancolía. El niño oia, oia con los ojos, oia con el alma, oia el silencio, como está dicho en la Escritura; oia el pasado, oia la batalla. En dónde estaba Sucre? Tal vez aquí, en este sitio mismo, sobre este verde peldaño . paso por allí, corrió por más allá, y al fin se disparó por ese lado tras los españoles fugitivos. Echó de ver un hueso blanco el niño, hueso medio oculto entre la grama y las florecillas silvestres : se fué para él y lo tomó : será de uno de los realistas? será de uno de los patriotas? es hueso santo ó maldito? Niño! no digas eso : hombres malditos puede haber ; huesos malditos no hay. Sabe que la muerte, con ser helada, es fuego que purifica el cuerpo : primero lo corrompe, lo descompone, lo disuelve ; despues le quita el mal olor, lo depura : los huesos de los muertos, desaguados por la lluvia, labrados por el aire, pulidos por la mano del tiempo, son despojos del género humano ; de este ni de ese hombre, no : los de nuestros enemigos no son huesos enemigos ; restos son de nuestros semejantes. Niño, no lo arrojes con desden. Pero se engañaba ese

infantil averiguador de las cosas do la tumba : los huesos de nuestros padres muertos en Pichincha son ya
gaje de la nada : el polvo mismo tomó una forma más
sutil, se convirtió en espíritu, desapareció, y está depo-
sitado en la ánfora invisible en que la eternidad recoge
los del género humano.

Hubiera convenido que ese niño, que no debió de ser
como los otros, hallase en el campo de batalla una columna en la cual pudiese leer las circunstancias principales de ese gran acontecimiento.

En dónde esta Bolívar? Él es, allí le veo, al frente
de un ejército resplandeciente. Estos no son como los
que traspusieron los Andes, sombras y espectros taciturnos, sino *robustos cazadores del Señor* que siguen la
pista al leon de Iberia y llevan en el ánimo cogerle vivo
ó muerto, aun en los confines de la tierra. Pero el leon
no huye : en su sitio los espera, los ojos encendidos,
inflada la greña, las fauces echando espuma y azotán-
dose los ijares con la cola. Latorre manda las huestes
españolas ; con él están los jefes de más renombre en
la campaña, los soldados de Bóves, vencedores de la
Puerta. Pero los libres son regidos por Bolívar, y esta
prenda de victoria les comunica el brio que han menester para conflicto tan grandioso. Las alturas han sido
tomadas por el enemigo ; los cañones, hablando á nombre del rey de España, cierran el paso á los patriotas ;
las gargantas que desembocan en la llanura están obs-
truidas, é infantería y caballería en ordenacion de batalla esperan cuando han de dar sobre ellas los soldados
de Bolívar. Por dónde las acometen ? por cuál lado las

hieren ? Todo está defendido, y habrán de caer por miles ante las bocas de fuego, primero que rompan por el valle. Quién se muestra de improviso por el flanco derecho, por donde á nadie se esperaba, y sacude la melena en ademan de amenazar ? Oh Dios! es el más terrible de los enemigos, el más temido, ese hijo de la Tierra que en las Queseras del Medio la habia hartado á España de sangre de sus propios hijos. Los valientes del Apure han desembocado en la planicie, comienza la pelea : los republicanos mueren, son uno contra ciento, ceden el campo. Ceder ? eso seria donde no llegasen los hijos de Albion, hijos de una vieja monarquía que combaten por una jóven república. Y qué combatir, señor ! Hincada la rodilla en tierra, cual si adorasen al dios de las batallas, impávidos é inmóviles, tiran sobre el enemigo, quitan cien vidas y caen ellos mismos muertos en esa postura reverente. Mínchin, héroe esclarecido, tu nombre constaba ya en los registros de la patria, y compareces nuevamente á dar más estrépito á tu fama; Mínchin, noble extranjero, ya no eres extranjero, sino hijo de Colombia por tu amor hácia ella y tus proezas; Mínchin, y tú, Fámior heroico, en vosotros saludamos á todos esos ingleses invencibles que tan larga parte tuvieron en las batallas más gloriosas de la independencia, en Boyacá, en Carabobo. Salud, hijos de Albion, Legion Británica, cuyos huesos fecundan nuestros campos, cuyo espíritu se confunde en la eternidad con el de nuestros propios héroes.

Los españoles cargan con ímpetu redoblado, se echan sobre los libres en numerosos batallones, bastantes para abrumarlos con el peso, aun sin las armas, y de hecho los abruman. Pero llega Héres, y la victoria le vuelve la espalda al enemigo; llega Muñoz, llega Rondon, llega Aramendi, llega Silva; cuántos mas llegan? Los Tiradores de la Guardia, los Granaderos de á caballo hacen prodigios; Marte obra sus milagros por el brazo de esos titanes que matan dos á cada golpe. Los Rifles! dónde están los Rifles? allí vienen; quién arrostra con esos batalladores fieros, esos que olvidan la cartuchera, a bayoneta calada se van para el centro de los enemigos batallones, y á diestro y siniestro los hieren, los acuchillan, los derriban, pisan sobre ellos y siguen el alcance á los fugitivos? Bolívar manda: la espada en alto, la voz resonante, vuela en su caballo tempestuoso, y ora esta aqui, ora allí, siempre donde muestra preponderar el enemigo su alma se derrama sobre todo aquel espacio, y en llamas invisibles envuelve á los combatientes, que dominados abanzan por encanto sobre el fuego. Paez, brazo de la muerte, como Fergo, no sosiega, se echa en lo más espeso de la riña, mata á un lado y á otro, su espada se abre paso, y deja rompidas y turbadas las líneas enemigas. Bolívar la cabeza, Paez el brazo de la guerra.

Adónde huyes, adónde arrastras á tus cuitadas huestes, miserable? Te conozco: esa cara tinta en sangre, y no la de la batalla; esos ojos espantados; esa cabellera erizada; esa mano trémula, cuya arma verdadera es la larga uña; esa rapidez con que huyes hácia el Pao me dicen que eres Morales, el cobarde, el sanguinario Moráles, deshonor de los valientes de la madre patria, infamia de la guerra. Bóves no hubiera huido, Moráles huye ; Bóves era valeroso, Moráles nada más que robador y asesino. Huye, huye veloz, que si te alcanzan, la cuerda te espera, no la bala. Zuázola muere en la horca, no lo sabes ?

Victoria grande que nos trajo en su seno una grande pesadumbre : murió Cedeño, « el bravo de los bravos de Colombia : » murió consumado el triunfo, murió en los brazos de este fiel amigo suyo. Habíase vencido, ¿ qué quería el bravo de los bravos ? Valencey se retiraba en buena formacion, haciendo frente al enemigo, rechazando las cargas de los jinetes americanos : Cedeño no lo pudo sufrir; y cuando ciego de valor y valentía se echó á romperlo y desbaratarlo él solo, cayó con cien heridas de la cumbre de la gloria. Preciso era que el pundonor de España se salvase siquiera en un cuerpo de su ejército, ese peloton de héroes que se defendió de firme hasta cuando la Cordillera le amparase. Al Valencey nadie le pudo : Latorre fué vencido, pero este cuerpo salió intacto á fuerza de serenidad y pericia : tan pronto era rompido como volvia á su formacion : falange inmortal, dejó la victoria en el campo; el honor, salió con ella : éstos son los soldados.

Y tú, difunto fiero, que yaces boca arriba ¿ quién eres ? Plaza, invicto Plaza, tú tambien ganaste la palma del triunfo y la del cielo al propio tiempo. Cuán terrible estás aun sin la vida ! Valor, corage, ímpetu de la sangre, todo se ve en tu rostro, donde fulgura la belleza de la guerra, esa belleza terrible que hace temblar á los cobardes. Muere, amigo : si en las oscuras entrañas de la nada se pierden los cuerpos de los héroes, sus nombres quedan grabados para siempre en el alma de los que viven, y esta herencia se transmite á las generaciones más remotas enriqueciendo á los hijos de los hijos. Con esta jornada se echó punto final á las grandes batallas que de poder á poder se dieron en Venezuela realistas y republicanos, y desde entónces fué cuesta abajo la resistencia de los españoles en América, hasta cuando en Ayacucho declararon no poder más. No quedaban sino algunas plazas fuertes ; mas Puertocabello no podia ser impedimento para la constitucion de la República, y el guerrero comparece ante los mejores hijos de esta jóven madre á dar cuenta de la terminacion de su grande obra. La libertad estaba conquistada, la emancipacion asegurada : un pueblo salia del abismo de la esclavitud sacudiéndose las sombras, y con alta frente y paso firme ganaba un asiento entre los libres y civilizados de la tierra. Las cadenas, en pedazos, fueron echadas al mar; sus fragmentos desmedidos resonaron en sus oscuras profundidades ahuyentando á los monstruos de la naturaleza, y hasta el callo que deja el yugo se ha disuelto en el cuello de las naciones redimidas. Pero Bolívar tiene aun que hacer : su espada no va á suspenderse en el templo de la gloria, pues miéntras hay en el Nuevo Mundo un pueblo esclavo, su tarea no se ha concluido, y él dice en su ánimo lo que el poeta ha de expresar despues en el dístico memorable :

Miéntras haya que hacer nada hemos hecho.

En dónde está Bolívar ? Él es, allí le veo : la sombra
imperial de Huaina Cápac se le aparece en las nubes, y
le dice que se ha de cumplir su profecía : él ha leido en
el libro de las disposiciones eternas que el país de los
Incas será libertado por un gran hijo del sol, vengada la
memoria de sus descendientes. Bolívar deja su patria :
Chimborazo queda á sus espaldas, se echa al mar, des-
aparece por el mundo. En dónde está Bolívar ? Él es,
allí le veo : con el rayo en la mano amenaza á los opresores del pueblo en cuyo auxilio ha volado en alas de la
victoria : Junin mira allí resplandeciente al padre de
Colombia. El combate es á caballo ; cada jinete monta
uno digno de un emperador, corcel egregio que pide la
batalla con ese resoplar y ese manotear que llenan el
campo de marcial bullicio. La barda le incomoda, trae
limpios y sueltos los miembros, sin más adorno que la
testera de grana, ni más resguardo que la herradura. No
sale de la línea, por que en medio de su fogosidad es
obediente; pero allí se mueve, levanta el brazo en curva
amenazante, extiéndelo con fuerza sobre el suelo repetidas veces, gime la tierra á la presion de ese loco martillo. En inquietud colérica, vuelve los ojos á un lado y
a otro ; el vaiven de su cuello recogido indica que algo
le irrita y le urge los espíritus. Le tiembla el vasto pecho, recoge el cuerpo, tira el freno y quiere dispararse
á beberse los espacios. Canterac, ufano de sus escuadrones invencibles, alto y soberbio, recorre sus líneas, les
habla de la madre patria , del honor de las armas
castellanas : suya es la victoria. Esos valientes son
terribles a la vista, irresistibles al encuentro : un
ancho fiador de piel de oso les sujeta el morrion ,

simulando una espantosa barba : erizado el bigote, parece en ellos el símbolo del valor enfurecido : ninguno siente miedo.

Frente por frente la hueste republicana no muestra aspecto más humilde . con su mirar de águila el terrible llanero señala para la muerte á tal ó cual enemigo. La vaina del sable cuelga larga y resonante de un talabarte de cuero blanqueado ; la hoja está al hombro ; la lanza, con el regaton en la cuja, se halla lista para ponerse en ristre. Hablan los jefes, rompen el aire los clarines : á espuela batida los caballos, los enemigos escuadrones entran hasta ponerse rostro á rostro, y en ademan de acometer , déjanse estar un buen espacio en fiera y muda contemplacion callando las espadas. Qué ideas hierven en ese instante en la cabeza de esos hombres que van á quitarse la vida? qué afectos en esos feroces corazones? Brown, noble teuton que combate por la república, rompe la batalla con un bote de lanza tal, que trae al suelo en lastimosa descabalgadura al jinete su contrario , un íbero desemejable que con la vista le estaba retando á la pelea. Es fama que no se oyó sino un tiro de pistola en esta accion , donde obraron el sable y la lanza puramente. Hasta ahora se hoye ese chis chas que horripila, ese gemir irritada la cuchilla afanándose más y mas sobre el mísero cuerpo humano. Alanzeáronse y matáronse muy á su sabor los dos ejércitos , hasta cuando los españoles tuvieron por más cristiano ponerse en cobro, atras los colombianos sacándoles los bofes por el vientre en la punta de la hoja que comparece una tercia por delante. San-

gre corrió ese dia : Miller, Necochea, Lamar, Lau-
rencio Silva mostraron puesto en su punto, bien así el
denuedo como el esfuerzo del pecho americano. Miller
guiaba á los hijos del Perú, y nada tuvo que hacer en
el ánimo de ellos para verlos impávidos en el recibir al
enemigo, terribles en el acometerle.

> Son esos los garzones delicados
> Entre seda y aromas arullados ?
> Los hijos del placer son esos fieros ?

Sí, que ni los halagos de la beldad de Sciros envilecen á Aquíles, ni los encantos de Armida contienen á
Reinaldo : la guerra tiene tambien su seduccion, y muchas veces sus incentivos son tales, que nada pueden
suspiros ni lágrimas de hermosas contra esa cruda rival
que les arrebata sus adoradas prendas. Los hijos del
placer, los muelles habitantes del Perú desmintieron entónces, y han vuelto á desmentir en ocasion no ménos
grave, la sentencia del ferrarés :

> La terra molle, e lieta, e dilettosa
> Simile á se gli abitator produce,

dando a entender que la vida regalada enflaquece en el
pecho del hombre, no solamente el valor, pero hasta las
necesarias y puras afecciones de libertad y patria. Ello
es cierto que los que viven hasta el cuello en el dulce
mar de la dicha, no son los campeones más temibles en
las luchas de Belona ; pero hay cordiales tan poderosos,
que levantan el corazon y llenan el pecho do generosidad y nobleza. Sabido es que un conquistador se valió
del lujo y los placeres para corromper y envilecer á un

gran pueblo á quien temia ; pero cuando la corrupcion y el envilecimiento no han llegado á la medula de los huesos, siempre hay remedio. Los peruanos tienen fama de ser gente de alegre y buen vivir, de adorar á la diosa de Páfos algo más de lo que conviene á la austeridad del filósofo ; pero si no se crian para santos, nos han hecho ver que no llevan la túnica de los lidios, ni los humos del placer estragan sus espíritus. Livianos, risueños, alegres en el seno de la paz ; ardorosos, esforzados, valientes en la guerra : tal vez ellos son los más cuerdos. Vivir pobres, abatidos, taciturnos, cultivando por la fuerza algunas virtudes, por falta de comodidad para beneficiar los vicios, y morir insignificantes, si es sabiduría, es sabiduría necia é infeliz. No creo que pueblo lo sea más que aquel donde el tiranuelo madruga todos los dias á comulgar ; donde los ministros de Estado, los generales del ejército se postran como viles ante un fantasma tras cuyo hábito se está riendo Satanás ; donde á los habitantes les prohiben salir de noche en las ciudades ; donde comisan los esbirros y destruyen los instrumentos de música, esta amable civilizadora de los pueblos ; donde el amor, siquiera inocente y justamente interesado, tiene mil espías que le entregan al verdugo ; donde la verdad es imposible, porque la hipocresía es la premiada ; donde el valor se extingue con los nobles sentimientos del ánimo ; donde la charretera, la mitra, la toga están sujetas al azote ; donde una barbarie infame, cual excrecencia pútrida, ha brotado en el bello cuerpo de la civilizacion americana con síntomas de incurable. Qué decis de un pueblo donde se arrastra por las canas á un anciano prócer de la inde-

pendencia, un general envejecido en la guerra de la
libertad ; se le echa en el suelo y se le azota ? qué decis
de un pueblo donde los militares sostienen á capa y
espada al hombre que los prostituye, los envilece, los
enloda azotándoles sus generales ? Y esos miserables
cargan charretera! Y esos cobardes ciñen espada! Soldados sin pundonor, son bandidos que están echados
al saqueo perpetuo en la nacion : soldados sin valor ni
verguenza, son verdugos que gozan de buena renta, y
nada más. El valor, el punto militar en el soldado : sin
estas prendas, los que así se llaman son la canalla, son
la lepra de la asociacion civil. Qué decis, qué decis de
un pueblo donde la revolucion ha venido á ser imposible, por falta de ambicion en los militares ? Digo
ambicion, porque justicia, patriotismo, amor a la
libertad son virtudes enterradas en el cieno há muchos años. Mas la ambicion que suele animar hasta
á los pequeños ; la ambicion, vicio ó virtud inherente
en Sud-America á la clase militar ; la ambicion, que así
como á las veces estraga el órden justo y bien estable-
cido, salva otras la república derribando á los tiranos ;
la ambicion, pues ni la ambicion halla cabida en el pecho de esos militares. Militares ! qué ambicion en el
del esbirro? que ambicion en el del verdugo? La soga
es su arma, el patíbulo el altar donde piden á su dios
por sus semejantes : que comer, que beber, honra y
gloria de esos héroes. Incapacidad, no tanto ; vergüenza los retrae ; tienen la virtud de la vergüenza,
ellos ! Temen que en el palacio, si por descuido
vuelven la espalda, el cuerpo diplomático les des-
cubra tras la casaca las cicatrices, las huellas largas

y coloradas del azote. Cómo han de ser ambiciosos?
basta con que sean codiciosos : el dinero su profesion,
el sueldo su honra, la servidumbre su deber. Y cargan
charretera, y ciñen espada los felones! « Venid, general
Petitt, que yo abrace en vos á todo el ejército. » Abra-
zando al general, abraza uno al ejército, azotando al
general, azota al ejército. Qué decis de soldados, de oficiales que azotan a su general de órden de un despreciable leguleyo, y se confiesan y comulgan porque éste
se lo manda? Y cargan charretera, y ciñen espada esos
cariraidos, cuando la escoba se deshonraria en sus manos ! Si alguno siente encendérsele el rostro á estas palabras, no de ira, no de venganza, mas ántes de vergüenza, le pongo fuera de mis recriminaciones, las cuales
no se dirigen á los buenos sino á los malos, no á los
hombres de pundonor sino á los infames. Nunca es tarde
para el bien, amigos, y siempre es tiempo oportuno para
recomendarnos á nuestros semejantes con acciones dignas de memoria.

Ni el exceso de la austeridad sincera, filosófica presta
para la felicidad de las naciones; de la hipocresía,
¿ qué diremos? Qué de impiedades atras de la falsa de-
vocion ! qué de mentiras en el seno de la verdad simu-
lada ! qué de pecados, qué de delitos, qué de crímenes
debajo del sórdido manto de las virtudes fingidas !
Cuál es el peor enemigo de los pueblos? El fanatismo.
Cuál es el peor de los tiranos? El que vive con el demonio, y á nombre de Dios sirve á la mesa del infierno.
Cuál es la más desgraciada de las naciones? No la que
no puede, sino la que no desea libertarse. Dije que ni el

exceso de la austeridad sincera, filosófica. prestaba mucho para la felicidad de la república, y lo sostengo. No creo que pueblo haya vivido en ningun tiempo vida más triste que el de Esparta : virtud montaraz, virtud selvática. Para dar la ley á la Grecia, los atenienses no necesitaron convertirse en osos del polo. Si los franceses vivieran al pié del confesor, dando de comer al diablo ; si anduvieran la lengua afuera de iglesia en iglesia hartándose de pan sin levadura por la mañana, y cenando en secreto con el dios Priapo ; si no osaran levantar los ojos, y su paso fuera el de tristes sombras que acarrean en el pecho un dolor incurable, el dolor de la hipocresía, que es horrible enfermedad ; si los franceses fueran este pueblo, no irian con la frente radiosa, á noble paso, adelante de las naciones civilizadas, aun despues de vencidos. Luis Veuillot ayuna, se confiesa y comulga, es cierto ; pero aun á él ya le hicieron entregar su delantal al papa. Yo pienso que Loyola no es bueno para emperador, rey ni presidente : si está en el cielo, á qué otra cosa aspira? Hablando estaba yo de los peruanos : ah, sí, este pueblo se ha ennoblecido grandemente : ni teme á invasores, ni sufre tiranuelos ; y aunque se va con Elena, se halla presente á la lista. Alcibíades adora á Marte y Citerea. Despues de un *dos de mayo*, ¿ quién tan injusto que los sindique de cobardes* ? Los peruanos tienen su flor en la corona de Junin : los peruanos con Miller ; los argentinos con Necochea ; y esta alhaja desmedida adorna las sienes de Bolívar. La

---

* Con pena vuelvo á recordar que estas páginas fueron escritas siete años há. A otros hechos otros conceptos.

batalla de Ayacucho puso fin á la guerra de la emancipacion en Sud-América : gloria á Dios ya somos libres !

Fundadas dos naciones en el Perú, tornó Bolívar á Colombia : el reinado de los favores habia concluido, principió el de la ingratitud. Cuando su espada no fué necesaria, vino su poder en diminucion, y tanto subieron de punto la envidia y la maldad, que apénas hubo quien no acometiese á desconocerle é insultarle. Y cinco repúblicas estaban ahí declarando deber la existencia al hombre á quien con descaro inaudito llamaban monarquista los demagogos de mala fe, y tachaban de aspirar á la corona. Valor, talento, brazo fuerte y alma grande, pero ambicion y tiranía : aquí de Bruto ! aquí de Casio ! Me parece estar viendo á los sacerdotes de Osiris cuando llevan al dios Apis á ahogarle con gran pompa en el Nilo, apasionados por el mismo Genio que sacrificaban. Si los españoles volvieran entónces y entraran por fuerza de armas la República, los ingratos compatriotas de Bolívar le llamaran, y él no los oyera ; fueran á buscarle, y no le hallaran. Los grandes dolores propenden á la tumba ; los hay tan fuera de medida, que con ser vastas las entrañas de ese refugio insondable, rebosan en ellas, y sus senos repiten sordamente los gemidos de los desgraciados grandes. La posteridad toma á su cargo el resarcir esos quebrantos ; pero lo padecido ni la gloria lo borra. Hombres ciegos, hombres ingratos que habeis desconocido y escarnecido á vuestro libertador, si en los confines de la eternidad encontrais la sombra del padre de la patria, allí será el bajar la vista y el caer de rodillas ante ese grande espectro. Bárbaros hay todavía que escarizan sus llagas, oradando el sepulcro, escarbando sus entrañas : si el héroe lo sintiese, la eternidad temblaria á esos gemidos, como la mar temblaba á los ayes de Filoctetes. Nueva ocasion, y grande, de admirar lo avieso de la naturaleza humana ; sino es que mirando cómo se extrema la ingratitud en este caso, la cólera nos gana primero que la maravilla. Semejantes á Pheron, tiran sobre los dioses, pero pierden la vista. Su espada, la del gran hijo del Nuevo Mundo, como la maza de Hércules, da de sí un olor pungente que ahuyenta á los perros y las moscas : tambien este héroe ha sacrificado al dios Myagro. Ninguna ave siniestra se atreve á volar sobre su tumba, porque cae muerta como las que pasaban por sobre la de Aquíles. Calystenes dice que el mar de Panfilia se agachó para adorar á Alejandro : Olmedo quiere que el Chimborazo haga la propia demostracion con un mosquito :

> Rey de los Andes, la ardua frente inclina,
> Que pasa el vencedor.

Esta cláusula tan bien rompida conviniera á la grandeza de Bolívar, ántes que al jefe hiperbóreo que pasaba caballero en un chibo á destruir los huevos de grulla. Y al que saludaran humildes los montes y los mares, no hemos de venerar nosotros ? « No, porque quiso hacerse rey. » Los augures anunciaron á Genucio Cipo que si entraba en Roma seria rey. Genucio torció el camino y se desterró de Roma para siempre. Bolívar hubiera hecho lo propio : un libertador no desciende á la condicion de simple monarca. Este Simon de Montfort que

junto con sus barones de fierro habia echado los cimientos de la libertad , no podia destruirla cuando
estaba fundada. La envidia es musa aleve, inspira iniquidades; ó digamos mas bien, es arpía que se echa
sobre la buena fama y las virtudes : ingratitud es man-
ceba del demonio. Seamos como la estatua de Memnon
que herida por los rayos del sol en el desierto, da de sí
un suspiro melodioso, certificando de este modo los
misterios de la luz : dejémonos herir por los destellos
de la verdad, y oiremos en lo profundo del pecho un
son vago, embelesante que nos haga sospechar la música del cielo. Verdad, justicia y gratitud componen un
instrumento celestial, cuya armonía deleita aun á los
séres inmortales.

A orillas del Atlántico, en quinta solitaria se halla
tendido un hombre en lecho casi humilde : poca gente,
poco ruido. El mar da sus chasquidos estrellándose contra las peñas, ó gime como sombra cuando sus ondas
se apagan en la arena. Algunos árboles oscuros al rededor de la casa parecen los dolientes ; los dolientes, pues
ese hombre se muere. Quién es ? Simon Bolívar, libertador de Colombia y del Perú. Y el libertador de tántos
pueblos agoniza en ese desamparo ? dónde los embaja-
dores, dónde los comisionados que rodeen el lecho de
ese varon insigne ? Ese varon insigne es proscrito á
quien cualquier perdido puede quitar la vida : su patria
lo ha decretado. Me siento convertir en un dios ! exclamó
Vespasiano cuando rendia el aliénto : Bolívar rindió el
aliento y se convertió en un'dios. El espíritu que se liberta de la carne y se hunde en el abismo de la inmor-

talidad, se convierte en dios : abismo luminoso, glorioso, infinito : allí está Bolívar. El puñal no sube al cielo á perseguir á nadie. Murió Bolívar casi en la necesidad, rasgo indispensable á su grandeza. Manio Curio, Fabricio, Emilio Paulo murieron indigentes : Régulo, si no araba con su mano su pegujalito, no podia mantener á su familia ; y Mumio nada tomó para sí de los tesoros inagotables de Corinto. Aristídes, el más justo ; Epaminóndas, el mayor de los griegos, no dejaron con qué se los enterrase, y habian vencido reyes en pro de la libertad. Las riquezas son como un desdoro en los hombres que nacen para lo alto, viven para lo bueno, y mueren dejando el mundo lleno de su gloria. La codicia no es achaque de hombres grandes, puesto que la ambicion no deja de inquietarlos con sus ennoblecedoras comezones : enfermedad agradable por lo que tiene de voluptuoso ; temible, si no la suaviza la cordura. Si Bolívar hubiera sido naturalmente ambicioso, su juicio recto, su pulso admirable, su magnanimidad incorrupta le hubieran hecho volver el pensamiento á cosas de más tomo que una ruin corona, la cual, con ser ruin, le habria despedazado la cabeza. Rey es cualquier hijo de la fortuna ; conquistador es cualquier fuerte ; libertadores son los enviados de la Providencia. Tanto vale un hombre superior y bien intencionado, que no conocerle es desgracia ; combatirle conociéndole, malicia imperdonable. Los enemigos de Bolívar desaparecen de dia en dia sin dejar herederos de sus odios : dentro de mil años su figura será mayor y más resplandeciente que la de Julio César, héroe casi fabuloso, abultado con la fama, ungido por los siglos.

NAPOLEON Y BOLÍVAR

Estos dos hombres son, sin duda, los más notables de nuestros tiempos en lo que mira á la guerra y la política, unos en el genio, diferentes en los fines, cuyo paralelo no podemos hacer sino por disparidad. Napoleon salió del seno de la tempestad, se apoderó de ella, y revistiéndose de su fuerza le dió tal sacudida al mundo, que hasta ahora lo tiene estremecido. Dios hecho hombre, fué omnipotente; pero como su encargo no era la redencion sino la servidumbre, Napoleon fué el dios de los abismos que corrió la tierra deslumbrando con sus siniestros resplandores. Satanas, echado al mar por el Todopoderoso, nadó cuarenta dias en medio de las tinieblas en que gemia el universo, y al cabo de ellos ganó el monte Cabet, y en voz terrible se puso á desafiar á los ángeles. Esta es la figura de Napoleon: va rompiendo por las olas del mundo, y al fin sale, y en una alta cumbre desafia á las potestades del cielo y de la tierra. Emperador, rey de reyes, dueño de pueblos, qué es, quién es ese sér maravilloso? Si el género humano hubiera mostrado ménos cuanto puede acercarse á los entes superiores, por la inteligencia con Platon, por el conocimiento de lo desconocido con Newton, por la inocencia con san Bruno, por la caridad con san Cárlos Borromeo, podríamos decir que nacen de tiempo en tiempo hombres imperfectos por exceso, que por sus facultades atropellan el círculo donde giran sus semejantes. En Napoleon hay algo más que en los otros, algo más que en todos : un sentido, una rueda en la máquina del entendimiento, una fibra en el corazon, un espacio en el seno, qué de más hay en esta naturaleza rara y admirable? « Mortal, demonio ó ángel, » se le mira con uno como terror supersticioso, terror dulcificado por una admiracion gratísima, tomada el alma de ese afecto inexplicable que causa lo extraordinario. Comparece en medio de un trastorno cual nunca se ha visto otro ; le echa mano á la revolucion, la ahoga á sus piés ; se tira sobre el carro de la guerra, y vuela por el mundo, desde los Apeninos hasta las columnas de Hércules, desde las pirámides de Egipto hasta los hielos de Moscovia. Los reyes dan diente con diente, pálidos, medio muertos ; los tronos crujen y se desbaratan ; las naciones alzan el rostro, miran espantadas al gigante y doblan la rodilla. Quién es ? de dónde viene ? Artista prodigioso, ha refundido cien coronas en una sola, y se echa á las sienes esta descomunal presea ; y no muestra flaquear su cuello, y pisa firme, y alarga el paso, y poniendo el un pié en un reino, el otro en otro reino, pasa sobre el mundo, dejándolos marcados con su planta como á otros tantos esclavos. Qué parangon entre el esclavizador y el libertador ? El fuego de la inteligencia ardia en la cabeza de uno y otro, activo, puro, vasto, atizándolo á la continua esa vestal invisible que la Providencia destina á ese hogar sagrado : el corazon era en uno y otro de temple antiguo, bueno para el pecho de Pompeyo : en el brazo de cada cual de ellos no hubiera tenido que extrañar la espada del rey de Argos, ése que relampaguea como un Genio sobre las murallas de Erix : uno y otro formados de una masa especial, más sutil, jugosa, preciosa que la del globo de los mortales : en qué se diferencian ? En que el uno se dedicó á destruir naciones, el otro á formarlas ; el uno á cautivar pueblos, el otro á libertarlos : son los dos polos de la esfera política y moral, conjuntos en el heroismo. Napoleon es cometa que infesta la bóveda celeste y pasa aterrando al universo : vese humear todavía el horizonte por donde se hundió la divinidad tenebrosa que iba envuelta en su encendida cabellera. Bolívar es astro bienhechor que destruye con su fuego á los tiranos, é infunde vida á los pueblos, muertos en la servidumbre : el yugo es tumba ; los esclavos son difuntos puestos al remo del trabajo, sin más sensacion que la del miedo, ni más facultad que la obediencia.

Napoleon surge del hervidero espantoso que se estaba tragando á los monarcas, los grandes, las clases opresoras ; acaba con los efectos y las causas, lo allana todo para sí, y se declara él mismo opresor de opresores y oprimidos. Bolívar, otro que tal, nace del seno de una revolucion cuyo objeto era dar al traves con los tiranos y proclamar los derechos del hombre en un vasto continente : vencen entrambos : el uno continúa el régimen antiguo, el otro vuelve realidades sus grandes y justas intenciones. Estos hombres tan semejantes en la organizacion y el temperamento, difieren en los fines, siendo una misma la ocupacion de toda su vida, la guerra. En la muerte vienen tambien á parecerse . Napoleon encadenado en medio de los mares ; Bolívar á orillas del mar, proscrito y solitario. Qué conexiones misteriosas reinan entre este elemento sublime y los varones grandes? Parece que en sus vastas entrañas buscan el sepulcro, á él se acercan, en sus orillas mueren : la tumba de Aquíles se hallaba en la isla de Ponto. Sea de esto lo que fuere, la obra de Napoleon está destruida ; la de Bolívar prospera. Si el que hace cosas grandes y buenas es superior al que hace cosas grandes y malas, Bolívar es superior á Napoleon ; si el que corona empresas grandes y perpetuas es superior al que corona empresas grandes, pero efímeras, Bolívar es superior á Napoleon. Mas como no sean las virtudes y sus fines los que causan maravilla primero que el crímen y sus obras, no seré yo el incauto que venga á llamar ahora hombre más grande al americano que al europeo : una inmensa carcajada me abrumaria, la carcajada de Rabelais que se rie por boca de Gargantúa, la risa del desden y la fisga. Sea porque el nombre de Bonaparte lleva consigo cierto misterio que cautiva la imaginacion ; sea porque el escenario en que representaba ese trágico portentoso era más vasto y esplendente, y su concurso aplaudia con más estrépito ; sea, enfin, porque prevaleciese por la inteligencia y las pasiones girasen más á lo grande en ese vasto pecho, la verdad es que Napoleon se muestra á los ojos del mundo con estatura superior y más airoso continente que Bolívar. Los siglos pueden reducir á un nivel á estos dos hijos de la tierra, que en una como demencia acometieron á poner monte sobre monte para escalar el Olimpo. El uno, el más audaz, fué herido por los dioses, y rodó al abismo de los mares; el otro, el más feliz, coronó su obra, y habiéndolos vencido se alió con ellos y fundó la libertad del Nuevo Mundo. En diez siglos Bolívar crecerá lo necesario para ponerse hombro á hombro con el espectro que arrancando de la tierra hiere con la cabeza la bóveda celeste.

Cómo sucede que Napoleon sea conocido por cuantos son los pueblos, y su nombre resuene lo mismo en las naciones civilizadas de Europa y América, que en los desiertos del Asia, cuando la fama de Bolívar apénas está llegando sobre ala débil á las márgenes del viejo mundo? Indignacion y pesadumbre causa ver como en las naciones más ilustradas y que se precian de saberlo todo, el libertador de la América del Sur no es conocido sino por los hombres que nada ignoran, donde la mayor parte de los europeos oye con extrañeza pronunciar el nombre de Bolívar. Esta injusticia, esta desgracia provienen de que con el poder de España cayó su lengua en Europa, y nadie la lee ni cultiva sino son los sabios y los literatos poliglotos. La lengua de Castilla, esa en que Cárlos Quinto daba sus órdenes al mundo; la lengua de Castilla, esa que traducian Corneille y Molière; la lengua de Castilla, esa en que Cervantes ha escrito para todos los pueblos de la tierra, es en el dia asunto de pura curiosidad para los anticuarios : se la descifra, bien como una medalla romana encontrada entre los escombros de una ciudad en ruina. Cuándo volverá el reinado de la reina de las lenguas? Cuando España vuelva á ser la señora del mundo ; cuando de otra oscura Alcalá de Henares salga otro Miguel de Cervantes : cosas difíciles, por no decir del todo inverosímiles. Lamartine, que no sabia el español ni el portugues, no vacila en dar la preferencia al habla de Camoens, llevado más del prestigio del poeta lusitano que de la ley de la justicia. La lengua en que debemos hablar con Dios, ¿ á cual seria inferior? Pero no entienden el castellano en Europa, cuando no hay galopin que no lea el frances, ni buhonero que no profese la lengua de los pájaros. Las lenguas de los pueblos suben ó bajan con sus armas : si el imperio aleman se consolida y extiende sus raíces allende los mares, la francesa quedará velada y llorará como la estatua de Niobe. No es maravilla que el renombre de un héroe sud-americano halle tanta resistencia para romper por medio del ruido europeo.

Otra razon para esta oscuridad, y no menor, es que nuestros pueblos en la infancia no han dado todavía de sí los grandes ingenios, los consumados escritores que con su pluma de águila cortada en largo tajo rasguean las proezas de los héroes y ensalzan sus virtudes, elevándolos con su soplo divino hasta las regiones inmortales. Napoleon no seria tan grande, si Chateaubriand no hubiera tomado sobre sí el alzarle hasta el Olimpo con sus injurias altamente poéticas y resonantes ; si de Stael no hubiera hecho gemir al mundo con sus quejas, llorando la servidumbre de su patria y su propio destierro ; si Manzoni no le hubiera erigido un trono con su oda maravillosa ; si Byron no le hubiera hecho andar tras Julio César como gigante ciego que va tambaleando tras un dios ; si Víctor Hugo no le hubiera ungido con el aceite encantado que este mágico celestial extrae por ensalmo del haya y del roble, del mirto y del laurel al propio tiempo ; si Lamartine no hubiera convertido en rugido de leon y en gritos de águila su

tierno arrullo de paloma, cuando hablaba de su terrible
compatriota ; si tantos historiadores, oradores y poetas
no hubieran hecho suyo el volver Júpiter tonante á
su gran tirano, ese Satanás divino que los obliga á la
temerosa adoracion con que le honran y engrandecen.

No se descuidan, desde luego, los hispano-americanos
de las cosas de su patria, ni sus varones ínclitos han
caído en el olvido por falta de memoria. Restrepo y
Larrazábal han tomado á pechos el transmitir á la posteridad las obras de Bolívar y más próceres de la emancipacion ; y un escritor eminente, benemérito de la
lengua hispana, Baralt, imprime las hazañas de esos
héroes en cláusulas rompidas á la grandiosa manera
de Cornelio Tácito, donde la numerosidad y armonía
del lenguaje dan fuerza á la expresion de sus nobles
pensamientos y los acendrados sentimientos de su
ánimo. Restrepo y Larrazábal, autores de nota en los
cuales sobresalen el mérito de la diligencia y el amor
con que han recogido los recuerdos que deben ser para
nosotros un caudal sagrado ; Baralt, pintor egregio,
maestro de la lengua, ha sido más conciso, y tan solo á
brochazos á bulto nos ha hecho su gran cuadro. Yo
quisiera uno que en lugar de decirnos : « El 1° de junio
se aproximó Bolívar á Carúpano, » le tomase en lo alto
del espacio, *in pride of place*, como hubiera dicho Childe
Harold, y nos le mostrase allí contoneándose en su
vuelo sublime. Pero la musa de Chateaubriand anda
dando su vuelta por el mundo de los dioses, y no hay
todavía indicios de que venga á glorificar nuestra pobre
morada.

WASHINGTON Y BOLÍVAR

El renombre de Washington no finca tanto en sus proezas militares, cuanto en el éxito mismo de la obra que llevó adelante y consumó con tanta felicidad como buen juicio. El de Bolívar trae consigo el ruido de las armas, y á los resplandores que despide esa figura radiosa vemos caer y huir y desvanecerse los espectros de la tiranía : suenan los clarines, relinchan los caballos, todo es guerrero estruendo en torno al héroe hispano-americano : Washington se presenta á la memoria y la imaginacion como gran ciudadano ántes que como gran guerrero, como filósofo ántes que como general. Washington estuviera muy bien en el senado romano al lado del viejo Papirio Cúrsor, y en siendo monarca antiguo, fuera Augusto, ese varon sereno y reposado que gusta de sentarse en medio de Horacio y Virgilio, en tanto que las naciones todas giran reverentes al rededor de su trono. Entre Washington y Bolívar hay de comun la identidad de fines, siendo así que el anhelo de cada uno se cifra en la libertad de un pueblo y el establecimiento de la democracia. En las dificultades sin medida que el uno tuvo que vencer, y la holgura con que el otro vió coronárse su obra, ahí está la diferencia de esos dos varones perilústres, ahí la superioridad del uno sobre el otro. Bolívar, en varias épocas de la guerra, no contó con el menor recurso, ni sabia dónde ir á buscarlo : su amor inapeable hácia la patria ; ese punto de honra subido que obraba en su pecho; esa imaginacion fecunda, esa voluntad soberana, esa actividad prodigiosa que constituian su carácter, le inspiraban la sabiduría de hacer factible lo imposible, le comunicaban el poder de tornar de la nada al centro del mundo real. Caudillo inspirado por la Providencia, hiere la roca con su varilla de virtudes, y un torrente de agua cristalina brota murmurando afuera; pisa con intencion, y la tierra se puebla de numerosos combatientes, esos que la patrona de los pueblos oprimidos envia sin que sepamos de dónde. Los americanos del Norte eran de suyo ricos, civilizados y pudientes aun ántes de su emancipacion de la madre Inglaterra : en faltando su caudillo, cien Washingtons se hubieran presentado al instante á llenar ese vacío, y no con desventaja. A Washington le rodeaban hombres tan notables como él mismo, por no decir más beneméritos : Jefferson, Madisson, varones de alto y profundo consejo; Franklin, genio del cielo y de la tierra, que al tiempo que aranca el cetro á los tiranos, arranca el rayo á las nubes. *Eripui cœlo fulmen sceptrumque tyrannis.* Y éstos y todos los demas, cuan grandes eran y cuan numerosos se contaban, eran unos en la causa, rivales en la obediencia, poniendo cada cual su contingente en el raudal inmenso que corrió sobre los ejércitos y las flotas enemigas, y destruyó el poder británico. Bolívar tuvo que domar á sus tenientes, que combatir y vencer á sus propios compatriotas, que luchar con mil elementos conjurados contra él y la independencia, al paso que batallaba con las huestes españolas y las vencia ó era vencido. La obra de Bolívar es más ardua, y por el mismo caso más meritoria.

Washington se presenta más respetable y majestuoso. á la contemplacion del mundo, Bolívar más alto y resplandeciente : Washington fundó una república que ha venido á ser despues de poco una de las mayores naciones de la tierra ; Bolívar fundó asimismo una gran nacion, pero, ménos feliz que su hermano primogénito, la vió desmoronarse, y aunque no destruida su obra, por lo ménos desfigurada y apocada. Los succesores de Washington, grandes ciudadanos, filósofos y políticos, jamas pensaron en despedazar el manto sagrado de su madre para echarse cada uno por adorno un giron de púrpura sobre sus cicatrices ; los compañeros de Bolívar todos acometieron á degollar á la real Colombia y tomar para sí la mayor presa posible, locos de ambicion y tiranía. En tiempo de los dioses Saturno devoraba á sus hijos ; nosotros hemos visto y estamos viendo á ciertos hijos devorar á su madre. Si Paez, á cuya memoria debemos el más profundo respeto, no tuviera su parte en este crímen, ya estaba yo aparejado para hacer una terrible comparacion tocante á esos asociados del parricidio que nos destruyeron nuestra grande patria ; y como habia ademas que mentar á un gusanillo y rememorar el triste fin del héroe de Ayacucho, del héroe de la guerra y las virtudes, vuelvo á mi asunto ahogando en el pecho esta dolorosa indignacion mia. Washington, ménos ambicioso, pero ménos magnánimo ; más modesto, pero ménos elevado que Bolívar. Washington, concluida su obra, acepta los casi humildes presentes de sus compatriotas ; Bolívar rehusa los millones ofrecidos por la nacion peruana : Washington rehusa el tercer período presidencial de los Estados Unidos, y cual un patriarca se retira á vivir tranquilo en el regazo de la vida privada, gozando sin mezcla de odio las consideraciones de sus semejantes, venerado por el pueblo, amado por sus amigos : enemigos, no los tuvo, ¡ hombre raro y feliz! Bolívar acepta el mando tentador que por tercera vez, y ésta de fuente impura, viene á molestar su espíritu, y muere repelido, perseguido, escarnecido por una buena parte de sus contemporáneos. El tiempo ha borrado esta leve mancha, y no vemos sino el resplandor que circunda al mayor de los sud-americanos. Washington y Bolívar, augustos personajes, gloria del Nuevo Mundo, honor del género humano junto con los varones más insignes de todos los pueblos y de todos los tiempos.

LOS BANQUETES DE LOS FILÓSOFOS

LOS BANQUETES DE LOS FILÓSOFOS

El flujo por reunirse los hombres entre ellos para las cosas de la vida, es ley de la naturaleza manifestada con vigor en todas las situaciones del género humano. Soledad es infraccion de esa ley; infraccion que trae consigo desazones á las veces envueltas en la dulce amargura que saboreamos como deleite del orgullo, ó tenemos por descuento de la ojeriza y los males con los cuales nos despechan nuestros semejantes y nos arrojan del seno de la comunion social. La misantropía, casi siempre, es la virtud desengañada y herida en sus nobles misterios : aborrecer la compañía de los demas no es dar indicios de corazon mal formado ni de estrago lastimoso en los sentimientos del ánimo : Platon afirma que de la experiencia muchas veces repetida proviene ese despego que vuelve hosco y huraño al individuo de altas prendas en quien concurren pensamientos elevados y deseo de órden y moral inrestricta : no halla ése en sus hermanos lo que busca, y hé allí que les cobra tirria y se pone á huir de todos los en cuyo pecho no descubre la fuente de las afecciones que están endiosando el suyo propio. El misántropo es filósofo imperfecto por exceso de elevacion genuina de espíritu : le faltan para ser santo los requisitos de la caridad que son, segun san Pablo, sufrirlo *todo*, tolerarlo *todo*, perdonarlo *todo*, y no desesperar de la enmienda y la salud de los tristes mortales. Timon dió con su epitafio compuesto por él mismo ejemplo de tenacidad indigna de la verdadera filosofía. Que los vivos aborrezcamos puede ser justo, cuando el aborrecimiento está fundado en el amor á la verdad, la rectitud y la pureza del alma ; que los muertos rompan la tumba con el ímpetu del odio, y en la oscuridad de la noche saquen la voz afuera para hacerle saber al hombre que no han dejado de aborrecerle, es inmortalizar el odio, la más brava de las pasiones. Disculpable nos parece aquel ateniense feroz cuando, preguntado por un colega suyo en un banquete si estaba con gusto, respondió : Lo estaria quizá, si tú no te hallaras á mi vista. Pero decirle al que iba tras él : « Pasajero, aquí yace uno que te aborreció en vida y te aborrece dentro del sepulcro ; no te detengas en este sitio ; » es enajenamiento más estudiado que natural, pues nadie tiene derecho á turbar las armonías silenciosas de la muerte allá en las entrañas de la inmortalidad, donde se están desenvolviendo arcanos en un todo diferentes de las defectuosidades de este mundo. Aborrezcamos aquí, si la virtud ofendida tiene sed de santos odios ; aborrezcamos, si la corrupcion tiene hambre de las virtudes. Es propio de los hombres que han llegado al colmo de la iniquidad, dice san Ambrosio, experimentar dentro de sí mismos repugnancia, inquina, odio manifiesto por los de bien, y simpatía declarada por los perversos y criminales. Ya veis que los malvados tienen necesidad de aborrecer : sin el lazo de este negro amor entre ellos, el aislamiento pudiera amenguar su fuerza, y su poderío sobre hombres y cosas viniera en diminucion. Son muchos y tanto pueden; andar : la preponderancia del mal sobre el bien, del crímen sobre la virtud, del vicio sobre la templanza, es pension nuestra : redimirnos de ella no nos será dable miéntras no mejoramos de vida con la muerte, miéntras no pasamos de la baja tierra á un planeta superior que gire en órbita más próxima del centro del universo, foco de luz en donde habita invisible el dueño de los mundos.

Para todo se reunen los hombres : para dar leyes, para infringirlas; para alabar á Dios, para perderse con la blasfemia; para explayar su sabiduría, para poner al viso su negadez. Placeres y gozos, las más sociables de las sensaciones; á no ser los contentos recónditos de la inteligencia, los triunfos silenciosos del corazon, que toman cuerpo en la soledad del genio, y se levantan á regiones no columbradas por el vulgo de las alegrías. Tristeza, dolor suelen ser personas solitarias : las lágrimas de verdadera pesadumbre gustan de las sombras; la mano de la noche es suave enjugador que consuela con prudente bondad, prometiéndonos el secreto de nuestras angustias y tribulaciones : nadie que padezca de veras podrá decir : Oh vosotros que estais pasando, venid y llorad conmigo. Soledad es trono de la melancolía : el infeliz necesita un monte donde suelte la voz y en ella mande al cielo sus amarguras, pidiendo compasion á lo insensible, abrazándose con lo invisible en sus rebatos de sensibilidad alocada, ó bien un aposento oscuro donde se consuma á pausas sin queja ni ruido. La casa del dolor éntre los antiguos mejicanos fué, probablemente, asilo de pesadumbres vanas y lágrimas fingidas : habiendo un establecimiento público de dolores y desahogos, mucho nos tememos que allá fueran hombres y mujeres á engañar con infelicidades apócrifas y llantos facticios : á nadie le falta un agujero donde encierre sus pesares bajo la vigilancia del sufrimiento, ó dé corriente á su desdicha por el declive de las lágrimas y los ayes apasionados que solemos echar cuando estamos ciertos de no ser oidos.

Bien así como nosotros tenemos hospitales para los enfermos, fundaciones de misericordia para los desamparados, asilos para los huérfanos, así los mejicanos tenian hospicios para los corazones locos, receptos para las almas caídas en tristeza, refugios para las desgracias excesivas. Pero á ellos no iban en busca de remedio los que de tales achaques adolecian ; pábulo iban á dar á sus dolores, rienda suelta á sus lágrimas protegidas por la Nacion, la cual costeaba el sustento de sus hijos sin ventura, miéntras estaban llorando desengaños, esperanzas fallidas, ó ausencias frescas, que suelen ser las tristes. Ausencia no es como el vino, que miéntras más guardado mejor : amor, dolor se desvanecen, tanto más pronto cuanto que no se les puede corchar herméticamente : si están al aire, con la ausencia, se van ; y de esos tan aromáticos licores no queda sino lo insípido y sin fuerza. Por donde venimos á colegir que á las doncellas enamoradas, al año de ausencia, el Gobierno las mandaba poner en la calle, teniéndolas por huéspedes sin necesidad. Las seis meses viudas estaban asimismo comiendo de balde : cumplido este plazo, los vigilantes del hospicio les daban su pasaporte. Ni sufrian por más tiempo á los pretensores que habian dado en caso de desesperacion, por causa de negativas invencibles. Nosotros estamos mejor á este respecto : mal ajeno de pelo cuelga : la casa del dolor no es fundacion de nuestro siglo. De los achaques físicos, las desgracias corporales, mucho que nos dolemos : las enfermedades del alma, los quebrantos del corazon, burla para los agraciados de la suerte. En hecho de religion es á la inversa : los clérigos, buenos cristianos, cabezas torcidas de uno y otro sexo, fanáticos y tartufos, no vigilan sino el alma de los demas ; con la propia y el cuerpo de sus amigos, puede cargar el diablo á la hora que le convenga. Aun por eso decia san Francisco Javier escribiendo á san Ignacio : Empeñaos en sacar vuestra alma de los infiernos, ántes que del purgatorio las de vuestros prójimos.

Para nada suelen buscarse los hombres con más anhelo que para comer : mil veces habreis oido á mil personas, si solos sin apetito. La mesa de la familia es convite diario : Príamo se hubiera quedado en ayunas, ántes que comer de por sí en su aposento, dejando la cabecera de esa rodeada por su mujer, la venerable Hécuba, y sus cincuenta hijos y yernos. El gusto de ese anciano dichoso era ver en medio de la mesa comun el ciervo del monte Ida, á cuyo costado fuera recta y veloz la flecha de Héctor : el animal está allí asado entero.

reposando sobre fuente de bruñida plata ; y como por adornos y paramentos, banderillas de púrpura con muharras de oro se levantan sobre la cerviz y la cabeza de la provocativa alimaña. Media docena de cabritos son apénas suficientes para la disposicion admirable de tantos mozos hambreados con el ejercicio : el gordo lomo de las bestezuelas se ha partido al fuego : cien ampollas se levantan en el pellejo retostado, las cuales harán ruido delicioso en los dientes de los comensales, cuando cada uno, dueño de su porcion, lo sea de dar gusto á su apetencia. Pimientos largos de color de grana, frutos de los huertos del rey orillas del Escamandro, cuelgan de las orejas de esos animalitos muertos ; y en la boca tienen atravesado cada uno de ellos un cilindro de ámbar, todo por dar aire y belleza al objeto con el cual tan principales señores van á regalarse. Veinticinco pichones de paloma torcaz, migados y aderezados segun el arte del guion de los cocineros, satisfarán luégo á los cincuenta príncipes : á uno por barba, no seria posible : Páris y Deifobo, Casandra y Policena se habrán de dar por bien servidos con media pieza, que no es poco para tan sutil bocado. Allí viene un repollo enorme, compuesto de infinidad de abiertos calecicos : es la coliflor sobre tazon de bronce acicalado, la cual reposa metida hasta la rodilla en una salsa blanca que apetecieran los dioses. Tras este plato el copero mayor vierte en la de Príamo un licor entre rubicundo y amarillo claro, que harto parece ser vino de Cabeso : la apura el anciano, acompañándole su esposa ; ni es concedido á hijos para quienes el respeto filial es parte de la religion, beber á un mismo tiempo con tan augustos señores : despues tomaron sendas copas los muchachos de sangre real, con vénia de su padre, absteniéndose las del sexo femenino, las cuales no gustan sino del agua de un manantial que brota de una vírgen peña asombrado por un grupo de arrayanes en edad florida.

De los troyanos á los griegos no hay ni un paso; en la Ilíada están juntos, aunque no para solazarse en amigables festines, mas aun para beberse la sangre en la batalla. De presumir es que los banquetes de los primeros hayan sido más remirados que los de los segundos, por cuanto sabemos que éstos recibian la ley de las divinidades groseras, y ésos de las cultas y pulidas. El dios de la guerra hubiera comido sin reparo una pierna de res como hoplita en campaña: el de la poesía requiere comedor cuyo pavimento esté cubierto de alfombra de Cachemira, y las ventanas engalanadas con pomposas velas de ostro de Tiro: si ya el intonso mancebo no prefiere la gruta de Calipso, y se pone á la mesa tendida de hojas de plátano, tan verde como fresco mantel. Si la sobriedad era ley entre los griegos, no sé: pero es cosa bien averiguada que los romanos los dejaron atras en el comer, bien así como en otras muchas artes y habilidades. El mérito de los festines de Cimon no estuvo en lo suntuoso y delicado, mas ántes en lo franco y generoso: las puertas de este célebre griego estaban de par en par, y la mesa siempre tendida para los pobres en su casa. Manjares sanos y abundantes, ajuar de buen gusto, paños limpios y criados atentos sufragaban por la buena intencion del caritativo gran señor; y el vino, sin escasear para la necesidad y la

alegría, faltaba en todo caso para la embriaguez. En la
mesa de Cimon todo era compostura; ni se dió que asistente á esas comidas saliese alguna vez dando voces
que acreditasen perturbacion del ánimo por obra de maléficos licores. Cimon era rico para los pobres : deposi-
tario de grandes bienes de fortuna, hubiera tenido para
sí que cometia fraude con el goce de ellos circunscrito
á él y su familia. Pluguiese al cielo que todos los opulentos señores se dejasen influir por tan noble aprension,
y no fuesen dueños de riquezas sino para servir de
instrumento á Dios con el ejercicio de la más saludable
de las virtudes, que es la caridad. El que por ostenta-
cion y orgullo festeja á grandes y ricos, dejando ahí hambrientos á los menesterosos que llegan á sus umbrales,
comete poco ménos que un hurto : lo superfluo de unos
pertenece en ley de justicia á los que carecen de lo necesario. Tal lo pensaba Cimon, cuya casa fué siempre
tierra prometida de los que habian hambre, sin que á
la puerta estuviese oficial ninguno para inquirir el partido ni la clase á que el concurrente pertenecia : hambre
era buen derecho y tarjeta de entrada en esa noble
mansion ; así es que el dueño de ella ha pasado á la posteridad, no por haber herido de muerte un millon de
hombres ni por haber entrado ciudades á sangre y
fuego, sino por el cumplimiento de sus deberes como hijo
de la patria, y el ejercicio de las virtudes en la órbita
donde gira silenciosamente ese mundo modesto que llamamos vida privada.

Muchos personajes triunfan en la historia romana por
la opulencia y el orgullo; no hallamos uno que se haya

vuelto inmortal á la manera de Cimon. Luculo, su paralelo en los varones ilustres de Plutarco, no ofrece término de comparacion sino en lo rico ; en cuanto al modo de invertir sus riquezas, no entra en parangon con el otro sino por aspectos encontrados. Liberal es el romano, y aun derrochador ; mas no vemos asomarse un pobre por su casa. En sus huertos tiene Luculo todo género de hortalizas, en sus granjas toda especie de animales y aves comestibles : sus bodegas rebosan en vinos de Grecia y de Italia, preponderando las ánforas del exquisito falerno. Las perdices engordadas con trigo candeal son para Craso ; los peces de los viveros adonde arrojan cuerpos humanos son para Lépido. Lampreas arrancadas á los peñascales submarinos, langostas suculentas, pájaros raros, de todo hay, y en abundancia, en esa espléndida mansion de la sensualidad. A ella no entran sino los ricos, allí no comen sino los magnates, de los cuales esas mesas están rodeadas de continuo. Un dia que Pompeyo, despues de larga enfermedad, estaba necesitando una cordoniz, para un pisto propinado por su médico, éste le hizo saber al propio tiempo que en la presente ocasion esa ave no se hallaba sino en los huertos de Luculo. Pompeyo respondió que comeria otra cosa en vez de la codorniz ; y que si era preciso pedir favor á Luculo para salvar la vida, de buen grado optaria por la sepultura. Magnánimo hombre ése ! Pero no es mi asunto el gran Pompeyo, sino hacer ver que al tal Luculo no le faltaban en una estacion las cosas propias de otra, ni estando en Roma le escaseaban los tópicos del Asia, como uno que todo el año tenia á manta regalos del mundo entero.

Epicuro estaba triunfante en esos palacios, esas quintas de recreo, esos jardines de verano por donde los Genios del amor tenian mil retiros encantados y mil graciosas encrucijadas. El deleite es el bien supremo ; tal la inscripcion en caractéres de oro que llamaba los ojos de los transeuntes hácia el palacio de Luculo. Y no que este gran romano hubiese sido toda la vida ruin siervo de las pasiones terreras, ni servidor miserable de los vicios, cuándo ! Expediciones militares llevó adelante, ciudades fuertes embistió, enemigos mató sin cuento, naciones sojuzgó, reyes trajo uncidos al carro del triunfo ; pero donde Cimon el griego tuvo por bien coronar sus hazañas con la modestia y las virtudes, Luculo el romano tuvo por mejor agregar á su corona de encina la joya del sensualismo. Epicuro se llevaba en Roma de calles á Zenon : cuanto á Pitágoras, pobrecito, hasta Marco Tulio, con ser quien era, se le hubiera reido en las barbas.

No fué pitagórica, sin duda, la comida con que el dicho Marco Tulio regaló á Julio César en su quinta de Tusculum. No digo banquete, porque no fué cosa de pensado : el vencedor en Farsalia llegó allá como por casualidad, el dueño de casa le habia estado esperando sin esperarle. ¡ Y qué huesped he tenido en casa ! exclama éste, escribiendo á un amigo suyo ; quién, si pensais? César, el gran César ! Pobre Ciceron... es el mismo que poco ántes habia sentado baladronada como ésta : « Quiero más bien ser vencido con Pompeyo que vencedor con César ; » y ahora es dicha para él tener un instante en su casa al destructor de Pompeyo y su par-

tido. Admirad primero el don de gentes y el poder del
uno sobre los corazones, que la veleidad y ligereza del
otro : Ciceron echó de ver en César un grande hombre,
y fué de los suyos; tanto que en Tusculum le sirvió con
gracia nunca vista, quedando él tan admirado del buen
humor de su huésped, como éste pagado de la hospi-
talidad de esa bella quinta. Seria Ciceron hombre de
servir á sus comensales peces alimentados con carne
humana? No lo creemos : entre las virtudes de ese
claro varon, la sobriedad se halla en primera línea :
decente, eso sí; largo tambien : pulcro y remirado, no
hay para qué se diga. Su ínclito huésped comió con admirable disposicion, bebió algo más de lo justo, y con
una sí es no es zorra, chanceó con su rival de tribuna,
y se fué dejando allí un corazon cautivo y un admirador
importante. No hemos dicho que César tomó un baño
primero que se sentase á la mesa ? Pues ! si ésa era costumbre entre los antiguos, y el ungirse con aceites aromáticos, y el derramarse perfumes en la cabeza. Bonito
era el señor don Julio para omitir en ninguna circunstancia el acicalamiento de su persona : porqué le querian chicas y grandes, si gustais ? Gentil era de porte,
agraciado de rostro, insinuante de maneras : ved ahora
por donde señoras y señoritas, damas y damiselas daban
sus pedazos por ese amable pícaro.

Ciceron no era pitagórico; pero distante se hallaba
del epicureismo : comia carne el buen viejo, y aun asis-
tia á convites suculentos. Tengo para mí que no se hubiera resistido á concurrir á la mesa del filósofo de Sámos : ¿ no está allí la col, persona humilde, pero útil

más que todas? La col, sobre ser alimento puro, era medicina para los romanos del tiempo de Caton el antiguo; era la mano de Dios. Quinientos años no conocieron otra droga esos hombres prudentes que el vegetal más modesto, más fácil de cultivar y de hallar para los pobres. Dicen que la col nutre y limpia la sangre : Pitágoras, que sabia cosas ignoradas por sus contemporáneos, tenia en mucho esa planta bienhechora. Caton Censorino la proclamó la primera de las comestibles: En los tiempos modernos es la humilde plebe del reino vegetal : será mucho si en mesa aristocrática, y ménos en convite, se muestre por ahí en un rincon á guisa de lacayo de los manjares principales. No ocurre lo propio con la coliflor, siendo como es de una familia con ella. Pero ésta se ha ennoblecido : si no se casó legalmente, su madre tuvo secretos con un galan de sangre más aquilatada que la suya : coliflor es muchacha que pica muy alto en lo de nobleza y principalidad : mestiza de campanillas, no se contenta con ménos que con sentarse par á par de la alcachofa, la lechuga, los espárragos, clase condecorada que recibe distinciones de príncipes y banqueros. La alcachofa... y miren si la bellaca no echa por las de Pavía, cuando no la saben morder, chupar y saborear golosamente. Ella, como Aquíles, no puede ser herida sino por una parte : el hijo de Peleo por el talon, la alcachofa por el cimiento : quien la embistiere por otro lado, saldrá por el albañal, y más si le está mirando una hermosa pronta á reirse de su desmaño. Para desventura de los benditos que aun no han soltado el pelo de la dehesa, tales cosas suelen suceder ántes que las agradables : comerse la alcachofa en vez de

chuparla, á más de un tonto le ha sucedido. Qué plato
éste ! dice para su capote en cuanto está mascando esa
hojita dura, estoposa, irreducible : estos ricos comen
unas cosas... Bruto ! no se coma usted la hoja entera ;
muérdale la raíz, y saque con gracia esa jugosidad suavísima, y vea si le gusta la alcachofa.

Entre las extravagancias que suelen ciertos pueblos
servir á la mesa, está el caracol terrestre que llaman
churo en algunas partes de América. Tendrá este hijo
de la arena sabor agradable, sustancia, y aun sabrosi-
dad declarada ; pero así como un plato de almejas es
nonada ridícula, así una fuente de caracoles es majadería de ruin aspecto en convite, ó sea comida familiar.
El sér viviente que está oculto en los rincones torcidos
de su casa, debe de ser muy feo : chupar su coraza, ar-
rancarle con fuerte inspiracion y mascarle crudo, allá
se va con levantar una piedra y echarse á la boca de
uno en uno los gusanos que van saliendo. Que comer
no nos falta, gracias á Dios : la carne de caballo ha venido en estos dias á aumentar nuestras provisiones ;
¿ porqué echar mano por cualquier insecto crudo, y re-
galarnos con él cual si fuera un presente de los dioses ?
Los reyes de Persia comian un pajarillo no mayor que
el colibrí llamado malvis. Jerjes seria ó Artajerjes, ¿ yo
qué diablos sé ? uno de estos reyes, los cuales en lo antiguo se llamaban *sofis*, y hoy se titulan *shahs ;* pues uno
de estos shahs ó *sofis* tenia madre brava y envidiosa, y
mujer linda y buena. La vieja le condenó á muerte allá
para sí á su querida nuera. Nuera y suegra no podian
vivir juntas. La reina, á quien no se le llovia la casa,

empezó á cautelarse de las caricias de la madre de su
marido, y á huir de sus demostraciones afectuosas, y á
ponerse en cobro de ese ardiente amor del cual era
constante objeto. Ya porque le estaba doliendo el estómago, ya porque no tenia hambre, ya porque tal cosa
le hacia daño, la reina no le daba el gusto de aceptarle
nada á su señora suegra; pero nada, lo que se llama
nada. Un dia hubo malvises á la mesa : cada bolita
gorda, blanca de las que allí estaban amontonadas en
largo plato de oro, hubiera bastado para tentar y perder
á un ángel, bien como la manzana perdió á nuestro primer padre. Si la vieja le ofrecia uno entero, seguro estaba que hubiera salido con su intento : qué discurrió la
pazpuerca de sangre real? untar de sutil ponzoña la
una cara del cuchillo, infestar el un lado de la presa, y
así, sin que fuese posible la desconfianza, mandarla á
dormir con sus padres á la pobrecita, cuya culpa era ser
por extremo bella, y por todo extremo amada de su
consorte. Hija, mira, yo te voy á servir este muñequito
que nos han puesto revuelto en mantequilla : tú la mitad, yo la mitad. y Dios no ayude á entrambas? Con
mucho gusto, respondió la princesa, mirando al shah
que la estaba requiriendo con los ojos. Comió la reina :
¿ quién hubiera creido lo que habia hecho la maldita de
la suegra? comió y entregó el alma á Zoroastro esa
misma noche, y la vieja se quedó sin sombra ni rival
en el palacio y el imperio. Si os sirvieren malvis revuelto
en mantequilla, escatimad desde luego prolijamente las
dos caras del cuchillo de vuestra suegra, no sea que
allí esté la muerte untado el rostro invisible con un
menjurge sin olor, color ni sabor.

Los reyes de Persia, como queda dicho, comian malvis : Eliogábalo, *el delicado númen de la Siria*, se ahi-
taba de sesos de avestruz : los epicúreos de Sud-América se darán ya á comerse el bombix ó gusano de la
seda, y servirán á sus huéspedes sopas de mariposas ;
¿ y cómo no, cuando se regodean con el caracolito consabido? Llegando yo una vez casa de una familia rica
del país de Imbabura, sucedió que hubiese caracoles á
la mesa : cada cual de los circunstantes apañó un buen
porqué de esas conchitas cavernosas, y se puso á chu-
parlas muy de propósito. Don Guillermo, dijo la dueña
de casa á un escocés que en su vida los habia catado,
usted no come *churos?* Ah sí, comonó, comonó, respondió el buen viejo ; y tomando de la fuente una porcion,
abrió un jeme las mandíbulas, se la echó con fuerza
adentro, y se puso á mascarlos á dos carrillos, de suerte
que su boca era una caja de música con el ruido de los
caracoles fracasados. Nadie pudo guardar el semblante
de la moderacion : Don Guillermo, volvió á decir la señora, esto no se come así. Ah, sí, sí, respondió el escocés, esto no se come así, esto no se come así ; y de
una horrible gaznatada se tragó toda esa ampolleta de
vidrio mal molido. En poco estuvo que no nos acabáse-
mos de morir de risa cuantos éramos los allí presentes :
don Guillermo, con una cara de Olliverio Cromwell,
estaba repitiendo : Ah, sí, sí, esto no se come así, esto
no se come así.

El que no sabe comer alcachofas, no arremeta con
ellas ; le puede ocurrir lo que al escocés : la col no ofrece
quidproquós tan lesivos para la economía animal y para

la fama de hombre que está en los usos y las modas. La col se deja comer mansamente : ni gruñe, ni pica, ni amenaza ; gemirá quizá allá donde no la oimos ; gemirá en secreto, y, buena cristiana, perdonándonos de corazon, se irá adentro al infierno adonde condenamos á justos y pecadores en nuestra voracidad diaria ; mas no protesta por la imprenta, como el maíz tostado ; ni se venga con pincharnos por todas partes, si la mascamos en vez de chuparla, como la alcachofa. En los banquetes de Pitágoras, cuando este buen hombre convidaba á sus discípulos y sectarios, la col tenia la sarten por el mango : si el cocinero del filósofo le sabia dar veinte formas á la madre de las hortalizas, no os lo puedo vender por verdad de clavo pasado ; de presumir es que, viajando á Egipto con su amo, en la gran pirámide de Ménfis, en el antro de la sabiduría, hubiese descubierto las maneras muchas y extraórdinarias en que los padres de ciencias y artes habian dispuesto para comer el repollo de esta mata preñada de jugos nutricios y partículas milagrosas. En cuanto el amo se estaba maravillando con la rotacion de los astros simbolizada allí por esferas de oro, el cocinero no perdia tiempo de instruirse en los secretos culinarios de los egipcios : así fué como de vuelta á su país pudo ofrecer á los convidados de su señor platos asaz diferentes de un solo elemento : no de otro modo el gran Parmentier le supo dar á la papa tantos aspectos y sabores, que bajo la proteccion del rey de Francia, el tubérculo asqueado y temido vino á colocarse de un salto sobre todas las raíces del mundo.

Pudieron los antiguos salir airosos en sus comidas y banquetes sin la papa? Harto derecho tiene para dudarlo un hijo del Nuevo Mundo; y hoy por hoy lo dudarian asimismo los europeos. Uno de los títulos que Luis decimosexto tiene al cariño del género humano es su incontrastable parcialidad por la papa; sin él, ricos y pobres se babrian visto quizá privados, los unos de exquisitos manjares, los otros del fundamento de su alimentacion diaria. Ni el tabaco, con ser quien es, ha sufrido guerra más cruda que la papa: pontífices le excomulgaron á ese negro infame, reyes le condenaron á mutilacion de orejas y nariz; y con todo, triunfó el brujo, y hoy es envenenador universal condecorado por los príncipes de la tierra. El emperador Napoleon III fumaba elegantemente su cigarrillo; el czar de Rusia se deleita con su puro Vuelta-Abajo; el Gran Señor de la Puerta Otomana, sentado en medio de una sala redonda, cruzadas las piernas sobre alcatifa de Damasco, está chupando su pipa de boquilla de ámbar, cuyo recipiente de porcelana reposa una vara distante de él asida á luengo conductor de exquisita materia. Me perdonaria Dios si dijese yo que el sumo pontífice, el pontífice romano, cuando ha comido bien ó mal, saca su cóngolo de la manga, lo rasca artificiosamente, vierte en la concavidad de la mano una porcion de su oloroso contenido, y echándolo á lo largo de un rollo de papel, lo corre y tuerce entre los dedos? Ya está hecho su buen papelillo, como decimos en América; cigarrillo, como dicen en España: Su Santidad sabe echar yescas como fumador provecto; pero eso sí, con eslabon taraceado de oro en finísimo acero. Prendió la chispa: el santo

viejo sopla ese diminuto hogar, aviva el fuego, y allí es
el prender su sabrosa máquina, chupando apuradamente, á golpes los labios el de arriba con el de abajo.
Esas bocanadas de humo azulino santifican el Vaticano ;
y puesto que fuma Su Santidad, ya podemos hacer
otro tanto los herejes, sin miedo de las penas eternas.

Si para librarme de ellas habia yo de fumar, optara por
el infierno : tabaco, no por mis labios. Dientes limpios,
aliento casi oloroso, dedos en pulcritud incorrupta, son
descuento de muchas ventajas y prendas personales que
pueden faltarles á los que huyen de esa corrupcion del
cuerpo y la inteligencia. El tabaco, sin esconder sus
malas acciones, ha vencido en el mundo entero ; la
papa tuvo que poner en claro su inocencia, para hallar
cabida en la mesa del rico, en la del pobre . sin la proteccion ardorosa de un gran príncipe, sus obras de misericordia no hubieran quizá pasado los términos de su
cuna. Temida, calumniada, huian de ella los europeos,
bien como de la lepra. La papa es causa de la elefancía,
ah fruto maldito del infierno, vanas serán tus tentacio-
nes. Empero digo yo ¿ no fueron los cruzados quienes
trajeron la elefancía á Europa, cuando hubieron conquistado el sepulcro de Cristo ? Pues cómo esa raíz inocente del Nuevo Mundo, que sale vírgen de las entrañas
de la madre tierra, formada por las sustancias más sen-
cillas y puras, habia de encerrar en su seno ese malefi-
cio ? Luis decimosexto no murió de la enfermedad de
san Lázaro : Dios y la revolucion saben de lo que murió;
y era tan aficionado á las papas, que ellas honraban
tarde y mañana sus manteles. Hoy es la carne de los

pobres en Francia, Alemania, Irlanda; es pan, donde
falta trigo; dulce, donde no se digna concurrir el azúcar
aristócrata; y, siendo como es auxilio del pueblo necesi-
tado, es al propio tiempo regalo del gran señor. Ese
globo crespo, blanco, que está erguido sobre provocativa salsa en fuente de porcelana, es la papa entera, co-
cida sin condimento ni artificio : su harina está brotando en flósculos y reventazones que prometen exquisito sabor al paladar, al estómago sustancia delicada :
heridla con el tenedor de plata, ahogadla en el jugo que
la rodea, y ved si lo dioses gustaron manjar más delicioso en los mejores tiempos del Olimpo. Qué onzas de
oro son esas que están poniendo sitio al pedazo de lomo
que se yergue en medio de ellas orgullosamente? De-
puesta su crudez en la parrilla, ahora es comestible que
ofrece sangre y vida; esponjado, tierno, suculento :
mas ¿ qué seria él sin los adminículos que le rodean en
forma de monedas resonantes? La papa, cortada en
tenues rodelas, frita en mantequilla, ha tomado ese
color de águilas americanas, levantada su epidérmis
en convexidad henchida de goloso viento. Tomad una
de esas ostias profanas, apretadla entre las mandíbulas,
y ved si es música el ruido con que se quebranta y
desmenuza, quejándose amorosamente de vuestro legítimo apetito. Si sois viejos, allí la teneis en masa blanca
y pura, ó ya embermejecida con *ají* punzador ó con
azafran oloroso. Si cholos, comprad en la esquina de la
calle, en la ciudad de Quito, ese emplasto ruidoso que
está echando chispas en el tiesto, derramadas las entrañas al rededor en feroces hebras de queso derretido.
De qué otro modo os presentaré la papa, amigos mios?

Parmentier la ofrecia al rey y su augusta esposa en diez-
iseis maneras diferentes : seguro está que ese hábil cocinero haya descubierto manjares tan variados y tantos
como de ella hacemos y comemos los hijos del Nuevo
Mundo. Para un banquete de Pitágoras, sobran los que
hemos puesto al antojo de los lectores : si sobrios y
morigerados, pasemos á la lechuga.

Dicen que Aristóteles, burlado en su legítima esperanza de succeder al divino Platon como cabeza de la
Academia, se retiró de ella y fundó el Liceo : léjos se
hallaba, ciertamente, el filósofo de Estagira de concep-
tuarse inferior á Speussipo ; y con todo, éste fué el de-
signado por el maestro moribundo para tan honorífica
herencia. Si Pitágoras me pusiera en el artículo de comer lechuga, yo me separara de su secta y fundara
otra distinta. La estoica no, por que es obra de Zenon
de Elea : la escéptica no, por que es cosa de Pirron : la
sirenaica no, porque es doctrina establecida por Aris-
tipo : ¿ cuál fuera la escuela que yo fundara, si el
maestro me obligara á comer lechuga? El nombre
no hace al caso ; pero yo enseñara en ella la existencia
de Dios, la inmortalidad del alma, el amor á las virtudes, la desconfianza de los frailes y el desden por la lechuga. Sea el hombre omnívoro en buenhora ; mas por
el Verbo encarnado, no coma así yerbas envueltas en
aceite y vinagre. Los judíos le hicieron apurar á Jesus
una pocion de hiel y vinagre , en vez del vino con
mirra que acostumbraban dar á los criminales en la
cruz : de hiel y vinagre á aceite y vinagre no va gran
cosa. Si un tiranuelo nos constriñese á comer yerbas

crudas pasadas en aceite, clamaríamos al cielo por el castigo de ese monstruo; pero hagamos nuestro gusto usando de nuestro libre albedrío; comamos tueras, bebamos cicuta, y estamos muy pagados de nuestra civilizacion. El pescado nutre principalmente el cerebro, las aves engruesan la sangre; el efecto de la lechuga, cuál es? alimenta, regenera? comunica vigor y actividad? Las vírgenes prisioneras de Dios deben subrogar con esa planta insípida, insápora é inodora al gordo, pecaminoso chocolate: lechuga, verdadero manjar de monasterio. De estas casas han de huir los estimulantes brutales, esos despertadores llenos de malicia, que escondiendo su horrible poderío en humilde jícara, van á hacer estragos en las venas de las castas esposas de Jesucristo. Estas santas mujeres le tienen miedo á la carne los miércoles y juéves de todo el año; y en via de penitencia y de servir á Dios la suplen con el pescado; cuando es principio inconcuso que los pueblos ictiófagos son los que más sufragan por la propagacion de la especie: testigos las naciones del norte, llamadas *fragua del género humano*, donde abundan de tal modo los peces, que sobrando para los hombres, van á servir á las bestias de alimento diario. Pescado y chocolate: seguro debe de estar el corazon en los conventos, dormida el alma á los aldabazos de los sentidos.

A las monjas, al fin, les abona la ignorancia: su intencion es dar de comer á la virtud, mas en verdad ponen la mesa al enemigo malo. No es éste una trinidad compuesta de mundo, demonio y carne? Donde están campeando el salmon orgulloso, la corvina tentadora,

él es el convidado ; él, en donde el chocolate, oculta
la negra faz debajo de máscara de dorada espuma, se
regocija ya de sus triunfos, vanaglorioso de cumplirle
su palabra al amor, su cómplice exigente. Cuanto al canónigo de papada reverenda, el cura de barriga venerable, el provincial de cuello corto, adrede lo hacen : bonitos son ellos para comer lechuga y adormideras, para
beber agua de la fuente Castalia ! Carne, vino, chocolate ;
logros y placeres ; pecados mortales á manta de Dios :
ellos al cielo ; nosotros, todos cuantos somos, escritores,
filósofos, poetas, hombres de Estado, guerreros, pobres
diablos, al infierno. El cielo es mayorazgo de los cató-
licos, esto es los que comen, beben, duermen más y
mejor que los herejes, y se llevan la mayor parte de
los bienes del mundo, para mandarnos muertos de
hambre al abismo de los dolores sin remedio. Hállese
entre mis facultades la de darles su merecido á estos
varones sin tacha, y yo no habia de ser con ellos tan
cruel como ellos son con nosotros, cuando nos mandan
á devorar sapos y lagartijas en el centro de la tierra .
yo no los condenaria sino á no comer carne ni pescado ;
á no tomar chocolate ni vino ; á no fumar ; á no dormir
en tres colchones hasta las nueve del dia ; á no recibir
capones rellenos sobre fuentes de plata de sus hijas de
confesion , á no tener baules de onzas de oro, ni huchas
donde entierren la peseta, el real ; á no hartarnos de
injurias y necedades, socolor de decir la palabra de
Dios ; á no ir á visitas con sotana de raso, monda y li-
ronda la quijada, peinados cual mancebitos de primera
tijera, sin ahorrarse el aceitillo aromático ni el agua de
Florida ; a no salir de noche disfrazados, ni recibir pali-

zas de equivocacion; á no caer enfermos para que vayan á asistirlos las beatas jóvenes ; á no hallarse mal del estómago, á efecto de que no menudeen la copa de coñac ni de anisado. Privarlos de éstos que son verdaderos males para hombres de virtud, bastaria para que á ésos se los llevase el diablo : se moririan de pura cólera ; y ahí me las diesen todas.

¡ Válame Dios, y qué berrinche toman esos humildes servidores de Jesucristo ! No lo dije por tanto, señores mios de mi ánima ; y así, dando por buena la intencion, y por nulos é non avenidos esos términos que quieren asomarse á la ironía, echemos pelillos á la mar, y sentémonos á la mesa con nuestro padre san Gregorio, en esas verdes y apacibles tiendas de entretejidas ramas, donde aconseja celebremos la fiesta con sobrios banquetes. « La modesta alegría puede decirse que es parte del culto : » alegría es muchas veces hada invisible que está escondida en el fondo de la copa, tomando un baño aromático de cualquier vino generoso : si nuestro padre san Gregorio exige que estemos alegres, bajo de santa obediencia hemos de alzar el codo tras la pechuga de pavo, ese manjar de blancas hebras que se nos derrite en la boca sin necesidad de masticacion. Señor obispo, sea servido vuestra ilustrísima de tomar conmigo á la salud de san Cirilo, san Ireneo y más Doctores que son antorchas de la Iglesia? Aunque pecador, no seria imposible se me entendiese á mí tambien de achaque de pronunciar bríndis y discursos donde me trasloase yo mismo, al tiempo que mando á los infiernos á los enemigos de la religion y los jesuitas, como tiene por costumbre el cura del lugar en donde estoy trazando estos renglones. « Corazon sano, cara limpia, alma noble, » dijo anoche no más en una conferencia de entrar en docena con las del padre Ventura de Ráulica : « que me busquen un pecado en mi vida, una mancha en el rostro, y aquí están mis orejas, si me las hallan los impíos. Humildad, caridad, castidad ; largueza, paciencia, diligencia ; templanza, templanza, templanza! éstas mis acciones ; al paso que en ellos todo es lujuria, todo gula, todo envidia. Yo á privarme del alimento necesario ; ellos á hartarse de las más salaces viandas : yo á dar el último real á los pobres ; ellos á quitarle el cuarto que le he dado al mendigo : yo á vivir metido en mi casa ó en la iglesia alabando á Dios ; ellos á irse con el chorroborro de picardías nocturnas. Pues qué ha de suceder sino que á todos estos pillos se los ha de llevar el diablo? Aprendan de mí la práctica de las virtudes ; sean, como yo, ejemplo de fortaleza, apesar de mis cortos años. Estais pensando que paso de treinta y tres? La edad de Jesucristo y de Monseñor Vanutelli. Ahora que digo Vanutelli, sabed que el Delegado Apostólico, á quien tuve el honor de ver en Lima y acabo de ver en Quito, es jóven gallardo sobre toda ponderacion : mocito, sonrosado, elegante : me estais viendo á mí, pues ya le habeis visto al Enviado de Su Santidad. En el sentarse, en el hablar, en el montar á caballo, en todo somos iguales. ¡Cosa rara ! ni el lunar que yo tengo cuatro dedos abajo de la tetilla izquierda, le falta á mi querido Vanutelli ; sino que dicen que él es un tanto enamorado ; y yo he de morir como Lutero, sin haberle visto la cara á la malicia. »

Esto sí que es hacer servir la ignorancia á los fines de la verdad : no sabe el orador que Lutero se regodeaba con verá su hijo de seis meses en brazos de su madre, mamando apuradamente el angelito, y sonriendo á tiempo que mira al rededor? El casto cura quiere morir como Lutero ; aunque éste no hubiera podido jactarse de los propios timbres que aquel Adónis de la Iglesia. Abdon y Jair, jueces de Israel, viajaban por el reino montados, ellos, sus cuarenta hijos y treinta nietos, en otros tantos burros á los cuales les relucia el pelo : para el cura de este lugar y su católica descendencia no habria hartos pollinos en el circuito de su parroquia, ni en las provincias lindantes, si quisieran ir caballeros en el soberbio bruto que era la gloria de los antiguos patriarcas. En órden á la alimentacion y el apetito, es fama que el sobrio ministro no toma sino veinte huevos duros en el almuerzo, una gallina migada, un frasco de buen vino, y una tazita de chocolate, así, del porte de una jofaina. Gracias al ayuno, los azotes de estos varones justificados no llueve fuego sobre la ciudades, y no acaban los terremotos con justos y pecadores.

Será cosa de que nos enojemos otra vez? Vamos, señores eclesiásticos, no hay porqué se suban vuesas mercedes á la parra : este vuestro coronista es buen muchacho que no quiere sino ponerse á derechas con la catolicidad y andar camino de la gloria : esto no lo consigue nadie sino negando lo que comen, y beben, y duermen obispos, canónigos, curas y clérigos sueltos ; creyendo y confesando que todos ellos son hombres de hacer penitencia doce años en un monte solitario, como

Beltenebrós, y doncellas de ir con palma y guirnalda
á la sepultura. Decir que tienen con que vivir, es ofen-
derlos; que comen mascando á dos carrillos, calum-
niarlos. Pensar que beben, pecado mortal; creer que
duermen, y no enteramente solos, mentira y difamacion. Ahora diga usted que tienen plata; el demonio se
los lleva. De todas estas maldades se componen la impiedad y la herejía de los bribones que no les damos el
gusto de tenerlos por unos san Vicentes de Paul y san
Cárlos Borromeo : en forma de diezmos y primicias, de
entierros y responsos, de casamientos y vísperas nos
extorsionan la última peseta, y exigen de nosotros el
convencimiento de que no tienen para el pan de cada
dia. Vaya en gracia, hombres de virtud y santidad : si
para la salvacion de mi alma debo echar en el buzon de
la iglesia la mitad de la hacienda que Dios me ha de dar
algun dia, quedando firmemente convencido de que os
defraudo y robo la mitad que reservo para mis hijos,
allá va lo que puedo, y perdonad por lo demas : bien
ayuna quien mal come, y al que no tiene el rey le hace
libre.

En los festines eclesiásticos ha de reinar la modesta
alegría, como lo manda san Gregorio; y la paz, como lo
siento yo, aunque hereje, cismático y pecador. Adór-
nome con estos tres títulos, á fin de que buenos y buenas rueguen por mí; pues ahora se me acuerda que entre las oraciones nocturnas de mi santa madre, á las
cuales venia yo aherrojado, habia una muy larga por los
cismáticos, herejes y pecadores. Si uno no es cismático,
hereje ni pecador, nadie pide por él, nadie se acuerda

de pécora semejante : luego el ser cismático, hereje y pecador es una canongía : las viejas piden por él ; las jóvenes, con sus labios sonrosados y su corazon palpitante, ruegan por él, é impetran de nuestro Señor Jesucristo el perdon de sus pecados. Desgraciado del que no es cismático, hereje ni pecador ! ése, á fuerza de olvido de todo el mundo, está en un tris de irse á los infiernos, y una por una se va primero que Voltaire y Juan Jacobo Rousseau, bellacos por quienes no dejan de pedir los fieles, si no son el conde José de Maistre y Luis Veuillot, quienes han votado por que á esos dos mamoncitos se les ponga en la ceja del Orco, y se les dé una patada por mano del verdugo.

Ya dije que no hemos de pelear, ilustrísimos señores obispos, venerables párrocos, santos monjes del Cistel, del monte Casino y la Cartuja. Qué comezon es la vuestra de buscarme camorra á cada paso? porqué teneis azar conmigo? Ni de la discusion acalorada suelo gustar; ménos de estas contenciosas oposiciones que están oliendo á chamusquina. *Pax huic domui*, dice el Señor: la paz sea en esta casa. Sea, pues, ella en la nuestra, esta fresca tienda donde nos hallamos haciendo nuestro festin eclesiástico; y decidme si no gustais de esta gelatina que está temblando á modo de oro suavizado y cuajado en disidentes glóbulos que quieren irse por lados opuestos, á despecho de la cohesion que los sujeta al centro de gravedad? Esto se toma en copa, reverendísimos padres : si la copa es de orilla dorada, tanto más poético el manjar : idlo disgregando delicadamente con cuchara de plata, y no os lo echeis al coleto de un

solo empuje, como lo acaba de hacer este goloso capu-
chino, so pretexto de que no está en los usos del mundo.
Un traguete de moscatel sobre la crespa gelatina, hem?
Sonreis y otorgais de cabeza, ilustres polizones : ya sé
lo que os agrada. Esta crema blanquísima, sonroseada
levemente por tintura comestible, es de los « nobles é
extraños letuarios con que suelen regalar las monjas, »
si por ventura habeis saludado al Arcipreste de Hita :
sois pues servidos de admitir este noble é extraño
letuario? Merced me haceis con pedirme triple racion
para cada uno de vosotros. Agora veamos si el cham-
pagne halla gracia con vueseñorías? Pasito, padre, pasito : licor es éste que hemos de apurar por puntos, sabo-
reándonos con él ; y no así como indio sediento su mate
de chicha en el camino. Es costumbre vuestra tomar
café despues de la comida? Os quita el sueño, bien lo
veo : el café no se conforma con caras redondas, mon-
das, antiguas, como las aquí presentes ; con cuellos
cortos y metidos entre los hombros ; con pechos lanu-
dos por defuera, asmáticos por adentro ; con vientres
chapados á la española, esto es, adictos al chocolate.
Café, cosa profana : algo hay de revolucionario en este
brebage de la civilizacion moderna : café toma el pro-
gresista, café el radical, café el librepensador : en sus
negras entrañas viene disimuladamente la filosofía del
siglo décimoctavo ; su sedimento es la Enciclopedia re-
pastada con el *darwinismo*. Absteneos del café, reve-
rendos padres y señores, y retiraos, dando gracias al
cielo de esta copita de mistela de almendra que os
ofrezco en el quicio de mi puerta. Retiraos, si gustais :
si vobis videtur, discedite. Pero no habeis rezado? im-

pios ! Volveos y oid : « Santa Maria, madre de Dios...»
Está lloviendo? Paraguas, señor cura ; zuecos, señor
prebendado.

Y han de decir estos ingratos que los herejes los ser-
vimos mal. Ya quisiéramos nosotros que ellos nos dieran
gelatina, y crema, y vino de Jerez ; y nos hicieran acom-
pañar con farol hasta nuestras casas, bien provistos de
lo necesario contra lluvia y humedad. Sí nos dan gelatina... de mostaza ; y turrones de culebras ; y alfe-
ñiques de hiel, allá en los festines con que nos
regalan en los quintos infiernos. Volvemos á las
andadas ? Sangre, no por mi barrio : moro soy de
paz, y no doy de comer á mis huéspedes los miembros
de sus hijos ternezuelos. Somos aquí Centauros y Lapitas que nos hemos de romper la crisma á todo trance,
habiéndonos reunido para comer alegremente en estas
frescas, apacibles tiendas de ramas entretejidas ? Las
bodas de Pirotoo é Hipodamia son una revolucion contra
la moral y la felicidad del himeneo : ira, embriaguez y
lujuria las antorchas que alumbran esa fiesta de las
pasiones desencadenadas y los vicios sin freno. Ese
banquete se concluye con una zuiza infernal, donde no-
vios, dueños de casa y convidados se echan mano á las
barbas y se tiran los trastos á la cabeza : nosotros, como
más buenos cristianos, hemos de separarnos como
buenos amigos. A Dios quedad, señores clérigos, y
excusadme, si he sido ménos largo de lo que cumple
con ilustrísimas y reverendísimas personas.

Si les habré dado un banquete de Escotillo á esos

señores? De perlas han comido, y se van con hambre; con hambre, y no así como quiera, sino muertos de hambre, sin que yo tenga sombras ni léjos de hechicero. Miguel Escoto, ó Escotillo, era un brujo que daba festines donde se comia y bebia sin limitacion : cuando salian los convidados, no se iban á sus casas en volandas sino para darse hartazgos que eran asombro de sus mujeres. Y con todo, Escotillo no los habia llamado para darles matraca, ni para hacerles dormir sueño de Simon Pedro, mas aun para comer real y verdaderamente de lo mejor que en España por ese tiempo habia. La mesa cubierta con precioso alemanisco de enredados fluecos, está fulgurando con la plata labrada : ved allí esos principios dignos de real festejo: peras de Ronda, las más jugosas, harinosas, suaves y dulces de los huertos cultivados por los moros, y conquistados por la espada de Gonzalo Fernández : bellotas de Plasencia asadas á fuego lento, para que cobren ese color de oro oscuro, delirio de los ojos y el paladar. Aceitunas de Sevilla, gordas, frescas, de acidez tan agradable, que para con ella es nada la fruta de pura dulcedumbre. Melocotones, priscos de cuesco rojo cincelado por la naturaleza en rayas curvas que quedan limpias cuando habeis arrancado la sabrosa carne. Tasajos enormes de melon encendido, que no oponen la menor resistencia á la hoja de plata que los divide en trozos proporcionados á la boca : mirad si os deleita esa acuosidad suavísima, dulcísima que os inunda los órganos del gusto. Escotillo está sonriendo de satisfaccion ; sus huéspedes manifiestan no ménos apetito que buen humor, expresándolo en cortés algazara.

Allí vienen las entradas : sopas de tortuga, regalo de epicúreos : perdices de Monserrate ; costillas de carnero dispuestas con excitadores adminículos : lomos de ternera medio hundidos en una fortaleza de guisantes ahogados en salpimentada manteca de vacas. Ahora llegan las ostras de Noya, las anguilas de Ponferrada, los besugos de Laredo. Qué pieza admirable es esa que está tendida sobre larga fuente? Es el jamon de Trevelez, famoso en los reinos de Aragon y de Castilla : este manjar deja en la lengua voluptuoso escozor que requiere una copa de alaejos : ofrécela Escotillo, y el mundo entero echa un hurra de placer. El cerdo de Talavera será extraño á las suntuosidades del goloso mágico ? Miradle allí en forma de pernil beneficiado largo tiempo, no ménos que el chorizo de Garrovillas : entre las cosas que piden vino, suya es la palma : el que quiere beber con indecible gusto, eche mano por esa delicada bajeza, y brinde á la salud del puerco.

Sin legumbres no hay mesa cumplida : para que los espárragos sean los más dulces y jugosos, ved como sean de Aranjuez, esos cuyo tallo comestible tiene cuatro dedos, el cual, embarrado en la blanca masamorra con que anda de continuo, es delicia del más esquilimoso comedor. Le llega su vez al queso : he allí el de Burgos, célebre en las cuatro partes del mundo, por la untuosidad con que se derrite cuando la lengua le da vueltas. Los de Cáceres y Villalon no se quedan atras, ni por la sal, ni por el dulce : las vacas que dan esa leche se mantienen en dehesas ricas de herbajes zucarinos. Bien así como las abejas arrancan de las flores las sustancias

que tornan miel en el laboratorio de su seno, así las
vacas de Villalon rebuscan en los prados las matas floridas que apetecieran las abejas. Requesones de Zaragoza,
no de los que le reblandecieron los sesos al caballero de
la triste figura, sino de ganar medalla de oro en una
exposicion universal. Las natas de Salamanca fueran
golosina de las Musas, si estas invisibles deidades hubieran menester para la vida cosas de forma y peso :
ellas se mantienen del zéfiro que llega á la cumbre del
Parnaso, habiendo pasado por el valle de Tempe, y del
rocío que amanece brillando en las hojas de las gramí-
neas. Cuanto á la mantequilla, Miguel Escoto sirve siempre la de Soria : en rodelitas labradas por el molde,
circuidas de agua límpida, su amarillez y frescura despiertan el más soñoliento apetito : embarrada profusa-
mente en la plancha de pan candeal, ay si no es cosa
de comerse uno con mano y todo !

Pues los dulces ? Escotillo pone todo su anhelo en el
último mantel, que es el verdaderamente apetecido.
Cosa rara, un brujo queda bien por obra de manos santas : las monjas de Oviedo le proveen de frutas heladas,
esas piñas enormes que se están gallardeando en vasijas
de cristal dorado : esos duraznos rubicundos de hemis-
ferios que semejan las mejillas de una vírgen ruborosa :
esas bergamotas de jugosidad y sabor imponderable.
Las de Villagarcía le preparan masapanes y turrones ;
las de Guardia esos confites aéreos que se llaman *suspiros* : suspiros, si de amor, si de dolor, ellas se lo saben ; pero es dulce el bocadillo, leve como una pom-
pita de agua, fragante como un jazmin. Los *suspiros* de

esas monjas son ayes de prisioneras envueltos en pura
alcorza ; deseos mundanos, inocentes quizá, encarnados
en la flor del azúcar y la harina. Las de San Pelayo son
para leches compuestas, batidas con yemas de huevo,
espesadas y amarilladas á fuego lento. Hacen tambien
espumillas, blancas unas, de color de rosa otras ; todas
tan leves y de tal delicadeza, que las comieran los ángeles, si estos séres divinos bajaran á entre nosotros. El
bollo maimon de Zamora hace persona de infante real
en la mesa de Escotillo ; y la torta de Motril, que no es
para ménos ni por la alcurnia, ni por el sabor, se halla
á su derecha, bien como novia que acaba de darle la
mano. El alfajor morisco de Medina Sidonia, el masapan
de Toledo, el chocolate de Astorga en formas varias y
provocativas están allí para la gula disculpable de los
convidados. No salen éstos sin haber bebido repetidas
ocasiones ora valdeiglesias, ora casalla, vinos que les
echan el pié adelante á los del dia, si por el espíritu, si
por el aroma. Y el célebre alaejos ¿ con cuál lo han sustituido ? Gran cosa es el jerez, eso líquido rubicundo
por cuya transparencia podemos ver á las tres Gracias
que juguetean en los jardines de Adónis resucitado ;
pero el alaejos, dicen, era toma de reyes poetas y princesas que estaban adoleciendo de mal de amor. Sea
como se fuese, Escotillo daba de comer y beber con
largueza imperial ; y sus huéspedes, al salir de su casa,
sentian hambre : habian comido sombras y bebido aire
vano en figura de manjares y licores. Irian á cenar en
sus casas los clérigos de mi banquete ?

Los brujos y los impíos al fin no les damos sino

viento, manjar inofensivo, que puede ser agradable, puesto que no alimente; ellos, Dios nos guarde, suelen dar á sus amigos y paniaguados festines de donde los sin ventura salen con los piés para adelante. Sabeis lo que es salir con los piés para adelante? Es salir uno de su casa como quien va al cementerio, y no de visita, sino á vivir allí hasta el dia del juicio. Efectivamente, no habreis visto que á nadie le saquen de cabeza: el difunto goza á lo ménos de esta que hoy, en homenaje á la reina Galia, se llamaria *garantía*. La vieja Germania es madre, la jóven Galia, reina. Y aun por eso, cuando ocurre que un poeta viajero topa unos estudiantes orillas de la Selva Negra, éstos le saludan al paso: *Salve, Gallia regina !* y el otro responde: *Salve, Germania mater !* y siguen su camino. Del palacio del cardenal Cornetto salió con los piés para adelante el padre santo Alejandro sexto, por haber comido, no con demasía, sino con equivocacion.

Comido digo, y no fué así: Su Santidad no se comió, se bebió la muerte en el vino con que se habia propuesto quitar la vida á sus más queridos cardenales, para quedarse con sus riquezas. Allí Dios se sirvió del diablo para hacer justicia: Dios permitió, el diablo vertió el veneno en la copa del envenenador. Este festin sí que fué más trágico que las bodas de Pirotoo é Ipodámia: en las dichas bodas los Lapitas los molieron á los Centauros, y entre muertos y heridos no hubo sino el ladron Eurito, quien á vista y paciencia del concurso y el galan arremetió con la novia á viva fuerza. Qué le importa al catolicismo que haya llevado su merecido el

pícaro forzador ? Lo que le anubla y confunde es que el
papa, el santo, beatísimo padre haya salido en andas
del convite de su cardenal y aparcero. El gigante Eurito murió por un antojo no cumplido ; el rey Rodrigo
por uno satisfecho ; el pontífice Alejandro entregó el
alma al diablo por codicia. Como Dios le haya perdo-
nado, mucho me alegro de que ese varon justo haya
pagado con las setenas : ¡ así hubiera yacido por ahí
ántes de corrompida la infeliz Lucrecia, á fin de que el
mundo no mirara con dolorosa angustia la reedificacion
de Sodoma al lado del templo de San Pedro !

Para librarnos de las insidias de ese mal hombre y
peor sacerdote, no debiéramos aceptar convites á comer y beber, sino tan solamente á oler. Convites á oler,
habeis oido? Sabed que los hay, y muy gustosos al
olfato, el cual no hace sino servir de conductor hácia el
estómago. De comer patas de cochino, pierna de res,
cogote de carnero, accion sin poesía ni sentimiento,
¿ no valiera más nutrirnos con las emanaciones de la
rosa gorda y fresca, de la fragante margarita, la azucena
voluptuosa? Plinio, historiador que tiene en mucho la
verdad, habla de un pueblo que vivia sin comer, sino
oliendo cosas aromáticas. Las mujeres de ese pueblo sí
que han de haber sido adoradas por los hombres para quienes comer y beber son groserías incompatibles con las
hambres místicas de la más poética y extravagante de las
pasiones. Quién duda sino que el comer les perjudica
inmensamente á las mujeres ? Lo vago, aéreo, misterioso
del amor se va con eso mascar á dos carrillos con que
asesinan dentro de nosotros los sueños de felicidad an-

gélica propia de entes superiores á nuestras ruines necesidades. Hasta carne comen las tontas, y papas una tras
otra, y beben chicha despues de las cosas picantes, y
piden más, y quieren que nos estemos muriendo por
ellas. Muriéramonos, sin duda, si una muchacha de
veinte años hiciera su almuerzo en el jardin con las va-
poraciones del tomillo, la albahaca y la violeta, poniendo de cuando en cuando el rostro hácia el oriente,
de donde acude un vientecillo matinal impregnado en
los regalos de la aurora. El olor del clavel les debe servir de vino ; el del jazmin sería delicado sorbete. Si
aun tienen disposicion, allí está el poleo, que no pide
sino ser olido por unas narices como la torre de Damasco frente con frente al Líbano ; narices perfectas,
conformes con las de la bella egipcia, la damicela por la
cual el rey Salomon daba sus pedazos con sabiduría y
todo. Este buen hombre dijo un disparate cuando com-
paró la nariz de su querida con la susodicha torre? Nada
ménos que eso . las relaciones de semejanza, á su modo
de ver las cosas, no se habian de extender sino á la
belleza y perfeccion, y no á la magnitud. El Sabio sabia
muy bien lo que se pescaba. No se vaya, pues, de todas,
una muchacha bonita cuando decimos que su nariz es
como la torre de Damasco que está mirando al Líbano ;
aunque sí le convendrá soltar el moco y amostazarse
medianamente, si se la compara con las de Pisa y de Bo-
lonia, porque éstas son torcidas, agobiadas y jorobadas,
que no estuvieran bien ni en caras de viejas. Pero nariz
como la Giralda, ó como las de Nuestra Señora de Paris,
puede tenerla la más presumida y repulgada chica : esas
son obras maestras de arquitectura, bien así como la

mujer es obra maestra de la naturaleza, segun que ya
lo dijo otro inventor de paradojas. Por donde se ve que
el ciego de « El paraiso perdido » habla de todas, y
quiere que sean obra maestra bien así las hermosas
como las feas, bien así las buenas como las malas ; en
lo cual, á despecho de los timbres de ese autor, ando yo
muy apartado de él : mal corazon y mala cara, léjos de
ser obra cumplida, obra errada es, y perjudicial, y aborrecible hasta no más.

Alma real en cuerpo hermoso
Tres veces de imperio digna;

esto sí ; y andemos, y alimentémosla de plantas aromáticas á esa alma real, y que las huela dilatando las ventanas de la nariz con fuerte inspiracion, mirando con
horror los comestibles gruesos que las vuelven jamonas
ántes de tiempo á las que no están en el misterio de vivir sin comer ni beber, á modo de nereidas en sus
grutas submarinas, y de náyades en sus prados y sus
fuentes.

Ni se diga que pido imposibles : Demócrito vivió muchos dias sin más alimento que el vapor del pan caliente :
ahí está Diógenes Laercio que no me dejará mentir.
Un buen viejo de mi país llevó adelante la empresa de
Demócrito, que era cosa increible verle ayunar una semana sin decadencia de fuerzas. Salia el antiguo las
mañanas á la feria del pan caliente, y se paseaba entre
las bateas baheantes hasta cuando, agotada la mercan-
cía, la plaza del mercado era desierta. Señor don Prós-
pero, ya almorzó usted ? Ya. Pero sin moverse de la

plaza, qué ha comido ? He olido, hombre, y esto es más que comer. El doctor Tanner nada ha descubierto : si no comió cosa en sus cuarenta dias de encierro, olió, olió y más olió. Pan caliente, no ha de haber sido ; pues seria la mezcla de azafran y castóreo que Pedro Apono aconseja á los ancianos para prolongar la vida , ya que de impotentes no aciertan á mascar ni digerir cosas de cuerpo. Si la autoridad de Pedro Apono y Diógenes Laercio no basta para componer testimonio auténtico, la de Bacon, me parece, dirime la duda, y sienta un hecho histórico sin más que su palabra de filósofo y cristiano. Bacon sostiene haber conocido un hombre que, rodeado de plantas odoríferas, pasaba dias enteros sin comer. Yo quisiera que una poetisa maravillosa perfeccionara el lindo arte de vivir las mujeres sin comer. Edison ha descubierto el teléfono. Graham Bell el fotófono ; porqué una sábia nunca vista, una Oliva de Sabuco envuelta en la pinguosidad azucarada de las Musas, no ha de descubrir el modo de reflejar el amor y la vida en la cumbre del Parnaso, mediante los secretos de las flores y las plantas? Déjennos las mujeres á nosotros el ahitarnos de prosa con estas groserías de los tiempos modernos que llaman *beefsteaks, roast beef*, jamon, huevos estrellados y otras materias indignas de los banquetes del Helicona ; y vivan ellas de los favores del arco íris, los regalos del alba resplandeciente y las emanaciones del nardo y la magnolia.

Los ángeles no comen : las mujeres se dejan llamar ángeles por nosotros, pero no nos quieren dar gusto en esto de no comer. Si se satisfacen al igual de nosotros que somos diablos, ¿ cómo son ángeles ellas? « Yo no tomo esta ruindad, » me contestó una linda muchacha á quien hube ofrecido una taza de caldo de caña de azucar hervido y sazonado con zumo de naranja agria, que es la delicia del mundo. Irritado de este sofion, me andaba yo por ahí dando vueltas, puesta la mira en la venganza : quien á cuchillo mata, á cuchillo muere : desaire no hallaba en mi discurso que alcanzara á desagraviarme de tamaña ofensa. Yendo por tras la casa en busca de ambiente que respirar, intérnome por un platanal orillas de un arroyo; y he allí la desdeñosa que con gentil desenfado se está echando al coleto un hemisferio de calabaza lleno de la misma toma que le habia parecido *ruindad* media hora ántes. Estuvo en poco de caerse muerta la probrecita ; tanto más cuanto mi prudencia y disimulo sufragaron noblemente por la cortesía. Quiero insinuar con esta anecdota, que las mujeres, ya que comen y beben, se metan en un profundo bosque para estos abusos y miserias, y huyan como del diablo, cuando están con hambre, de los que bien las quieren.

No vayan á retraerse de mí las que tienen mis opiniones en algo, tomando el rábano por las hojas : todo eso es puro modo de decir y dar cantaleta en ratos de buen humor ; que en hecho de verdad no hay cosa en el mundo que más despierte inclinacion y apetito que ver á una culta jóven tomar con donaire entre los dos dedos un alon de pollo, y llevárselo á los dientes con pulcritud y gracia digna de las doncellas de Calipso. Si les prohibimos la comida, ¿ cuándo les vemos las sonrosadas encías, los abiertos rubicundos labios ? Coman las pobres, pero no mucho ni cosas bravas : coman pechuga de alondra, curruca, pitirrojo, ficédula y toda esa volatería fina que Dios crió para estómagos poéticos y paladares esquilimosos. De las frutas, fuera de esa carne de perro vegetal que llaman aguacate, y de esa de caballo que dicen zapote, concedo que se regalen con todas las demas : naranjas de color de azafran por defuera, de oro por adentro; duraznos que se están derritiendo entre los dedos ; albaricoques maduros, provocativos y maliciosos como los versos de Safo ; y aun plátanos, como no sean *hartones ó barraganetes,* esos monstruos que parecen boas tendidos á la sombra de sus árboles : tomen el *plátano de seda,* esa manteca dulce que despierta en la boca los espíritus de la voluptuosidad inocente; el guineo barrigon, el de Otaiti, y otras mil clases de esta admirable fruta que magnifica los huertos y los bosques del Nuevo Mundo. Guindas, no tome la fea ; correria quizá el peligro de que algun malsin sentido con ella dijese que se habia echado guindas á la tarasca. O más bien, si es fea, coma de todo, y hártese, y no tenga cuidado que pierda cosa. Las bonitas son las que han de comer como hacer composiciones de alegre, leve poesía, sonriendo con los ojos, é iluminando con su espíritu echado afuera el alma de los que las miran y admiran llenos de escondido cariño.

Así es como tenemos nuestros banquetes, ésta la manera de que comemos en nuestro siglo ; y maldito el adelanto que recibe la filosofía de los concursos gastronómicos y las muchedumbres hambrientas. Cuanto á la

sobriedad, de la española suelen hacer ponderaciones
que saltan por sobre la buena fe, siendo así que la gula
parte límites con la soberbia en esos festines con que
prevalecen nuestros faustuosos antecesores en crónicas é
historias familiares. En el siglo décimoséptimo la comida ordinaria de las casas ricas no constaba de ménos
de treinta platos; que para los dias de excepcion, el cocinero mayor hubiera corrido la suerte del de Luculo,
si no preparaba setenta, amen de las golosinas. En el
año de 1640, dice un curioso investigador de los vicios
antiguos, el cardenal de Borja dió en Valencia una comida de noventa platos calientes, y otros tantos entre
principios y postres. Don Alejandro, al resplandor de la
tiara, no hubiera llevado adelante tan insolentes vanidades. Buckingham, señor más profuso y magnífico que
ese soberbio clerigo, habia dado ántes en Santander el
escándalo de una comida de mil y seiscientos platos,
en honor del rey de España, cuyos dominios estaba pisando. Concluido el banquete, cuantas eran las precio-
sidades que sirvieran en él, porcelanas de Sevres, cris-
tales de Venecia, argentería de toda clase, fué todo
echado por el suelo, roto y destruido en testimonio de
liberalidad y júbilo incontrastable. A ese tiempo la nave
capitana del insigne almirante, fondeada en el puerto,
disparaba sus cañones, roncos del vino que seguia apu-
rando su señor, y la metralla inglesa volaba por los aires
en homenaje al gran monarca, rival temido de su propia monarquía.

Hoy por hoy comemos ménos quizá, pero bebemos
más; en poco esta que nuestros banquetes no se des-

quicien y vengan á ser campos de Agramante, ó por ventura sanquintines donde la menor tajada de los convidados es una oreja. Los griegos antiguos tenian comidas donde moral y virtud, impelidas por la elocuencia, recibian desenvolvimiento sublime en boca del filósofo y el amigo del género humano. Bien es verdad que Alcibiades, saliendo de un holgorio, mutiló las estatuas de los dioses en los pórticos de Aténas; pero ese no fué banquete sino orgía con mujeres de mal vivir; de esas rufianescas brillantes donde el precioso libertino se desataba sin contraresto en voces y acciones adecuadas para las Gracias caídas con quienes era su dicha levantar el torbellino de placeres que le ha vuelto famoso para todas las generaciones. Ponedle á ese mismo perdido al lado de Sócrates y Fedon en los concursos de los filósofos, y vereis luégo si no es el que más resplandece por la moral y subyuga más con las cláusulas sonoras que brotan armoniosamente de sus labios.

BANQUETE DE XENOFONTE

Un dia Xenofonte convidó á sus amigos á comer en su casa: vinieron Criton, Cerefon, Címias, Cébes. Antístenes, símbolo vivo de la frugalidad y la pobreza alegre, no podia faltar. Critóbulo, por la belleza, era el adorno de los concursos de ese tiempo, lo mismo que Sócrates por la sabiduría. Sócrates y Critóbulo estuvieron pues allí, no ménos que Alcibíades, el hermoso libertino, que tanto resplandecia en el estrado de Aspasia como en los jardines de Academo. Platon se habia excusado respecto á ciertas ocupaciones tocantes á la escuela, y Aristóteles, que andaba ya torcido con su maestro y con su gran condiscípulo, faltó sin exponer causa ninguna. Con el anfitrion ó dueño de casa estaba lleno el número que los griegos requerian para el buen humor de sus banquetes. Ni más que las Musas, ni ménos que las Gracias, ésta era su regla. Así es que los convites de seiscientas personas en los cuales ostentaba su voracidad el emperador Claudio, no eran de costumbre en Aténas. Amistad, afecto, confianza están como desleidos en esos vastos concursos de gente con que rebosan hoy mismo los palacios de los grandes. Los romanos gustaban mucho de esas reuniones monstruos donde Craso pudiera derramar sus riquezas, y Luculo explayar su magnificencia: cuatrocientas ó quinientas camillas al rededor de esas inconmensurables salas, ó ya en los jardines de verano, acreditaban que el gran señor tenia otros tantos convidados. Los griegos, más amigos de la comodidad y el placer verdadero, no pasaban de nueve personas en sus mesas, ni bajaban de tres : el rostro á rostro de dos individuos tiene algo de solitario y triste ; por esto han dicho quizá que la proporcion más adecuada para la felicidad y la alegría son dos amantes, tres amigos. La cordura de los inventores antiguos está fundada en el corazon; no imaginaron dos Gracias sino tres, número armónico en sí mismo, que forma el grupo más bello y perfecto. Para comer, pasear, departir agradablemente, la tendencia de las almas delicadas es reunirse entre tres : si ocurre que demos un banquete, hagamos porque cada uno de nuestros comensales

tenga su Musa á su lado ; con lo cual todo será poético
y honesto. Nueve personas inteligentes, de buenas costumbres y nobles sentimientos en el ánimo, es un Parnaso doméstico : allí virtud y poesía, en suaves ondas,
están yendo y viniendo entre el vino que concilía buen
humor, y la palabra que resuena por los ámbitos de ese
dichoso recinto. Los convites de á cien personas son
árgos que aterran á la modestia : entre mucha gente no
puede haber gusto, ni seria posible que entre cien convidados no hubiese dos enemigos y muchos malquerientes unos de otros. Un perverso por diez hombres,
mucho favor para el género humano. Quizá por esto los
griegos se detuvieron en el nueve, á fin de que el mur-
murador, el envidioso se quedara en su casa, y no fuera
á perturbar con su innoble pasion el vuelo de felicidad efímera que se dan de cuando en cuando filósofos y
poetas.

De qué modo abrian los griegos sus comidas, no me
será dable decir, por falta de instruccion á este respecto : seguro está que haya sido con sopas, como
nosotros, ni con frutas, segun que lo estilaron nuestros
padres los españoles de ahora doscientos años. Hoy
mismo los franceses principian la merienda con un
tasajo de melon rubicundo, que es como heraldo ó
explorador de las regiones estomacales, tras el cual
viene la provocativa masamorra de guisantes tiernos
sembrada de estrellitas de pan tostado. Los principios,
entre estos sabios gastrónomos, son por la mayor parte
media docena de ostiones crudos, sobre los cuales
espolvorean golosamente una ó dos dragmas de mos-

taza. Otros piden una docena, y descomulgados hay que forman á su lado un cerro de conchas vacías, bien como Tibur Kan levantaba torres de cráneos humanos, merced á los enemigos que iba venciendo. Dios me ha guardado hasta ahora de sentir maldita la inclinacion por esos gusanos fatídicos, que parecen comida de difuntos ; ántes suelo apartarme como quien no quiere la cosa de uno de esos gabachos barbudos que está por ahí formalísimo entendiéndose con esos huesos redondos, del centro de los cuales arranca esé mustio manjar, delicia de la tumba. Los griegos no comian ostiones, ni camarones, ni almejas, ni esotras porquerías marítimas que, disputándose las entrañas humanas, dándose combates feroces, lastiman el cuerpo y dejan allí dentro los gérmenes fecundos de los cálculos, la gota y más tributos que pagan al dolor los pueblos regalones.

Pongamos que en la mesa de Xenofonte hubiese habido perdices del Atica, alondritas, pitirrojo, ficédula y otros individuos de esa delicada volatería con que su vecino el rey de Persia regalaba á los filósofos viajeros y los ambiciosos condenados al ostracismo. Regular es que hubiese tambien vino de Chipre y de Ténedos ; y los postres fueron sin duda los panales del Himeto y los higos de la Fócida, esos de cuyo orificio están manando las dulces gotas que reciben en los labios los Genios del huerto y los silfos invisibles. En siendo Pitágoras el dueño del festin, todo hubiera sido col, lechuga, coliflor ; pero como la Academia diferia en alguna cosa del filósofo de Sámos, no habia porqué no concurriera el otro reino en los manteles de Xenofonte. No puedo tampoco dar razon acerca de los instrumentos de que esos antiguos se servian para comer : el tenedor es invencion de nuestra edad, y así no alcanzo con qué pinchaban los atenienses su cuarto de perdiz, ni con qué se la. llevaban á la boca. Los espartanos, probablemente, tenian su trinchante en los dedos ; y como pueblo sencillo, por no decir inculto, no se habrá dejado estar con hambre por falta de cuchara ni tenedor. Los chinos se sirven de unos palitos finos y olorosos de suyo, los cuales hacen tempestades en sus dedos, bien como los bolillos en los de la más provecta manufacturera de encajes. El hecho es que no lo pasaron mal los convidados en casa de su amigo, y que el maestro Sócrates pidió dos porciones de una cierta espumilla de huevos batidos en leche que le habia gustado por extremo. Iba yo á decir *pioquinto* ; mas á tiempo se me acuerda que ese manjar de viejos habra tomado su nombre del papa de ese numero ; y por no cometer anacronismo, digo mas bien espumilla. Qué pioquinto habia de tomar el pobre Sócrates, cuando su amable Xantipa, si algo rompia alguna vez, no eran huevos, sino la cabeza de su marido? Por fortuna este se hallaba *solo* en el banquete, y pudo comer sin que nadie le llamase tragon, y beber sin que nadie le sindicase de borracho.

Alcibíades, dijo el maestro, ahora quiero yo saber lo que te ha inducido á cortarle la cola á tu perro ? Animal raro y hermoso ! exclamó Critóbulo, ántes de que el interpelado respondiese. Oí un dia á Fedon, dijo Cébes, que cada hombre suele tener un afecto y una idea predominante, que comparecen en toda coyuntura, y toman el primer lugar en las palabras y los acontecimientos : Platon echa á discurrir acerca de la existencia de Dios y la inmortalidad del alma tan luégo como descubre resquicio por donde meterse en esos océanos misteriosos é irse mar adentro. Nuestro querido Sócrates hallará ocasion para hablar de la virtud, aun cuando vaya del sátrapa de Jonia : así Critóbulo, lo primero que descubre en las personas y las cosas es la belleza.

Critóbulo era bello como un dios : sonrojóse, y sonriendo, dijo : Todos hemos respondido al maestro, ménos Alcibíades á quien fué dirigida la pregunta. En tratándose de gentileza, contestó Alcibíades, tuya es la palabra. En órden á mi perro, le he cortado la cola por ofrecer ocupacion á lo atenienses, y darles en que hablen sin perjuicio de hombre de bien ni de mujer honesta : sabeis que la maledicencia pública estaba ya abultando demasiado el escándalo ocurrido en estos dias : ahora, por hablar de mi perro, pondrán olvido en la desgracia en que han hecho hincapié últimamente.

No se oye otra cosa por calles y casas de Aténas, volvió á decir Cébes, que : « Alcibíades le ha cortado la cola á su perro. » « Porqué le habrá cortado Alcibíades la cola á su perro ? »

Has dado salto en vago, Alcibíades, dijo Criton ; bien pudieras haberte ahorrado la pérdida que has hecho con mutilar á tan hermoso animal. Ya no se hablará ni de tu perro, pues hay algo posterior á ese lastimoso canicidio. Qué? preguntaron muchos á un tiempo. El libelo infamatorio que anda aplaudido por los malsines. Esta mañana, intervino diciendo el maestro, me dió noticia de él Cerécrates, mi querido discípulo ; mas he aquí que yo lo tenia olvidado. Criton, tú lo has leido ? preguntó Xenofonte ; qué dicen ? de qué acusan á Sócrates? Dicen que corrompe á los jóvenes atenienses con sus doctrinas demagógicas y perversas ; que es enemigo del órden, y por el mismo caso de todo gobierno, bueno ó malo ; que lo que desea es la anarquía, para pescar á rio revuelto ; pues, segun el anónimo, debajo de una mala capa se oculta un buen bebedor. Sócrates, en el concepto de los libelistas, es ambicioso, codicioso y envidioso en grado eminente.

No han hecho los desconocidos, dijo Sócrates, sino plagiar á Crícias, quien ha dado una ley junto con Carícles, por la cual me prohiben, so pena de la vida, hablar con los jóvenes de ménos de treinta años, por que los pervierto y corrompo enseñándoles impiedades é inmoralidades. Los nomotetes tienen el mérito de la invencion.

Pero Crícias y Carícles, nomotetes, volvió á decir Cébes, no alegaron en su ley lo que han alegado los anónimos de este libelo. Haslo leido tú tambien ? Sí, Cerefon. Qué más dicen ? Dicen que Sócrates, cuando reprendió los vicios de Crícias, los inventó, y por tanto calumnió á ese virtuoso ciudadano. Dicen que el pretenso filósofo no es maestro sino de maldades y mentiras. Dicen que vive comiéndose de cólera, porque no le dan parte en el gobierno, ni empleo con cuya renta cebe sus malas costumbres. Dicen que el hijo de la partera es harto conocido, no en Aténas solamente, pero tambien en la Grecia, por las infamias y los crímenes de que ha hecho gala toda su vida.

Pues no hablan de mí, porque nada de eso me corresponde. Pero á mí sí me corresponde, volvió á decir Alcibíades, como á tu discípulo y amigo, arrancarles la máscara á esos perillanes y darles de bofetones. Como se los diste al librero que habia corregido los poemas del ciego de Esmirna, replicó el maestro : no hagas tal cosa ; ni el caso vale la pena de un arranque de cólera. Mucho va de Homero *al hijo de la partera :* el delito de estos recónditos difamadores es ménos grave : repórtate, mancebo generoso, y vuelve el ánimo y la vista á cosas de más bulto.

Fea debe de ser el alma de los inicuos ; esa que refleja la luz divina es hermosa de suyo, no habiendo como no hay perfil más bello que el que imprime la verdad en el semblante del hombre que cultiva las virtudes. Mentiras y calumnias son imperfecciones que atormentan el corazon y ennegrecen el espíritu de los desgraciados que profesan darles vida y echarlas fuera.

La belleza, siempre la belleza en este hermoso muchacho, exclamó Sócrates, al oir estas palabras en boca de Critóbulo. Sí, la belleza del alma es la virtud; y virtud es verdad, respeto á los dioses, misericordia con nuestros semejantes. Ah, si Fedon se hallara aquí, cuánto no estuviera acorde con vosotros, discípulos queridos, honra de mi escuela. Xenofonte, porqué has olvidado á Fedon? Fedon se halla ausente, no lo sabias, Sócrates ? Ya, ya : antenoche vino á casa á despedirse para una semana : asuntos personales requieren su presencia en Cycione. Pensais, vosotros dueños de los secretos de mi pensamiento y mi conciencia, que el filó-

sofo sucumbe á los embates de los perversos? La verdad
es ciudadela inexpugnable : puédesela acometer ; batirla
en ruina, no es posible. Ni vosotros, ni los demas atenienses, ni mis enemigos mismos dan asenso á las mentiras notorias é imposturas vergonzosas que contra mí
publican por costumbre mis detractores. Me llaman
impío ; y en mis meditaciones, en mis sueños causados
por la Divinidad, me parece haber decubierto allá, en
lo infinito, lo invisible, el Dios, el Dios verdadero, Hacedor de todas las cosas y padre del universo. Me llaman
corrompido ; y vosotros estais ahí para acreditar si
profeso y enseño la moral. Me llaman turbulento, pro-
motor de desórdenes ; y mi vida ha sido predicar la paz
y trabajar por la permanencia de las cosas. La paz, ya
se comprende, en medio de la libertad ; el órden en
medio de leyes sabias y virtuosas. Me llaman codicioso ; y no tengo capa sobre los hombros, porque no
me voy tras los bienes de fortuna. Me llaman calumniador ; y los dioses son testigos de que nunca ha salido de
mis labios sino la verdad, la verdad pura. He podido equi-
vocarme, errar alguna vez ; mentir con intencion,
jamas. En cuanto á esas negras huellas que voy dejando
por donde voy pasando, ¿ las habeis visto en alguna
parte, amigos mios ?

Ni Crícias las ha visto, respondió Alcibíades, infla-
mado de cólera. Cuantas injurias te hacen están fundadas en falsedades ; por esto quiero castigar á los calum-
niadores.

Oye, Alcibíades, dijo á esta sazon Antístenes, quien
habia estado callando hasta ahora : no há mucho un
corredor de noticias vino á poner en conocimiento de

Aristóteles que un enemigo suyo le estaba por ahí cubriendo de improperios : Que haga más, respondió el fundador del Liceo ; que me dé látigo, puesto que sea en ausencia mia. Deja que le den látigo á Sócrates, puesto que esta desgracia ocurre miéntras tenemos la dicha de estarle viendo entre nosotros. Sí, repitió Sócrates alborozado, que me den látigo, puesto que yo no esté donde me azotan.

Xenofonte llenó las copas de sus convidados de un vino que por el color parecia topacio ; vino transparente, codiciable, capaz de producir embriaguez divina con solo mirarlo, y dijo : Por los dioses, oh amigos, la filosofía no tiene cosa mejor que no hacer caso ninguno de las bajezas y maldades de sus perseguidores. Brindo por la fortaleza del sabio, por el estudio de la naturaleza, por la práctica de las virtudes. Sócrates, Platon. Fedon, salud ! Y los nueve filósofos apuraron la dorada copa.

Y tú qué propones, Antístenes ? preguntó Cerefon. Yo brindo por la pobreza, respondió Antístenes.

La pobreza rica en virtudes, fuerte por el sufrimiento, noble con la dignidad, no es así, Antístenes? dijo Cébes ; y bebieron los sabios otra vez alegremente.

Ahora tu, Critóbulo, veamos á qué ó á quién dedicas tu copa? A la belleza, respondió Criton, miéntras Critóbulo se encendia en rubor celestial. A la belleza ! repitieron todos, y apuraron la copa del más bello de los griegos.

Tú no te has de quedar sin tu bríndis, dijo Sócrates, mirando á Alcibíades : tú, no ménos que Critóbulo, has de brindar por la belleza ? Sí, respondió el libertino ;

por la belleza de las mujeres de Corinto, por las hermosas de Amatonte! Y con desenfado digno de tal mozo, dió la señal, y todos á una apuraron la copa en honor de tan interesante sugeto.

Sabes quiénes son los autores y los propagadores del libelo infamatorio, tú que de él nos has dado noticia, Criton? pregunto Xenofonte. De eso no se hable, respondió Sócrates : de las acciones generosas, de los actos de virtud, busquemos los dueños : perversidades, bajezas, infamias, vale más que no los tengan conocidos. Cuando los que las escriben y publican ocultan sus nombres, claro se está que las niegan ; y si las niegan ellos mismos, ¿ no está igualmente claro que reconocen la falsedad de las acusaciones, la torpeza de los agravios y la malicia de la censura ? Miéntras ménos viles y perversos haya en el mundo, menos aborrecible será él para el filósofo : si nadie quiere reconocer la propiedad de ese libelo, y nadie lo quiere, puesto que nadie lo firma, dejadle morir por falta de proteccion. Si nuestros enemigos son quimeras, locura es en nosotros empeñarnos en darles cuerpo y realidad. En cuanto á mí, quiero no saber quien me irroga una ofensa, ántes que estarle viendo delante de mí á cada paso. El golpe no me ha tocado : consentid en que el anónimo niegue su obra : si la niega, es por que la juzga mala.

Así pues, respondió Alcibíades, los malvados y cobardes no tienen sino volverse sombras ó palabras sin carne, para quedar impunes? Sabiduría fluye de tus labios, Sócrates; pero no negarás que sin más de un grano de locura no hay cosa buena en la tierra. Dínos, Criton, dínos quiénes son los autores tenebrosos de esta

nueva maldad? Yo pienso como tú, Alcibíades : mal que
le pese al maestro, he de decir lo que he sabido del
libelo infamatorio. Lo mandó escribir Jarrion, lo escribió el eunuco Cástrotes, y lo están publicando, por
dinero, los viejos Calvonte y Jarmillas. Ya veis, jóvenes,
replicó el hijo de Sofronismo, cuan de poco son los que
han hecho por traer á ménos mi reputacion : perse-
guirlos y castigarlos seria estar á pique de darles importancia. A nadie se le da importancia con los piés, dijo
Alcibíades : mi ánimo es dar de puntillones á esos
belitres, y de ninguna manera condenarlos al ostracismo.

Jarrion, el tracio vendido á los persas, que á puros
robos é infidelidades se ha vuelto rico? Ése, ése, Xenofonte, respondió Antístenes : yo le aborrezco, porque el
bárbaro deshonró la pobreza con la estafa cuando fué
mendigo, y hoy infama con la mezquindad las riquezas
mal habidas. Para con su ministro de maldades y crímenes, ese ignorante es un filósofo, dijo Cerefon : en
mi concepto el eunuco Cástrotes debe sufrir la pena, y
la suya y la de su dueño. El asiático está por demas en
Aténas, respondió Cébes : los vicios de los griegos, al fin
y al cabo, algo tienen de varonil y grande : si el Asia
empieza á mandarnos con sus capones sus vilezas, perdidos somos. No es el primer libelo infamatorio que
echa este guardian de serrallos : ya Aristídes, en la
tumba, fué víctima de la ferocidad inofensiva de esa
sombra de hombre.

Si no apareas tan bien tus vocablos, yo te hubiera
salido al paso cuando dijiste que Aristídes habia sido
víctima del eunuco, dijo á su vez Criton : esa linda

ferocidad inofensiva te salva del contra que ya te tenia en los labios. El cuerpo del hombre de bien podrá hallarse en poder de los inicuos ; su alma se halla siempre en las de Dios* ; y ese cuyo espíritu está reposando en el seno de la gloria, ¿ cómo podrá ser víctima de una vil criatura humana ? Aun por esto solia decir Diogenes que no era él el esclavo, mas aun los que le tenian preso.

Qué haria yo con el eunuco Cástrotes, si fuera hombre el miserable ? Qué harias, Alcibíades, qué harias con el eunuco ? Harias lo que con el librero, respondió Cébes. Mas esto llevan de ventaja esos hombres frustrados, que ni darles de bofetones puede uno sin quedar para ménos. El verdugo es la única pareja de esas vainas vacías de donde el varon ha salido.

La ruina de la virilidad produce las más negras pasiones, dijo á su vez el maestro Sócrates, interviniendo en esta disquisicion, é irrita y aplebeya las que le animaron al hombre, cuando fué hombre. La envidia suele ser intensa en los eunucos ; los celos, mortales : los sentimientos de su ánimo son felinos ; si en sus manos estuviera, mataran á todos los hombres completos ; y viendo que de nada les servian las mujeres, las degollaran igualmente. Si con la joya invisible que contiene dentro de sí el poder del género humano y el secreto de su felicidad, no perdieran el valor, metieran fuego al mundo los capones, y gustosos habian de descender al

---

* Mi alma pertenece á Dios, mi corazon al rey, aun cuando mi cuerpo se halla en poder de los malvados.

(El presidente *du Harlay* á los sicarios de la Liga que le amenazaban con el tormento)

Tártaro, con tal de haber destruido el objeto de su odio.
Cástrotes, me han dicho, es esencialmente malo; pero
como es esencialmente vil, no será de personas de significacion ni de filósofos darnos por ofendidos de actos
que en él son naturales, y por el mismo caso inevitables. De dónde provendrá la inquina que me tiene eso
eunuco? De que eres hombre, respondió Alcibíades: á
mí me aborrece por la misma causa, y á Criton, y á Cerefon, y á todos los que no lloramos su desgracia. Pero
Calvonte y Jarmillas no son capones; porqué te hacen
mala obra á cada paso? Criton ha dicho que por dinero,
respondió Sócrates. Yo ví una vez dos ladrones que venian engarrafados á la cárcel: una mujer, conmovida
exclamó: Porqué robais, porqué matais, pobres hombres? Mujer, respondió uno de ellos, la pobreza á cualquier cosa obliga. Dinos, Antístenes, si tú abundas en
eso modo de pensar? A mí no me ha obligado jamas la
pobreza á ningun acto deplorable, respondió Antístenes:
en corazon donde tienen cabida los afectos nobles, la
pobreza se siente dichosa si frisa con las virtudes, y
con ellas se está holgando en pura y dulce alegría. Tú
sabes tanto como yo estas cosas, Sócrates; pues no
eres, yo presumo, ni ménos hombre de bien, ni más
rico que yo? Si esos ladrones que has dicho están en lo
justo, las dos terceras partes del género humano habrán
de ser pasto de la cuerda; pues sucede que por un adi-
nerado hay cien desheredados que no tienen seguro el
pan de cada dia. Pobreza obliga, sí; pobreza obliga á
trabajar, á buscarlo con el sudor de la frente: obliga
á romper la tierra con la reja; á hacer crujir el ayunque
debajo del martillo; á echarse al mar y correrlo

de polo á polo en industriosa nave. Pobreza obliga á muchas cosas ; cosas buenas, cosas santas. A robar no obliga sino la ociosidad que gusta de vivir de balde ; á matar por dinero no obliga sino la perversion del alma y el ningun respeto por los dioses. Calvonte y Jarmillas matan por dinero ; matan, ó procuran matar, con la calumnia, la injuria envenenada : estos viejos son mil veces más culpables que el tracio Jarrion, quien obra á impulsos del aborrecimiento, y que el eunuco Cástrotes, quien se agita debajo del poder de esas Euménides que se llaman envidia, venganza.

Estoy en un corazon contigo, dijo Cébes, tomándole la palabra de los labios : el que sin odio ni venganza procura el mal ajeno, ése es el malvado, el vil por excelencia. Recibir cierta suma de dinero para ir por las ciudades llamándole mentiroso al verídico, impío al adorador de la Divinidad, perverso al bueno, corrompido al morigerado, infame al que está resplandeciendo por la dignidad y el pundonor, criminal al inocente, y otras de éstas; recibir suma de dinero, digo, por obra semejante, es falta para la cual los hombres no tienen harto desprecio, ni las leyes castigo harto ignominioso. Esos viejos malditos de los dioses no creen, probablemente, lo que publican, patronos de la mentira, corredores de la infamia? Cómo lo han de creer, respondió Cerefon, cuando si con otro puñado de moneda se *les remite* lo contrario de lo que acaban de decir, lo acogen asimismo y lo difunden con sumo encarecimiento ? Los alcahuetes, dijo Alcibíades, pidiendo perdon de la palabra, no van y vienen, no dicen esto y lo otro por amor de su pecho ni deseo de sus sentidos, sino por el efecto pecuniario de su industria. Yo juzgo que Calvonte y Jarmillas ejercen este honrado oficio, y nada más.

No pudo tanto con los nueve de la mesa la gravedad filosófica que dejasen de reirse, habiendo dado la señal el maestro Sócrates, quien de nada tenia ménos que de pelilloso : tan franco era y tan llano, que de mil amores concurria al estrado de la bella Teodata, y le daba consejos acerca del modo de tener sumisos y cautivos á sus amantes. Pero formalizándose á poco, en voz grave refirió lo que sigue.

El rey Giges consultó un dia al dios Apolo acerca de su suerte, y teniéndose por el más afortunado de los mortales, dijo : Oh tú que escudriñas con la vista los últimos rincones de la tierra y conoces á todos los hombres, dime ¿ hay en ella alguno más feliz que yo ? Aglao, respondió el dios, es más feliz que tú. Sorprendido el rey, quiso saber en dónde vivia ese monarca poderoso, ese general nunca vencido, ese conquistador triunfante cuya gloria y riquezas fueran mayores que las suyas ? El dios respondió que lo mandase buscar, y que no tardarian en dar con él, puesto que el cielo mismo iria guiando á los pesquisidores. Giges, humillado de que hubiese un hombre más feliz que él, puso su ahinco en saber quién era ese Aglao y dónde estaban sus dominios : mandó, pues, comisiones por los cuatro vientos, halagando al descubridor con la promesa de una regia propina.

En un sombrío valle de la Arcadia se estaba un hombre entrado en edad á labrar la tierra con sus manos : Oh tú, le dijo uno de los pesquisidores; oh tú que por tus años debes de haber visto y oido muchas cosas, sabes por vontura quién es y dónde vive un tal Aglao, á quien los dioses tienen por el más feliz de los mortales? Yo soy, respondió el viejo; soy ese Aglao á quien los dioses han agraciado con la felicidad, ingiríéndole en el pecho el deseo del bien, y otorgándole la práctica de las virtudes. Por mi trabajo lo necesario no me falta: ni odio ni codicia en mi corazon: mi esposa, adorada, corresponde con santo amor mi afecto, sin que me hubiese dado jamas motivo de desconfianza. Hijos obedientes, sumisos é inclinados al bien. Tranquila y constante alegría dentro de mí: bondad, caridad con mis vecinos, los cuales á su vez me quieren y respetan. Un dia fuí a Délfos: viéndome allí, me pasó por la cabeza preguntar al oráculo quién era el hombre más feliz del mundo. Aglao, respondió la pitonisa, no hay hombre más feliz que tú en el mundo *.

El que quiera ser feliz, prosiguió el maestro, busque la paz del alma en un oscuro valle, donde no vivan sino hombres sencillos y buenos; tema á los dioses, y practique las virtudes en el seno de familia casta y humilde. Miéntras vivamos metidos en los torbellinos que llamamos ciudades, hemos de vivir rodeados de enemigos que procuran hacernos porjuicio con razon ó sin ella.

Cimias, uno de los convidados, no habia tomado parte

---

* Anécdota de Cowley, ampliada por mi cuenta. El mismo la tomó de la historia antigua. Consta en « El Expectador » de Addison Si el suceso es del reinado de Apolo, no cometo anacronismo con ponerlo en boca de Sócrates.

en la conversacion, no por orgullo, como el fundador del Pórtico, sino por modestia. Donde muchos están hablando, conviene que uno adorne la plática general con el silencio. El que calla en medio de hombres sabios, tiene mucho que aprender, y huye las ocasiones de insinuar cosa indigna de la sabiduría. Címias era discípulo de Sócrates, uno de los filósofos más aprovechados, si por la cordura, si por el amor á las virtudes; pero gustaba mucho del silencio, y el oido se aprovechaba de los perjuicios de la lengua. Dichosos los que saben callar, y no hablan sino cuando en su silencio hay peligro de que la verdad sea postergada y el error salga triunfante. Concluido el banquete, los convidados de Xenofonte se lavaron las manos en jofainas primorosas, se las enjugaron con blancas hazalejas, y se retiraron á sus casas dando gracias á los dioses.

Habiendo oido el parecer de los sabios del Banquete respecto del libelo, ya podemos echar nuestro cuarto á espadas, y dar fuerza á la expresion con el apoyo de los antiguos. En la Edad Media, al que dentro de tercero dia no presentaba las pruebas de los cargos que habia hecho á una persona, el verdugo le cortaba la lengua en presencia del rey y su corte y la tiraba á los perros; despues se le subia á la horca. Por esta razon los libelistas democráticos de nuestro siglo tienen por costumbre ocultar profundamente, no tan sólo sus nombres, pero tambien el lugar de donde hacen *sus remitidos.* Sin esta providencia el eunuco Cástrotes, que pasando por sobre Roma y la Edad Media vive todavía, no ha regalado aun á los perros con su lengua. Estoy por valerme de la estratagema de Sixto Quinto, á efecto de no errar el golpe, y castigar en justicia á los delincuentes. Un dia amaneció la estatua de Pasquino con camisa arambelosa, puerca, manchada de sangre, y al pié de ella este comentario : « El pobre Pasquin no ha podido mudarse, porque su lavandera está de princesa. » Sabido es que la hermana de ese pontífice habia sido lavandera de profesion. Don Sixto era el Bismarck de esos tiempos : qué discurrió el camastron ? mandó publicar con sus heraldos que el que denunciase al autor del libelo tendria dos mil escudos romanos de premio. El libelista, el genuino libelista, conflado en la clemencia de Su Santidad, se presentó y dijo : Padre santísimo, yo escribí la quisicosa ; vengo por mis dos mil escudos. Hola, respondió el papa, tú escribiste la quisicosa : aquí están tus dos mil escudos, y zahumados. Tomólos el escritor nocturno, y se estaba yendo muy alegre, con ánimo de darle un desportillon á la suma esa misma noche con las perendecas de su barrio ; mas un personaje de sombrero de tres picos que estaba por ahí, se le fué encima, le cogió, le amarró y le cortó manos y lengua. Era el verdugo. Su Santidad castigó á su detractor sin perjuicio de su palabra ; pues la talega de escudos se la fueron á dejar en su casa religiosamente ; pero ya no tenia el triste ni lengua para comerlos, ni manos para jugarlos.

Cuántos escudos ofreceré yo ? Por qué cantidad se

me presentarán mis encamisados y mis descamisados?
Los dos mil escudos, allí estarán, lealmente ; pero las
manos y la lengua, para mis perros han de ser. Abre el
ojo que asan carne, capon : dos mil escudos, y zahumados ¿no te hacen agradables cosquillas en el pecho?
Mi divisa es la de la familia de los Solern : *Fais ce que
tu dois, arrive ce qui voudra :* cumple con tu deber,
suceda lo que sucediere. Cumplo con el mio, sin tener
advertencia al puñal, la estricnina, el libelo, nada !
Me afronto con los tiranos, pongo el pecho á los tiros
de la calumnia, me les voy á fondo á los ladrones, y,
aunque no soy un Teseo, los ahogo á mis plantas. Que
me insulten, que me ofendan, no me perjudica. La mala
maña de perseguir con la injuria y la difamacion á los
enemigos á quienes temen, no es de ahora en los tiranos : los otros tenian en Carácas su don Domingo que
llovia mentiras y denuestos sobre el general Simon Bolívar : ha perdido algo Bolívar por obra de don Domingo? Que me llamen calumniador de profesion, demagogo interesado, escritorzuelo ruin, fundándose en
« El Cosmopolita » y « El Regenerador, » obras que en
las demas Repúblicas me han valido los títulos de « fo-
lletista insigne *, » « el prosador más valiente y donoso
de Hispano-América **, » no es para conturbar mi espíritu ni para verter amargura en mi corazon. Demagogo
el autor de las « Lecciones al pueblo ; » hay bribonada
que acredite un mundo de mala fé? Así aborrezco la
tiranía de uno solo como la de muchos ; y, mal por mal,
primero el tirano solitario : este no tiene sino una ca-

* Adriano Paez.
** Jorge Isaacs.

beza, y se la puede echar de un tajo al suelo : el verdugo
se pica de honra, y no anda con tiquis miquis. Opresor
de cien cabezas, cosa mala : guárdenos el cielo para
siempre del reinado de la gente del gordillo : la Hidra
muerde por cualquier parte, bien como la araña ve con
todo el cuerpo. Cuándo he hecho la apología de Clodio?
qué cartas he tenido con Marat? dónde están mis amores
con la diosa Razon? Si ser abogado del pueblo cuando
va de sus derechos y su suerte es ser demagogo, lo soy:
Junius, Cormenin, Pablo Luis Courrier fueron demagogos ; demagogos son todos los que abrigan en el pecho
el amor de la justicia y el fuego que devora á malvados
y opresores. Si la demagogia consiste en corromper al
pueblo, infundirle ambicion insensata y aborrecimiento
parricida, no soy demagogo, nunca lo he sido. En mis
manos, el pueblo andaria á buen paso, la cerviz alta,
garboso y noble ; pero su freno de oro no se llevara
nunca, porque las riendas estuvieran en puño firme. En-
señarle, ilustrarle, elevarle hasta donde ofrece sugeto :
menoscabo en el principio de autoridad, ni un punto.
Escarceos y bohordos de pura lozanía, cuanto quiera ;
resabios impertinentes, *manco male,* qué sofrenadas
fueran esas ! Pero no : cuando pienso como filósofo, no
anhelo sino por el valle sombrío de la Arcadia, por la
felicidad del viejo Aglao ; y cuando siento como poeta,
denme una roca ahuecada, á cuya sombra hunda por
un instante mis pesares en el abismo del sueño ; ó un
mirto cuyas hojas amontonen sobre mí las palomas de
Apulia, sacudiéndolo en sus lúbricas chacotas. He acometido á discurrir sobre la difamacion, no por el huevo
sino por el fuero . sacando el caballo limpio, la

sana política y la moral elevada quedan vencedoras entre bajezas, falsedades é injurias vueltas cenizas á mis piés.

« Si el universo cayera fracasado, el sabio contemplara sereno sus ruinas. » Horacio habló del mundo físico; pero ni el sabio ni el ignorante hombre de bien podrán sin cólera ni tristeza á un mismo tiempo ver fracasadas moral, civilizacion, buenas costumbres á los golpes de un bárbaro desaforado sin conocimiento de Dios ni sospecha de las leyes humanas. Arremeter con un tiranuelo que alarga la mano untada de oro á los inicuos, es exponerse á todo; pero sin una víctima, sin un mártir ¿ qué fuera de los pueblos? y sin esos hombres frustrados que se llaman eunucos ¿ qué fuera de los tiranos?

« Quitad del mundo la mujer, y la ambicion habrá desaparecido de toda alma generosa. » La ambicion solamente, Herculano? Quitad del mundo la mujer, y todas las pasiones generosas habrán desaparecido de nuestra alma. Ambicion huye al vuelo; valor se hunde dentro de sí mismo; amor se convierte en odio. Narsés, en quien las nobles y grandes pasiones no habian perecido, es en la historia raro ejemplo, maravilla del género humano. Capon que pudo desbancar á Belisario, y volverse terror de emperadores y de bárbaros, nada habia perdido con haber perdido el fundamento de la fuerza. Para los eunucos, la mujer está quitada : no solamente no la aman, la aborrecen : si en sus manos estuviera, la suprimieran del mundo. Por la mujer nos tiramos á los leones, y recogemos el guante que se le acaba de caer : testigo el caballero de Gramont. Por la mujer nos metemos entre lanzas y espadas ; por la mujer ansiamos la corona del mérito que nos grangea su admiracion y su correspondencia. Leandro se arroja á media noche al Helesponto, se bebe ese brazo de mar, y sale al otro dia á las riberas de Europa. Hero está allí, la bella Hero : mirad si se conceptúa dichosa con tener en sus brazos un valiente apasionado. El moro Avindarraez cae en poder del alcaide de Antequera, yendo á ver por entre los enemigos á su adorada Jarifa. Masias arrostra la cólera del rey por la sin par Elvira. Audacia, valor, ímpetu, no hay afecto grande que no infunda en nosotros la mujer. Dios no la ha criado solamente para nuestra felicidad ; es nuestro estímulo ; estímulo irresistible que á los sugetos de corazon los impele á heroicidades y grandezas. A los capones se les ha quitado la mujer   ausente ella, su pecho es abismo oscuro donde se dan batalla odio, envidia, desesperacion, ahinco inmoderado de venganza. Los eunucos son cruelísimos en los serrallos de Constantinopla é Ispahan : derraman su ira en esas bellas prisioneras que nunca podrán ser suyas. En cuanto á los hombres, si no los temieran, si no huyeran avergonzados ante la frente erguida y la mirada firme, no dejaran uno sobre el haz de la tierra. Aborrecimiento satánico el del eunuco del Banquete ! un libelo infamatorio cada quince dias : ya soy pícaro[, ya ruin : cuándo ladron, cuándo asesino : ora tonto, ora soberbio. Ultimamente ha descubierto que he escalado las murallas de un monasterio, y me he llevado, no una sino dos religiosas de las más puras é inocentes. Y él porqué no se las lleva ? Dulce crímen del cual está seguro el que me lo echa en cara ; ó más bien, contra el cual está seguro ; pues para qué se las ha de llevar ?

Entre el que manda escribir un libelo infamatorio, el que lo escribe y los que toman por su cuenta el publicarlo, ya los sabios del Banquete decidieron que éstos eran más culpables, y que sobre éstos se había de descargar con más'ímpetu el brazo de la justicia. Las leyes de las Doce Tablas condenaban á muerte al autor de un libelo y á los que lo difundiesen. Parécenos haber hecho este recuerdo otra ocasion ; pero no es malo hacerlo de nuevo entre gente de ruin memoria, bien así como á los sordos hay que repetirles muchas veces una misma palabra. El papa excomulgó al libelista que se habia propuesto deshonrar al diácono Castorio, no ménos que á los que, teniendo en las manos esa diatriba, no la tirasen al fuego. El amante apasionado es ménos culpable en la perdicion del objeto de su cariño, que el trotaconventos infame, cuando éste va y viene, y abona el campo de los placeres de hoy dia y las amarguras de mañana. Los publicadores de libelos ajenos, ruines ayudantes y criados del verdugo, ¿qué son sino alcahuetes de profesion, como dijo Alcibíades cuando estaba comiendo, que han de ir en la cadena de galeotes, si la santa hermandad los puede haber á las manos? En Londres hay un periódico cuyo fin es mirar por la propagacion de la especie humana, con el matrimonio por delante, eso sí, en todos los asuntos que por sus redactores se trataren, los cuales no son ni ménos *galantuomos*, ni ménos timoratos que *la tia fingida*. El *Matrimonial*

News ha hecho buenos negocios, como dicen los gali-
cistas incorregibles, segun su leal saber y entender, sin
perjuicio de tercero ni cargo de conciencia. « Los Andes, » trapo ignoble, bueno para camisa de dormir del
padre Pasquin, no gastan pólvora en salvas : ellos se
van al grano y saben lo que se pescan. Cuando no tienen á
quien denigrar, quisieran los *viejos* que esas caras no fueran suyas, para cruzárselas á cuchilladas. Para ellos no es
materia punible lo que Sixto Quinto castigaba con hacer
cortar manos y lengua : el diantre son los carcañales ;
pues ! si no dijeran nada contra el prójimo ; si no ocul-
taran la verdad y difundieran la mentira, serian pobres
esguízaros incapaces de sacramentos. Por vida del chá-
piro verde! aprieta, viejo, aprieta, y haz luégo la mos-
quita muerta. Santo hombre : cristiano, católico, devoto
por defuera; por adentro, demonio de á las veinte. Él no
insulta, no calumnia, no ofende á nadie ; son « Los
Andes. » « Los Andes, » como los trípodes de oro de la
Ilíada, se mueven de por sí y se trasladan de suyo
adonde los han menester los dioses. Pero los cuatro,
pero los ocho, pero los veinte pesos no se los comen ni
se los beben ellos ; tio Bartolo y tio Lucio se los maman.
De tejas arriba Dios, de tejas abajo don dinero, y váyase
el diablo para tonto. So el sayal hay al. oh cuerdo Juan
de Mallara, oh sabio Iñigo López de Mendoza, y cuántas
cosas buenas habeis dicho en esos evangelios que se
llaman colecciones de refranes !

El ingrato contra el benefactor, el ladron contra el
robado, el asesino contra la víctima ; cargos sin fundamento, improperios horribles, calumnias descabelladas,

éste es el periódico de esos Hebert terrosos que han venido á la vejez á dar en padres de casa de mancebía, fundar un lupanar y hartarse de prostitucion. El trabajo lícito, decente, es modo de vivir que da carta ejecutoria para entre la aristocracia de la honradez : si me dijeren que esos malos hombres viven de su trabajo, yo responderé que hay ocupaciones legales quizá, pero reprobadas por la moral y las buenas costumbres. Antiguamente las casas de mancebía eran permitidas en España : el padre de casa de mancebía estaba en su derecho cuando ganaba la vida con el libertinaje de los demas ; pero tenia derecho, pregunto, á la estima, los miramientos de las personas cuyo asunto es pundonor y salud del alma ? Hoy mismo el lupanar es institucion autorizada en Francia. los dueños del número 5 no traspasan la ley ; más decidme, ruegoos, si van al Cuerpo Legislativo por el voto de la mayoría, si tienen asiento en los tribunales como ministros de justicia, si su carro infame goza de acompañamiento, cuando van en busca de sus semejantes, los gusanos del cementerio ? No digo que esos nefandos viejos cometen acto ilegal con sostener su casa de mancebía ; pero sí digo que han caído en caso de ménos valer, y que las Siete Partidas tienen un capítulo que les concierne. Dirán ellos á su vez que todos los periódicos tienen una seccion de *remitidos* donde se admite todo. Todo ? falso ! Los periódicos de probidad no llaman ladron al hombre de bien ; los periódicos verídicos no publican mentiras á sabiendas ; los periódicos honestos no se estrellan contra la moral ; los periódicos dignos y generosos no venden su lengua para la difamacion ; los periódicos inteligentes no menosprecian el talento; los periódicos patriotas no persiguen de muerte al patriotismo; los periódicos libres no viven empeñados en mancillar á los amigos de la libertad; los periódicos decentes no andan derramando estiércol por el santuario de las ideas y las virtudes. Echándolo, unas veces á la parte del desden, otras á la de la moderacion, hasta ahora los he sufrido á esos nefandos viejos; nefandos otra vez. Mas puesto que ellos no tienen advertencia ni á mis antecedentes, ni á mis padecimientos no interrumpidos por la libertad y la civilizacion de un pueblo desgraciado, ni á la reputacion de que gozo en mi patria y fuera de ella, ni á la moral humana, ni al temor de lo divino, ni á este poder que Dios me ha dado de castigar, si no de corregir á los perversos *(perversi difficilè corriguntur)*; vean ahora que no siempre le echa un rufian pagado el cohombro infamador á un caballero cubierto de todas armas.

« La calumnia es el arma de los malvados. »

« Bien conocido es por las huellas de corrupcion que va dejando por donde va pasando. »

Pueden decirse de mí estas cosas y otras peores, señor tal? Responde usted que no. Y cómo las dice en su periódico? Las digo por que me pagan. Ah, hombre mezquino, viejo infeliz... Si no le pagaran, no se pusiera la camisa con que ese dia amaneció la estatua de Pasquin; pero como siempre le pagan, su lavandera nunca deja de estar de princesa, y usted no puede mudarse. Cuando no haya quien les pague á ustedes, entónces le han de poner á la última talega el rótulo siguiente: « Este es el último dinero que recibimos contra el bueno

de don Juan; así es que hemos dejado de llamarle
pícaro en mil maneras. » No de otro modo el célebre
Mezerai habia sellado una bolsa de escudos con esta
inscripcion : « Estos son los últimos escudos que me ha
dado el rey; así es que no he vuelto á hablar bien
de él. »

Acuérdaseme haber leido en Francia un escrito en
el cual se daba mate á Victor Hugo con recordarle que
habia tenido sueldo secreto del rey. Deja de cacarear,
falso republicano, le decian: ayer fuiste monarquista,
hoy estás de furioso demócrata, sin haber dejado de ser
bonapartista, como tu padre, todo por dinero. Y el negocio de Bruselas, oh amigo, se te olvida? Este negocio
de Bruselas era una barata ó contrata fraudulenta en la
cual el poeta habia ganado, ó por mejor decir, robado
muchos miles de francos, segun los sicarios de tinta de
Luis Bonaparte. Victor Hugo no tiene fama de maniroto;
y hace bien de no serlo; mas á la pureza de su alma
¿ quién podrá tocarle sin proferir calumnia? Envidia,
venganza son arpías , ensucian lo que tocan, y los mas
ricos manjares quedan envenenados. Mas la Verdad,
doncella milagrosa, y el Tiempo, viejo depurador, vienen, lavan, y todo queda limpio. Dupanloup, mitra con
pluma, pluma tajada en forma de pico de águila, nada
pudo contra el bardo; y hubieran podido algo periodistas
de ménos de la marca ! Si Victor Hugo contestó, no sé;
pero sí sé que ántes habia escrito « Los Castigos. » Lamartine no ha escrito « Los Castigos, » como Victor
Hugo, ni *Los poetas ingleses y los críticos escoceses*, como
Byron: él no : como bueno, como santo se contentaba

con decir: Mi alma es vivo fuego que devora y consume cuanta inmundicia arrojan sobre ella los perversos.

Los ancianos son respetables, no por el número de sus años, dice la Escritura, sino por la prudencia, que es la vejez del hombre. Vida sin mancilla es larga vida. No me he estrellado contra la prudencia, que es la vejez del hombre, mas aun contra la intemperancia del corazon y la palabra. Viejos incautos, viejos malévolos, viejos agresivos son mozos desvergonzados á quienes conviene reprimamos en favor de las buenas costumbres. Los que en medio de los vicios y las malas obras alegan sus años como carta de inmunidad, no tienen en la memoria las leyes divinas, ni juzgan que las humanas les imponen obligaciones. Así como los ministros del culto, los sacerdotes de Dios, á causa de su investidura están más obligados á la continencia y la abstinencia que el globo de los hombres, asimismo á los viejos, en cuanto seres añosos, les obligan más fuertemente la cordura y la mesura. Viejo que se pierde el respeto á sí propio, no es acreedor al de sus semejantes. Oh ancianos, sed dioses en la tierra, sedlo por el ejemplo del bien y la práctica de las virtudes, y no pasaremos por vuestro lado sin descubrirnos, como ante la sabiduría encarnada en cuerpo venerable.

BANQUETE DE PLATON

Aunque este filósofo no habia asistido al de Xenofonte, juzgó bueno corresponder á la atencion de su amigo, ya para que él viese cuán léjos se hallaba de mirar con indiferencia sus demostraciones de aprecio, ya para que los demas no columbrasen quizá un resabio de altanería en la ausencia del fundador de la Academia. Si bien no era él tenido por hombre que rehuia el trato social, ni por hosco y bravo a quien enfadan conversaciones amenas y familiaridades instructivas. Antes por el contrario Platon se era uno que aconsejaba á sus camaradas sacrificar á las Musas, y no entregarse á las melancolías de la soledad y las amarguras secretas del aislamiento, las cuales, sobre ser ellas mismas grave pension, suelen criar y alimentar ese afecto que se llama orgullo ó fiereza del alma. Sacrifica á las Musas, le decia á Dion, en respuesta á una carta donde éste daba rienda suelta á la misantropía, explayando en negras olas el mar de crudas sensaciones que rebosaban en su pecho. *La torbidezza del' animo* es disposicion dolorosa que sirve de castigo al que no se hace con los hombres, y no llega, sino á quererlos, por lo ménos á compadecerlos á fuerza de benevolencia. Mucho hay que perdonar en ellos para poderlos estimar; para quererlos, ha de tener uno mucho de santo, de esos que cumplen con el precepto de Dios con amar á sus enemigos. Bueno seria reirse de ellos en todo caso, á ejemplo de Demócrito, ó

verter lágrimas por sus miserias, segun que las vertia
Heráclito ; mas no siempre se halla uno en vena de risa,
ni es tan sensible ó tan majadero que se ponga á llorar
por farándulas de embaidores ni maldades de pícaros
que están requiriendo una docena de palos. Virtud es la
tolerancia ; el sufrimiento, gran virtud : quien no sabe
disimular á tiempo, nada sabe. Mas qué seria de la justicia si maldades y bajezas fueran olvidadas tan pronto
como verificadas ? El juez corrige con penas efectivas ;
filósofos y moralistas con la ley aplicada al fuero interno,
donde lastiman el corazon y acrivillan el alma con
los azotes que les dan en esas regiones no vistas sino
por el Inquisidor para quien no hay oscuridad que
oculte el crímen, ni soledad que le haga la cama al
pecado.

Dion estaba más en lo justo que Platon cuando ex-
presaba su desabrimiento en cláusulas acedas ; estaba
más en lo justo, si su enojo era nacido de causas grandes, como son horror de las maldades, odio á los malvados. Mas Platon no habia querido que ese agrio filósofo se volviese cómplice de ellos con la ciega tolerancia, su deseo era que doblase la rodilla ante la
hermosura, sonriese con los niños, y no desdeñase los
goces inocentes, que son las flores de la vida Platon
sacrificaba á las Musas por su parte. Llamar uno á sus
amigos predilectos á su casa, solazarse con ellos en dis-
traccion delicada, comiendo sobriamente y bebiendo á la
salud de los que la merecen, es tambien sacrificar á las
Musas. Convidó, pues, el director de la Academia á Sócrates, su maestro ; á Xenofonte, el capitan filósofo, tan

duro con la espada como suave con la pluma ; á Alcibíades, libertino brillante, sin el cual no habia cosa cumplida ; al viejo Lycon y su hijo Autólico, rival éste de
Critóbulo por la belleza : Antístenes, pobre y rico, de
conversacion subyugadora tanto como de costumbres
acrisoladas, era timbre de las reuniones de los sabios.
Hermójenes estaba allí ; y Fedon, que habia vuelto de
Cycione, no podia faltar á una comida de su condiscípulo, quien le honraba con distinguirle entre todos cuantos eran los alumnos del hijo de Sofronismo. Aristóteles,
como queda insinuado, andaba ya torcido con su
maestro ; por donde se excusó de ir a su casa, no ménos que se excusara de concurrir al banquete de Xenofonte.

Con esta negativa el número de concurrentes quedó
descabalado. Platon no era hombre de faltar al principio de que los números impares agradan a los dioses :
impare Deus numero gaudet. Conflicto fué verse ocho
personas, siete convidados y él. Mas cuál no fué asimismo su satisfaccion cuando recibió de Alcibíades aviso
de que no concurriria al banquete, á causa de grandes y
muchas ocupaciones que habian sobrevenido sin que él
lo hubiese pensado ? Y no era sino que el gentil mozo
recibiera ese dia una esquela perfumada : « Hoy comerás
conmigo : es convite de dos personas. Si te gusta el
rostro á rostro con Lastenia, ven á las cuatro. » No digo
á un banquete de Platon ; á uno de Apolo hubiera re-
nunciado por el convite de la hermosa cortesana.
Cuando dijo, pues, en su excusa que ocupaciones muchas y grandes se habian puesto de por medio, faltó el

bellaco á la verdad : mas cómo no echar una olorosa mentira yendo de suceso tan grato como la llamada de una como Lastenia? Platon, habiendo faltado Aristóteles, estaba triunfante con la ausencia de Alcibíades : el número siete es el más propicio, y esto desde la antigüedad ; el más misterioso, el más fecundo. Los sabios de la Grecia pudieron haber sido nueve, diez ó doce : los griegos encerraron la sabiduría en el siete, guarismo sublime. Las maravillas del mundo, otro que tal, hubieran sido hasta veinte, si todo iba á contar las fábricas portentosas del Asia civilizada y la Europa : los griegos tuvieron por bien comprender las artes en el siete, cifra que goza de cierta infinidad incomprensible. Los romanos heredaron de los griegos la veneracion por el siete : para los judíos era emblema de cosas santas : el candelero del templo tenia siete brazos. Los cristianos lo han vuelto símbolo de sus misterios : las virtudes teologales, los pecados capitales son siete : siete los dolores de María. Todo lo oscuro, lo grande se compone de siete y en siete se descompone. El tres y el siete, sacerdotes que presiden el mundo moral, sacerdotes apénas conocidos, bien como las pueras fatídicas, retraidas en sus viejas torres ó en sus profundas selvas, profetizaban oscuramente la suerte de los germanos y los galos.

Dije mal cuando dije que esos seis convidados se hallaban presentes en casa de Platon; no fué en su casa; en los jardines de Academo fué, por cuanto ocurria que fuera el mes de Junio, donde el calor de la atmósfera y la frondosidad de los árboles estaban convidando con el aire libre. Dicen que el maestro daba sus lecciones yendo y viniendo por entre calles de plátanos, á cuya sombra los discípulos, sentados en sillas á la rústica, tenian puesto el oido á los celestiales conceptos del filósofo en materias tan grandes como el universo y sus arcanos. Esos jardines no habrán sido como los de Semíramis, en los cuales no habia cosa que no diese realce á la voluptuosidad : virtud presidia á las acciones de esos hombres tan superiores á nosotros por los sentimientos del ánimo y los vuelos de la inteligencia. Bello era todo, sin salir un punto de los términos de la filosofía, si filosofía puede echarse de ver en la disposicion de un huerto acomodado á los placeres de la vista y el olfato. Mirad si es densa la sombra de esos viejos sicómoros agrupados en la esquina del soto ! En el Egipto es natural este árbol ; pero no muere de dolor cuando le trasplantan á la Grecia. El naranjo, verde, redondo, está llovido de infinito número de azahares, cual pequeña bóveda tachonada de fragantes estrellas. El granado ostenta su flor roja, insignia de la legion de honor del reino vegetal : eso cáliz de fuego tiene dientes al rededor : carece de exhalaciones olorosas, pero embelesa á la vista, y en su hondo seno se está desarrollando el fruto compuesto de granos de coral, gustoso y poético, apesar de su aristocrática insipidez. El aromo, arbusto amable, que da flores sin dar fruto, convida á los silfos invisibles á jugar con sus borlitas de oro. Despues de estas plantas femeniles, que serian las Heloisas, las Elviras, si hubiésemos de buscar novias y queridas para los árboles grandes, se presentan el ciclamor cargado de sus flores carmesíes, en cuyas profundidades se oye la chacota musical de los gilgueros : el cinamomo de racimos opulentos, donde buscan las abejas los principios de su dulce composicion. Este árbol es un príncipe : hasta el tronco en él produce olor gratísimo, y sus flores pudieran dar con que se elaborasen elixires y aguas para pañuelos de Ofelias y Desdémonas. El mirto no podia andar ausente del lugar donde se recreaba el filósofo á quien Timon, en son de injuria, habia llamado poeta : de ese mirto cogió las ramas, sin duda, con que él mismo coronó á los poetas, sus colegas, para ponerlos respetuosamente en la frontera. Árbol estéril, pues no da ni flor visible ni fruto comestible, y con todo el más bello y precioso : en él las hojas, frescas y brillantes, se apiñan cual si trataran de formar una esfera de esmeralda. El zéfiro tiene sus secretos en sus honestas entrañas, de donde sale armonía tan sumisa, que bien piensa uno que séres impalpables están gimiendo amorosamente en el regazo de la discreta naturaleza.

Pues la flores ? los rosales están cargados de esas bedijas de púrpura compuestas de hojas encimadas unas en otras ; corimbos de botones tiernos, encerrados en cuatro verdes pétalos que les sirven de envoltorio miéntras dura la infancia, se yerguen al lado de las rosas jóvenes, esas muchachas pomposas que se han abierto por la noche. La azucena les disputa la palma : su cáliz es vaso de plata suavizado por el rocío, en cuyo seno la corola está temblando, aderezada la cabeza con el polvo amarillo que posee los secretos de la generacion. Trinitarias de mil clases adornan el suelo, proclamando por donde quiera la union de los corazones en sus dos

simbólicos matices. Albahacas, violetas, plantas peque-
ñuelas·muchas y distintas sobrellevan el gravámen de
las mariposas que les chupan la dulce sangre, hiriéndo-
las sin causar dolor, en cuanto agitan las·alas en el aire,
por no ser de insoportable pesadumbre. El tomillo, el
serpolio sazonan la atmósfera y engolosinan el olfato,
sin que les vaya en zaga el medicinal poleo, mirmi-
don insolente que no arria bandera sino ante el jazmin, quien puede embalsamar él solo el palacio de las
Musas.

Los seis convidados y el dueño de casa estaban ya
reunidos : la mesa puesta en una glorieta cuyo enrejado
tapizan plantas trepadoras de flores varias y vistosas.
No puedo dar razon del cocinero que sirvió para esta comida de sabios : si Platon tuviera tiempo, hubiera ocurrido por Mithico á Siracusa ; y en siendo contemporáneo
de Cleopatra, esta golosa reina le hubiera prestado uno
de los miembros de su gran sociedad culinaria. ¿Mas
para qué tan inmodestas prevenciones cuando iba de
hombres en quienes sobriedad y castidad eran conjun-
tas con la sabiduría ? Si el cocinero de Platon aderezaba
la mejor comida en dos horas, cual otro maese Joachim,
no sé : á fuerza de probabilidad viene á ser un hecho
que los amigos del filósofo-poeta comieron con admirable apetito las sopas y las entradas : Hermójenes erró
poco de tomar dos veces del caldo espeso en cuyas
ondas sobrenadaban filamentos blancos de pechuga de
faisan, y trocitos de molleja tan suave, que la ficédula
no es más delicada. Amigos, dijo Platon, echo de ver
aquí una taciturnidad que harto se parece á la melan-

colía : pura etiqueta, ó falta de la sangre de los banquetes, que es el vino? Sócrates, tu ejemplo es ley : bebe
y habla : de tus labios fluye la sabiduría en dulces términos. Beberé con vosotros, dijo el maestro; y hablaré
sobre el punto que propusiere Fedon. La ausencia de
éste fué oscuridad en casa de Xenofonte : quiero que él
tenga hoy la mayor parte así en las libaciones como en
la palabra.

Tanto como eso no, dijo Fedon : porqué he de beber
yo más que tú? y porqué más que Lycon, verbigracia?

Porque no bebiste el otro dia, replicó Sócrates. Si no
bebí el otro dia, tú no lo sabes : en Cycione hay tanto y
tan buen vino como en Aténas, y mi amigo Teodato es
uno que no piensa quedar bien con los dioses penates,
si no saca de sus quicios á sus huéspedes.

Así como el de Teodato no será el mio, dijo Platon ;
pero no te desagradarás de éste que viene de Chipre.
Y diciendo esto llenó las siete copas de uno de color
amarillo-oscuro, limpio, transparente. Bebieron los filósofos, y dijo Fedon : Puesto que yo he de proponer el
asunto en que vamos á hablar hoy dia, quisiera saber tu
dictámen acerca de esta proposicion : Cuál es la primera
de las virtudes?

El amor á la verdad, respondió Sócrates, sin meditar
ni un instante; como que ella es madre de todas las
demas, y como que sin ella no puede haber otra ninguna. Concurres en un mismo parecer conmigo, Xenofonte?

Platon dijo no há mucho en uno de sus mejores libros,
respondió Xenofonte, que la verdad es el cuerpo de

Dios y la luz su sombra. La verdad vestida de luz es, por tanto, Dios : Dios es el primero de los séres ; fuera de él no hay nada ; luego la verdad es sin contradiccion la primera de las virtudes.

Por donde vengo á comprender, dijo á su vez Lycon, que la verdad es persona compleja : viendo estamos, segun el decir de Platon, que no hay verdad sin luz, así como no hay cuerpo sin sombra : Dios es amor, amor puro, inmenso ; luego la verdad trae el amor en su seno.

Y cómo no? preguntó respondiendo Fedon : verdad no es sino fuerte amor á lo que es ; y aun por eso Platon ha dicho que la verdad es el cuerpo de Dios.

Los que la ocultan, dijo Sócrates, tomando de nuevo la palabra, son unos como ateos : quien la verdad niega, á Dios niega.

Y se viste de sombras, ¿ no es así, maestro ?

Expresion digna de ti, respondió Sócrates, dirigiéndose á Antístenes, quien le habia llamado la atencion ; y se viste de sombras. La sombra de la verdad es la luz; la de la mentira ¿cuál será?

Callaron todos á esta súbita dificultad, y se estuvieron meditando un rato. La sombra de la mentira es la muerte con luz y todo.

Con luz y todo ! exclamó Sócrates lleno de alegría y admiracion : los que mueren inundados en luz, no mueren : luz es mirada de Dios : envueltos en ella, se van, se elevan, caen desde el mundo en el abismo de la inmortalidad, abismo de gloria donde viven devorando ansiosa, deliciosamente esa vida de la cual no

tenemos sino un reflejo lejano en la felicidad de la luz.
La sombra de la mentira es la muerte : el que la profiere, sopla en la luz y la apaga ; la apaga, no para
los demas, sino para él mismo ; y oscuro, tenebroso,
atormentado por la ausencia de la verdad, muere y
se hunde en noche llena de quimeras, noche interminable.

Por donde podemos sentar que el que oculta la verdad dicta su propia sentencia? Sí, Xenofonte, respondió
el maestro; sentencia de muerte. Y nada suelen requerir los hombres con más empeño que su desgracia : la
verdad, cosa tan natural y fácil, no arraiga en sus labios ; la mentira, artificio tan complicado, acierta á po-
sesionarse de ellos casi siempre.

Yo hago una paridad, dijo Fedon : así como la verdad,
segun Sócrates lo ha dicho, es madre de mil virtudes,
así la mentira es madre de mil vicios : correrá ella á
cuatro piés? digo la paridad que he puesto?

De mil vicios, Fedon? de todos los vicios pudieras
decir, respondió Xenofonte. No hay crímen ni infamia
que no sea una negacion, esto es una mentira : el asesino niega la vida de su semejante; el ladron niega la
propiedad ajena ; el blasfemo niega el respeto debido á
los dioses. Ahora, si va á los vicios, el disoluto niega
la continencia ; el avaro niega la largueza ; el ca-
lumniante niega la caridad. Siempre una negacion,
esto es, siempre una mentira multiplicada por ella
misma.

Si mis cuatro palabras en órden a la verdad han dado
orígen á tan nobles discursos, por dichoso me tengo de
haberlas proferido, dijo Platon. Sócrates, entre axioma

y axioma pegaria bien un trago de vino? Mal, dices, amigo ? *La verdad está en el vino* ; así, léjos de perjudicarla, puede ser que la acrisole : echa acá esa toma inspiradora, y fomenta el buen humor, sin el cual sabiduría viene á ser persona hosca é intratable.

Puesto que la verdad está de triunfo entre nosotros, no ha menester nuestras recomendaciones : por qué ó por quién brindas, Sócrates ? volvió á decir Platon.

Quedó el maestro viendo al rededor, y fijando la mirada en Autólico : Muchacho, tú no has intervenido en nuestra disquisicion : en qué has pensado miéntras nosotros hemos hablado ? en la belleza, probablemente, como Critóbulo ? Autólico, sorprendido, comenzó á echar sangre por las mejillas, tanto más hermoso el jóven, cuanto la vergüenza le daba un baño de pudor femenino que volvia embelesante su agraciada persona. Lycon hubo de responder por él . A este niño, cuando ocurre que no escucha, le sucede que está pensando en su padre.

Estuve pensando en mi padre, repitió Autólico con voz del cielo. Todos los convidados aplaudieron estrepitosamente ; y Sócrates propuso un bríndis por el amor de Autólico a su padre.

.

Si los griegos comian truchas, no habrán sido las de Gatchin, tan renombradas en nuestros dias. Como hayan sido truchas, eso me da que hayan sido tomadas en el Eurotas, aunque no doy razon si el rio de los héroes criaba el pez de que suelen gustar ricos y gastrónomos. Tengo sí especie de que los esparciatas decian á menudo : O ayunar, ó comer trucha ; dando á entender que

un ánimo generoso desdeña triunfos baladíes y goces
terreros, puesta la mira en acciones grandes, de esas
que labran la gloria de los valientes en el templo de la
fama. Los griegos no comian, como queda dicho, truchas de Gatchin: es asimismo verdad de á folio que no
comian ostras de Ostende, esas con las cuales la Bélgica
regala á los príncipes y magnates ; y verdad de clavo
pasado, que ni atenienses, ni argivos, ni beocios comian trufas de Perigord, ni esparragos de Aranjuez, ni
queso de Chantilly. Nada han perdido por no haber catado estas delicadezas y golosinas de los tiempos modernos ; pues las con que ellos se regalaban eran, sin
duda, más suaves y gustosas que las con las cuales
nosotros nos ahitamos. Y qué tenian que envidiar esos
antiguos á las generaciones venideras en órden á ninguna cosa ? Para el patriotismo, Maraton, las Termó-
pilas : para la elocuencia, Demóstenes, Hipérides : para
la poesía, Esquilo, Sófocles : para la historia, Heródoto,
Tucídides : para las artes, Fidias, Praxíteles : para el
amor, Aspasia, Frine : para los vicios brillantes, Alcibíades, Alcibíades : para la mesa, el faisan de los bosques macedónicos, ave tan hermosa como exquisita, á
la cual se la mata echando lágrimas, y se guardan sus
plumas verdes, azules y doradas para ornamentos y
gracejos. La perdiz del Atica, gorda y suave : el papa-
figo del Peloponeso, ése que reina en grandes mesas.
Qué otra cosa ? Por dicha no va hoy de un banquete de
Epicuro, para que echemos de ménos la instruccion en
lo tocante á materias comestibles y modos de com-
ponerlas. Para uno como Platon, basta decir que hubo
lo necesario, servido con decencia primorosa, viéndose

los convidados la cara en platos y vasos, cual lo habia de requerir despues el poeta que aprendiera el mundo en casa de Mecénas y en el palacio de Augusto.

Trajo un criado una ánfora de cristal azul salpicado de estrellitas de oro, y dijo Platon : Este es un vino generoso que ha vivido más de lo que hemos de vivir nosotros : sabeis, oh amigos, que en una de mis obras aconsejo salir de cuando en cuando de la estricta sobriedad que debe ser regla del filósofo; y aun permito la embriaguez una vez al año.

Fundas tu consejo, respondió Xenofonte, en el principio de Hipócrates, quien tiene por rigidez muy ocasionada el estar girando de continuo en la órbita de hábitos y costumbres inalterables. Larga costumbre viene á ser ley, dijo Antístenes; y ley infringida apareja castigo. Efectivamente, agregó Xenofonte, la violacion repentina de la abstinencia ha causado muerte no pocas veces. Hipócrates, que le habia examinado las entrañas á la naturaleza, tomándolas en las manos, estaba en sus oscuridades y dificultades.

Hipócrates, dijo á su vez Fedon, hablaba del peligro del estómago : al que no ha bebido sino agua pura toda la vida, no le será dable saludar al dios delirio con un vaso de eso fuego disuelto que produce tan felices arrebatos, cuando nos contenemos en los términos de la moderacion. No de otro modo, al que jamas ha comido carne podrá muy bien quitarle la vida un repentino hartazgo de viandas. Pero nosotros para quienes el vino, sino familiar, no es desconocido, ¿ porqué no hemos de seguir el consejo del médico de Coos, hombre inspirado

por la Divinidad misma? Salud! y sea por que Gracias
y Musas no se aparten de nosotros.

Bebieron todos, y Xenofonte dijo: Ya sabemos cual es
la primera de las virtudes, Sócrates; nos darás ahora
el gusto de exponer tu opinion respecto de la segunda?
Yo pienso que es la justicia, Xenofonte: hacer justicia
es darle la razon al que la tiene; por donde venimos
en conocimiento de que estar en lo justo no es sino estar en lo verdadero.

La justicia, maestro, viene por consiguiente á ser la
verdad vestida de áspera tela? No es otro mi parecer,
Antístenes: las virtudes dimanan unas de otras; su
eslabonamiento es infrangible, y ocurre que yendo
agua arriba por ellas, hemos de llegar á su madre. La
de todas, ya lo hemos visto, es el amor á la verdad.

De suerte, dijo Lycon, que el orígen de este caudaloso
y apacible rio que llamamos virtudes está descubierto?
Nunca ha sido un misterio esa fuente sagrada, respondió Sócrates, sino para los que temen su prestigio: todo
el mundo sabe que el que adora la verdad no puede
aborrecer la justicia.

De ninguna manera, dijo Platon á su vez: negar justicia al que la tiene, es ocultar la verdad. La justicia de
los dioses es la verdad encarnada en ese cuerpo negro y
terrible que se llama castigo, ó en ese delicado y hermoso que conocemos con nombre de razon ó reparacion.

El hombre injusto es el peor de todos: está viendo la
verdad, y le hace el insigne agravio de negarla. Oh tú,
le dice, que te hallas a mis ojos fulgurando de gloria,
no existes. Y esta negacion espantosa es imprimida en

la sentencia que dicta ó en la palabra que profiere. Ese pobre de verdad es indigente de esperanza : ni los hombres le favorecen con una caridad de buena fama, ni los dioses le agracian con sombra de misericordia.

Proporcionas ahora una prueba del principio sentado en nuestro banquete del otro juéves, dijo Sócrates : sí te acuerdas, Antístenes, uno de nosotros adelantó esta idea, que cada persona, segun su constitucion y genio, tiene un pensamiento primordial que gobierna sus discursos. Critóbulo, verbigracia, agregó Fedon, de cualquier materia va á dar á la belleza, bien así como Sócrates no puede hablar de nada sin hacer sublimes diversiones al campo de las virtudes.

Autólico no quiere salir fiador de Critóbulo, respondió Sócrates : no ha hablado de la belleza, siendo así que entre estos dos admirables niños cualquiera de los dos que se halle presente, ése se lleva la palma.

Él dice poco de palabra, hizo notar Xenofonte ; pero mirad si está corroborando el principio recordado por Sócrates, con ese torrente de púrpura líquida que se le agolpa á las mejillas.

Estaba el muchacho debajo del poder de la vergüenza, esa ardiente timidez del alma que no pudiendo contenerse en las regiones del espíritu, sale afuera y se presenta en el rostro como fuego atizado por una vestal invisible. Merced me hareis, dijo Lycon, si apartais de este jóven los ojos : veis que está para morir al poder de vuestras miradas ?

Que diga su parecer tocante á la belleza, y le perdonamos la vida, respondió el más feo de los griegos ; el más feo, despues de Esopo.

Qué piensas, Autólico, en el punto que se ha propuesto? dijo Lycon.

Que no es el mayor de los bienes, respondió el adolescente con voz trémula, pero argentina y armoniosa.

Dejadme pensar, volvió á decir el viejo Sócrates: si la belleza no es el mayor de los bienes, la fealdad no es el mayor de los males: en este caso estoy salvado.

No te mueras, respondió Antístenes: ni fealdad, ni pobreza son grandes males: ni tú con el un defecto, ni yo con el otro somos cautivas criaturas ó entes miserables.

Tú con el un defecto podrás no ser el más infeliz de los mortales; pero yo con uno y otro...

Luego tú tambien eres pobre? preguntó Antístenes con señalada ironía. Tunante, replicó el maestro, ahora es cuando lo vienes á saber.

Si gustais de escucharme, dijo Fedon, os recordaré lo que estais olvidando: ni tú, Sócrates, eres feo; ni tú, Antístenes, eres pobre.

Atájame esos pavos! exclamó el hijo de la partera: yo me los llevo de calles á Critóbulo, Autólico y Alcibíades en hecho de hermosura y graciosidad de maneras.

Alcibíades has dicho, tornó á responder Antístenes: ese gentil mozo, así como le dió de bofetones al librero que habia corregido la Ilíada, asimismo se los daria al mal aconsejado que sostuviese haber en el mundo hombre más perfecto que Sócrates.

Y aun por eso, agregó Fedon por su parte, el otro dia dijo en mi presencia hablando del maestro: Yo no sé qué divinidad se difunde por su rostro cuando tiene la palabra : ese hombre tan feo es el más bello de los hombres.

Cepos quedos ! se trata ahora de darme cantaleta? Guardaos de un berrinche de los mios.

Riéronse á esto más de cuatro de los asistentes, y dijo Fedon : Berrinche de esos que tomas con Xantipa cada lúnes y cada mártes ?

Xantipa, repitió Sócrates : mi pobre vieja, mi pobre amiga... Qué fuera de mi hogar, si yo me subiera á la parra junto con ella? La lengua, en las mujeres, no es arma defensiva : si no pueden defenderse de las nuestras, dejadlas que ellas tambien acometan á su modo alguna vez.

Quieres decir que tu mujer nunca se va á las manos ? preguntó con un si es no es de indiscrecion el viejo Antístenes.

Nunca, respondió Sócrates sonriendo.

Por acá hemos oido, dijo Platon en tono de chanza, que un dia te tiró á la cabeza un cántaro lleno de agua.

Mucho que sí, respondió el filósofo de la paciencia : habia tronado toda la tarde; era preciso que al fin lloviera.

Autólico, que ahora habia estado con las orejas tan largas, fué el primero en soltar la carcajada, sin caer de ello en la cuenta; carcajada que fué seguida por cuantos eran los asistentes. Oiga, dijo el marido de Xantipa, esto sí que te ha gustado ? Quieran los cielos que la tuya, cuando ellos te la deparen, te eche cada dia, no un cántaro de agua á la cabeza, ántes bien un raudal de dichosas emociones en el corazon.

Bien está todo esto; pero qué es de la materia que teníamos entre manos? dijo Antístenes, poniendo punto á la chocarrería de los sabios.

Si mal no me acuerdo, respondió Fedon, hablábamos de la verdad. Y de la justicia, agregó Xenofonte. Amor á la verdad, primera de las virtudes; amor á la justicia, segunda. Cuál es, Sócrates, el tercer eslabon de esa que tú has llamado cadena de obras lícitas?

Cuándo la llamé cadena de obras lícitas, si eres servido de decirme? Tú llamas así el eslabonamiento de las virtudes; y por los dioses que nunca he oido más lindo modo de decir. El que practica estas dos virtudes por inclinacion y costumbre, ya no podrá faltar, me parece, á las otras. difícil es que el que tiene encerrados pensamientos y acciones en esas dos semiesferas, pueda desviarse por ninguna parte á esas perjudiciales irregularidades que conocemos con nombres de vicios y delitos. La tercera de las virtudes, á mi modo de ver, seria la probidad; pero qué es ella sino la justicia? Varon justo, varon probo: varon justo y probo ¿de qué virtud no será capaz?

Yo doy con una que no dimana de éstas necesariamente, dijo arguyendo el padre de Autólico; y es el valor.

Das salto en vago, Lycon, respondió Sócrates: entre las acciones humanas que entrañan grandeza las hay que son y se llaman virtudes; y otras que vienen hácia la virtud, pero se quedan en sus umbrales, sin aliento para seguir adelante. Estas no son propiamente virtudes, sino prendas que recomiendan al dueño de ellas, sin ceñirle las sienes con la corona de la filosofía.

Estoy en un corazon contigo, dijo Platon; el valor no es virtud; es sí prenda que realza y concilia gloria mundana al que la posee. Hombres inicuos pueden ser valientes: si el valor no está resplandeciendo con la generosidad, la magnanimidad, y el valiente no se halla animado de buenas intenciones, el valor es una gran cosa que no vale de nada.

Hablais, oh amigos, del valor de la batalla, segun veo: puédenlo tener hombres aviesos: el valor filosófico, valor contra el cual se estrellan males y dolores, asaltos del mundo y tribulaciones de toda clase, es virtud, me parece, virtud de las primeras, virtud fecunda?

Eso no hay quien lo quite, respondió Platon; pero habrás de confesar, Fedon querido, que este valor filosófico, segun lo has llamado, no puede ser independiente de las dos virtudes matrices, amor á la verdad y la justicia? Cabalmente el filósofo opone resistencia á los requerimientos del mundo inicuo, y desbarata los quebrantos que vienen contra él, en razon de esa fuerte cohesion que forma un solo cuerpo de él, la verdad y la justicia. Hombre enemigo de estas dos virtudes no tendria, yo presumo, valor para las embestidas de esa cohorte de males que con mil nombres y colores se vienen contra nosotros.

El caso es, dijo Sócrates, que el valor filosófico suele tener nombres más propios, los cuales no dan lugar á molestas distinciones. Llámase paciencia, sufrimiento.

Eso es para resistir, dijo a su vez Xenofonte: quién afirma que en el mundo somos para resistir, no para acometer?

No hay quien lo afirme, respondió Sócrates : errores, iniquidades, sinrazones de todo linaje embestidas han de ser por los buenos, quienes tienen cargo de mejorar el mundo, purgándole de todo lo que le oscurece y desvalora. La violencia del espíritu que rompe hácia afuera y arde sobre los malvados, no hay duda sino que se llama valor, discípulos y amigos mios; y entre éste y el de la batalla puede ir lo mismo que entre la fuerza de la luz y la de las tinieblas.

Tú no has hecho sino responder, dijo Lycon : ya quisiéramos oir cuál seria una pregunta salida de tus labios?

Preguntar? Pues yo pregunto qué es honestidad, y si ésta se ladea con las virtudes de gran porte?

A esto respondió Fedon : Habeis dicho que el amor á la verdad y la justicia son las dos virtudes matrices : ahora que Sócrates ha hecho su pregunta, yo me arriesgo á sostener que las virtudes matrices son tres. De la honestidad ¿ qué de virtudes? de la honestidad ¿ qué de bienes?

En la órbita donde giran las acciones de la mujer, honestidad es la primera de las virtudes, dijo Sócrates : mas tened entendido que esta sola no basta para volverla respetable y amable, requisitos sin los cuales apénas tendrá fuerza para subir las gradas del trono que le tenemos erigido. Honestidad sin bondad ni modestia puede ser deidad temible : la mujer ha de ser respetable y amable á un mismo tiempo. De la honestidad, como veis, no se derivan por fuerza ni la bondad ni la modestia; por donde vengo á creer que ella no es del todo virtud matriz, si bien da nacimiento á muchas y grandes cosas.

Cuando estaban hablando así los siete filósofos, hablaban de sobremesa, pues la comida se habia terminado con ciertos sorbetes de color de rosa, servidos en largas copas con precintas de oro. Fedon tuvo la palabra, requiriéndolo así el dueño de casa : « Sócrates brindó no há mucho por el amor de Autólico á su padre ; yo brindo ahora al silencio de Hermójenes. » Y apuraron el último trago del vino añejo de Chipre.

Hermójenes ha hecho aquí de Zenon, dijo Antístenes. Tan mal me juzgas ? piensas que he estado callado por soberbio ? Fuí, segun pienso, el que primero habló ; mas como viese que nadie quiso ser el del silencio, me acogí á él, y he estado escuchando. Si vosotros con el uso de la lengua, si yo con el del oido, será cosa que se averigüe despacio cuál sacará más provecho de esta conversacion.

En nuestro próximo banquete, y no hay duda sino que Alcibíades nos dará uno, dijo Sócrates, el del silencio seré yo.

Puesto que no asistieres, respondió Xenofonte : de otro modo ¿ de quién la palabra sino tuya?

Entraron todos á una sala adornada con bustos de mármol del Pentélico, y habiéndose lavado las manos en fuentes de búcaro resonante, tomaron junto con Platon la vuelta de Aténas, y cada cual á su casa.

BANQUETE DE ALCIBÍADES

Sobre ser el más bello de los griegos, era rico este Alcibíades, cumpliendo así con las dos condiciones de la felicidad humana que son, como en otro lugar quedó insinuado, buena cara y buen dinero. En cuanto al otro requisito, sabido es que ese gran señor de Aténas era uno de los más valientes y mejores generales de la República. ¡ Raro empeño el que naturaleza habia puesto en esta obra maestra, una de sus más queridas y perfectas ! Soldado, orador, filósofo, eminente en cualquier profesion y cualquier ramo de nuestras habilidades, se las tenia tiesas á los varones más provectos, ya en la tribuna, ya en el campo de batalla. Con decir que le levantaba el gallo á Pericles, dicho se está que el mozo era de los que en ese tiempo saltaban por las picas de Flandes. Disputando acaloradamente un dia con su tutor, siendo jóven de veinte años, apretaba el tornillo de manera, que Pericles, puesto en calzas prietas, se fué de todas y echó por el atajo : Tambien yo, cuando era barbilampiño como tú, me solia enardecer en la discusion, insistir, porfiar y salirme con la mia. Lástima, Pericles, replicó el muchacho, que no te hayamos conocido en esa dichosa edad en que eras superior á ti mismo. Pericles, asombrado, se le quedó mirando una buena pieza, y dijo para sí : Este, si no se alza con la libertad de los atenienses, será el más ilustre de sus hijos. No de otro modo Sila, sorprendido de una contestacion insolente de Pompeyo en sus verdes años, léjos de estrellarse contra el héroe principiante, exclamó: Que triunfe! que triunfe!

Alcibíades era discípulo de Sócrates, quién lo creyera, y uno de los jóvenes predilectos de su escuela. Las ideas del maestro se le imprimian tan fuertemente en la inteligencia, y los sentimientos de su ánimo en el corazon, que cuando Sócrates hablaba, Alcibíades, como arrebatado por los dioses á mundos invisibles, tenia los ojos y el alma fijos en ese hombre, quien era para él entónces el más bello de los nacidos. Este amor á la filosofía no era óbice á la disipacion, pues los vicios de aquel pisaverde estudioso se compajinaban muy bien con los elevados pensamientos y las grandezas de espíritu que le salvan del vulgo al que los siente dentro de sí, aun cuando desciende á la tierra debajo del poder de esos verdugos seductores que se llaman vicios y placeres. Los vicios de Alcibíades no eran bajos, de esos que desvirtuan el númen, ni desquilatan el corazon: sus aventuras, brillantes y ruidosas, tenian el sello de la grandeza, por cuanto amor, desnudo, pero en forma decente, iba sentado en el carro donde rodaba por el mundo la vida de ese hijo de las Gracias. Tiempo le faltaba para sus visitas, citas y asaltos inesperados á casas donde le miraban con dulce horror; pero le sobraba para las lecciones de Sócrates, quien nunca le reprendió sus marros sino con amables y saladas vayas respecto de la causa de sus ausencias. Entre sobrarle á uno tiempo para ir á la escuela y hacer marros que son reprendidos con benignidad, parece haber contradiccion: á buen seguro que la hallarán los que no leen una cosa por si les sea de provecho, mas ántes con el fin de pescar en ella impurezas de estilo y lenguaje que echar al rostro del autor. Contradicciones, á cada paso; no que en obrita de éstas, pero en las grandes, donde la inteligencia se dilata y desenvuelve en ondas como bóvedas sublimes, y los afectos salen afuera en chorros de fuego que fulguran en el espacio. La precision matematica es estéril: irregularidades, contradicciones y extravagancias son tachas sin las cuales ni la filosofía, ni la poesía cobraran ese porte que infunde pavor ó amor, segun que contemplamos los abismos de la una, ó sonreimos á los embelesos de la otra. Lo que quiero decir en todo caso es que Alcibíades hubiera sacrificado el amor de Laís á una conferencia de Sócrates; y no era hombre de perder una sonrisa de esa bella griega, ni por toda la sabiduría de su maestro. Amor y sabiduría, cosas eran para él de gran negocio; y la fineza de su genio, tener tiempo para las liviandades del uno y las austeridades de la otra.

Ocho dias habian transcurrido del banquete de Platon, cuando el alegre mozo convidó á su vez á sus amigos á venir á su casa. Él, como cada quisque, tenia sus predilectos; y como no fuera obligatorio en ninguno de los que daban convites invitar á las mismas personas del anterior, Alcibíades los alternó de esta manera : Cármidas y Cerécrates en vez de Hermójenes y Lycon; Speussipo en lugar de Platon; y para remplazo de Autólico convidó á un hijo de la Grande Grecia, quien acababa de llegar de Siracusa. Era éste un barbilucio llamado Dai-

loco, de hermosura tan cumplida, que si no despertara
envidia en los atenienses que prevalecian por la belleza,
Critóbulo y Autólico mismos hubieran muerto de admiracion. A Platon no se le invitaba sino por cortesía :
ciertos estaban todos de que, sin dejar de ser atento y
amistoso, él de su genio era retraido y no gustaba de
andar por casas ajenas, aun cuando en órden á sus
amigos deseaba sacrificarán á las Musas. De Aristóteles
dicen que era melancólico ; á no ser que las desazones
devoradas desde tan temprano hubiesen labrado en él
semblante que en realidad no era el suyo. Alcibíades,
como tan cursado en las formas de urbanidad, no podia
dejar de dirigirse á estos sus dos grandes amigos, supli-
cándoles concurrieran á su comida, si bien no contaba
con su aquiescencia. En este concepto, para llenar el
número máximo, esto es, el poético nueve, llamó al
viejo Antístenes, el héroe de la pobreza ; á Fedon, uno
de los más sabios y virtuosos académicos ; á Xenofonte,
su colega en la escuela, no ménos que en las armas ; á
Xenócrates, y á su maestro Sócrates, por quien abrigaba
filial cariño.

La casa de Alcibíades era digna de tal dueño, faus-
tuosa y alegre en sumo grado, prevaleciendo en ella las
estatuas de Fidias y los cuadros de Melanto. Habia ad-
quirido cueste lo que costare una docena de las más
ricas obras de Apéles, discípulo del pintor que acabo
de nombrar, y allí, alternando con las del maestro de
éste, daban gran precio artístico á la morada del gran
señor, tan fuerte con el brazo y la palabra como
apasionado por las artes. Ya se deja conocer cuales

serian los asuntos y objetos de la predileccion de Alcibíades, siendo como era enamorado del amor, y uno
mismo con todo lo á él atañedero. Elena, bordando en
el palacio de Príamo las telas de que se viste su ilegí-
timo consorte, estaba representada á lo vivo. Llega
Vénus y le manda salir tras ella : niégase la fugitiva
esparciata, y allí la cólera de la diosa. Quién resiste
á semejante deidad enojada? Cúbrese con su velo la
angustiada Elena, y en silencio la sigue al palacio de
Alejandro.

Otro cuadro representa á este hermoso canalla, no
refugiado en su palacio, sino cuando iba á combatirse
de persona á persona con el rubio Menelao, habiéndoles
dado campo y plaza Agamenon y Príamo, y repartídoles
el sol Héctor y Ulises. Páris, alto y firme, está allí, cubiertas las espaldas con la piel de leopardo que todos
conocen en la Ilíada. El yelmo resplandece en su cabeza, ondeando al aire las crines de caballo negras y
relucientes que le sirven de penacho. Arco y carcaj cuelgan de sus hombros, la espada á la cintura. A quién no
infundiera pavor ese guerrero con tan terribles armas y
porte tan airado? Vencido será el cobarde, y en brazos
de mujer ajena irá á desplegar el esfuerzo que le falta
en la batalla.

El viejo Príamo, en el acto de salir con Antenor por
la puerta Escea en su dorado carro, asunto es de otra
pintura : las crudezas de la guerra y los triunfos del
placer, sin órden ni succesion, adornan las paredes de
la casa de Alcibíades. Un cuadrito elegíaco interpuesto

entre recuerdos sangrientos de la guerra, hacia figura deliciosa en ese concurso de obras maestras. Era la cervatilla de Cipariso muriendo de la flecha que Silvano acaba de arrojarle al costado. El animal no espira aun : caido de largo á largo en el suelo, sus grandes ojos llenos de lágrimas se vuelven á la parte por donde asoma su dueño, el dolor y la muerte en el rostro. Muere la cervatilla, y muere allí luégo el niño Cipariso. Silvano está para volverse loco, viendo á sus piés los dos cadáveres, y se queda sobre ellos en mudo asombro, despues que ha pasado el arranque de desesperacion.

Este aposento sirvió de comedor para el banquete de Alcibíades : todos se hallaban presentes, ménos Sócrates ; mas como la hora fuese pasada, se pusieron á la mesa, no sin echar de ménos á su amigo. Si viene? si no viene? El maestro es puntual, Fedon, respondió Alcibíades. Xantipa será quien nos haga saber el motivo de esta ausencia.

Ya, repuso Fedon : ella trae siempre en la manga lo que ha menester para frustrarle á su marido una salida de cualquier linaje. Admírame que le hayamos tenido dos veces entre nosotros estos dias.

La tercera le pareció abuso de autoridad á la condescendiente Xantipa, dijo Cerécrates : si no le ha escondido la capa, le ha quitado los zapatos el instante que salia.

De corazon es buena : tan luégo como le pasa la cólera, se echa á llorar, y con esto le trae las lágrimas á los ojos á su víctima.

Tú sabes muchas cosas de éstas, como su amigo

familiar? Oh Cármidas, cuéntanos algunas de las mejores.

Las contaria en su presencia, Cerécrates : ausente el maestro, silencio es lo más respetuoso yendo de Xantipa.

Antístenes recordó que más de una vez le habia sucedido á Sócrates estar andando á prisa, á ocupacion urgente quizá, y quedarse de súbito parado, embebido profundamente en ideas y reflexiones con él sólo familiares. No habeis puesto en olvido cómo sus discípulos Fedon y Cerécrates, á ruego de Xantipa, echaron un dia á correr la ciudad de Aténas en busca del maestro diez horas ausente de su casa.

Y digo cómo y en dónde le hallamos! respondió Fedon : en el pórtico del templo de Minerva, inmóvil como cuerpo sin alma, recogida la mirada, caída sobre el pecho la cabeza, si no le tocamos repetidas veces, no vuelve al mundo.

Los dioses le causan esos arrobamientos que le hurtan, en cierto modo, á la vida terrenal, dijo Xenofonte : quién sabe si cuando de aquí salimos esta tarde le hallamos por ahí en uno de esos éxtasis celestiales?

Todo puede ser, amigos : miéntras Sócrates nos es restituido por los dioses, bebed conmigo á su salud?

No puedes proponer asunto más grato, Alcibíades, respondió Fedon. Donde falta Sócrates', falta la sabiduría; mas no es necesario que nos falte el vino.

Faltar? replicó Alcibíades : eso me da que me lo pidais de Histiea ó de Epidauro. Sobre los pichones que acabamos de comer, ciertamente, un vaso del primero viene de perlas. Sabeis que estos polluelos son de las palomas de Tisbe?

Ya me lo estaban diciendo la suavidad y el sabor de tan gustoso bocado, respondió Antístenes : de estas cosas, para los pobres.

Para los pobres... El asunto vino sin pensarlo á la pobreza.

Y cómo no, Alcibíades? no ves que yo no me regalo tarde y mañana con estas gollerías?

Tomamos por el maestro : salud ! dijo Fedon ; y á un tiempo apechugaron todos el delicado *histiea*.

Ruégoos, amigos, me digais de lo que se trató en el banquete de Platon : ese hombre celestial propuso materias admirables, sin duda?

Rodó la conversacion, Alcibíades, contestó Xenofonte, sobre tu ausencia : unos la atribuian á la bella Teodata; otros á la sin par Lastenia.

No hay tales carneros ! respondió Alcibiades : el hecho es que Pythia me mandó rogar pasase luégo á su casa, por cuanto Aristóteles era víctima ese dia de una de sus negras accesiones de tristeza.

Y saliste con tu empeño de disipar el nubarron? preguntó Speusippo, tomando la palabra por la vez primera.

Tanto, que la amargura fué luégo convertida en dulce charla. Aquí teneis el honorario de esa visita : son estos nidos de golondrina sazonados á la manera de Corinto, que me ha enviado Pythia para que os regale con ellos.

Presente de Pythia ! exclamó Cerécrates: gran cosa, por cierto.

Luego tomamos á la salud de Aristóteles, aun cuando no te creemos una tilde de la pajarota de la llamada? dijo Antístenes.

Sonrió el libertino ; y sin insistir en su mentira notoria : « A la salud de Aristóteles ! »

Bebieron todos, y todos de buena voluntad, aun Speusippo, quien conocia muy bien la inquina que ocultaba en el corazon por él su sabio condiscípulo ; y dijo Cerécrates : En realidad de verdad, yo tambien quisiera ponerme al corriente del asunto que sirvió de fundamento á la conversacion de vuestro banquete anterior : Xenofonte, á ti la respuesta.

Dijéronse cosas grandes, respondió Xenofonte ; figúrate las ideas, las expresiones de Sócrates y Platon en materia tan elevada y fecunda como la verdad y la justicia. Fedon habló de Academia.

Cuán mezquinos fueron mis conceptos para con los tuyos, Xenofonte? Si algo dije que valiese la pena de ser oido, el merito de ello debió de estar en la materia misma, y no en mi palabra.

Si fué de la verdad, fué tambien de la mentira, volvió á decir Speusippo : de la mentira á la hipocresía no hay ni un paso. Póneseme ahora este vicio por delante, á causa que un bribon llamado Teócles me anda cogiendo las vueltas, por ver si no caigo en la red de sus ficciones y santas bellaquerías, por donde imagina sacar provecho de mi ingenuidad.

Teócles... Será quizá Estrátocles, el que los engatusó á los atenienses con la famosa mentira que nadie ha olvidado ?

Cuál fué esa mentira, si eres servido, Fedon ?

Cuál ? Speusippo gusta de oir lo mismo que sabe más que cualquiera. Los hay que tienen este curioso defecto. Pues sucedió que nuestra escuadra fuese destruida de remate cerca de Amórgos : sábelo Estrátocles secretamente, se echa una corona de laurel á las sienes, vuela al Cerámico, y allí : « Atenienses ! los dioses nos han concedido la victoria más cumplida que pudiéramos desear : la flota enemiga, hecha pedazos, ha dejado el campo á nuestras naves : nuestros soldados vuelven llenos de gloria. » Decreta en seguida regocijos públicos, distribuye pan y vino al pueblo loco de placer ; todo es alegría por Aténas. Dos dias despues llega la verdad desnuda : la escuadra ateniense ha sido echada á pique ; los que no muertos, prisioneros. Estrátocles, aherrojado, comparece ante el tribunal á dar cuenta de su impostura y sufrir en seguida la pena de la burla que habia llevado adelante. Atenienses ! dice, ¿ qué mal os he hecho con haberos proporcionado dos dias de gusto y abundancia ?

Pues yo quise saber de vosotros, dijo Speusippo, si mentiras como ésta requieren todo el rigor de la ley, y si el juez ha de descargar el brazo sobre el que las ha proferido ?

Estrátocles fué absuelto, respondió Cerécrates ; por donde venimos á colegir que su mentirilla habia sido del genio de los atenienses.

No del gusto, sino del genio, dijo encapotando la

frente un austero personaje que se habia dejado estar en inviolable silencio : los atenienses son cómicos de nacimiento y por naturaleza. No omitas, Cerécrates, el recordarnos que cuando ese farsante de Estrátocles hubo dicho lo que has referido, el pueblo batió las palmas, se rió hasta no más, y se fué por la ciudad haciéndose lenguas del bellaco que les habia dado de comer y beber por cuenta del erario, festejando la ruina de nuestra escuadra.

Ya sabia yo que Xenócrates no concurria en un mismo juicio con los atenienses, ni en ésta, ni en otras materias, dijo á su vez Antístenes : hasta cuándo, amigo, serás así tan rígido.

Luego tú apruebas la *mentirilla* de Estrátocles ? respondio Xenócrates con mucha cólera. Mentirilla... Yo le hubiera condenado al último suplicio al embustero sin entrañas. Acababa de hundirse el poder de Aténas, los lacedemonios se nos venian encima, y el muy bribon hace de tal desgracia asunto de una comedia.

Pero enfin, replicó Antístenes, qué mal les habia hecho á sus conciudadanos con darles dos dias de gusto y abundancia ?

Ninguno ! Alcibíades tampoco nos lo hace : pero nos ha traido á comer en su casa para brindar á la ruina de la patria ? Tu querrias una derrota nuestra cada semana, á efecto de que Estrátocles repartiese pan y vino.

Tente, amigo, dijo Alcibíades interviniendo ; no es cosa de ponernos hoy á echarle pasadores á nuestro pobre Antístenes.

Sonrióse Antístenes, y replicó por su parte : este Xenócrates es el Xantipa de los filósofos : veamos si me tiras á la cabeza el cántaro de agua ?

Alcibíades echó el montante con el vaso de vino de Epidauro que sirvió á todos, proponiendo un bríndis á la salud de las más bellas de las griegas.

Peor por ahí, volvió á decir Antístenes : Xenócrates va á pensar que este vaso de vino de Epidauro es de veneno.

Aludes á la aventura de Xenócrates con la hermosa Laís, esto está saltando á la vista, dijo Speusippo.

Cuál es esa aventura? preguntó Fedon : Xenócrates las ha dado por correr aventuras? Esto seria Timon enamorado del género humano.

Primero que Timon, Dion y Xenócrates sacrifiquen á las Musas, le hemos de ver á Alcibíades convertido y formal, respondió Cerécrates. Si Xenócrates me da permiso, contaré su aventura para los que aun no la saben.

Cuéntala, dijo secamente Xenócrates.

Pues ocurrió que un dia la hermosa Laís, oyendo hablar de la frialdad de este filósofo con las mujeres, apostó que daria al traste con su continencia, y meteria fuego á ese monton sabio de nieve. De modo se ingenió la cortesana, que Xenócrates no pudo excusarse de ir á su casa. Ya os figurais si estarian puestos en campaña talento, hechizos y más campeones del amor, cuando iba de empresa de tanto bulto como domeñar al bravío filósofo. Xenócrates, bien como si las divinidades castas é inocentes le hubieran arrebatado la sangre al cielo, permanecia insensible á las miradas, sonrisas y maneras expresivas de la sin par hermosura. Cansada de tanto hacer, despechada de no poder cosa con ese hombre raro, exclamó : Yo aposté que triunfaria de una criatura de carne y hueso; con este pedazo de mármol, nada puede la belleza.

Dailoco no habia proferido un término hasta entónces : al oir « belleza, » todos se volvieron hacia el divino griego que allí estaba ardiendo en escondido rubor, despues que, sin tener advertencia á las palabras que se le vinieron á los labios, habia repetido en voz alta las de Laís : « Con este pedazo de mármol, nada puede la belleza. »

Y contigo hubiera podido algo? preguntó Alcibíades maliciosamente. Dailoco bajó la vista y respondió : Nada.

Tenemos otro Xenocrates ! dijo Fedon. Pero tu cara no es para esas obras : has de traer fruncido el entrecejo, fosca la mirada, para que nada intenten Laís y las de su escuela.

A no ser que reciba lecciones de Alcibíades ?

Muchacho ! respondió éste á Dailoco, quien se habia atrevido á echarle ese rehilete ; en Siracusa no se cultiva la ciencia del amor?

Dailoco estaba hermosísimo entre irónico y avergonzado : Critóbulo le hubiera cedido la palma sin entrar con él en cuentas, y Autólico apénas hubiera sido osado á mirarle al rostro. Los grandes ojos del siracusano ardian en fuego negro : sus pestañas, largas, espesas, eran ondeadas hácia la mitad, y las puntas querian volverse hácia los párpados. La frente mediana, segun la

condicion de la hermosura entre los griegos : la nariz
recta, perfecta, con las ventanas graciosamente infladas,
para dar salida y entrada en porciones abundantes al
primer elemento de la salud y la vida. La boca hubiera
sido envidia de una reina jóven : los labios, abultadillos,
eran como rosas abiertas con el sol de la mañana. Este
conjunto de facciones primorosas estaba coronado por
cabellera rubio-oscura, distribuida en anillos revueltos
en magnífico desórden. Dailoco era el amor de Siracusa,
y habia sido la admiracion de Aténas, cuantas veces le
vieran allí los hijos de esa ciudad adoradora de lo bello.

Xenócrates estaba fingiendo alto desden por el jóven
que tenia cautivos á los demas. Tiempo tirado por la
ventana, dijo, el que se emplea en estas frivolidades.
Belleza... ¿qué es belleza? Amor... ¿qué es amor? Si
me hablais de la del alma, hallareis en mí uno de sus
esclavos. La de la mujer es prenda efímera que suelen
tomar los incautos dando sobre ella tranquilidad, cordura, salud, y honra quizá. A mí no me subyugan sino
las cosas de belleza permanente, y éstas son las divinas.

Puesto que Platon nos ha enseñado la inmortalidad,
respondió Alcibíades, tiempo nos sobrará para la belleza
y el amor de la otra vida, para los afectos y las pasiones
inmortales : ¿ cómo quieres usurparle al cielo sus virtudes y placeres miéntras la tierra nos tiene sujetos á ella
con el vínculo infrangible que tú llamas frivolidades y
flaquezas? Amigos ! una copa de este vino de Yámpolis
á la caida de Xenócrates.

Alzóse alegre estruendo en torno de la mesa, y todos,
puestos de piés, levantaron sus copas exclamando : A
la caida de Xenócrates !

Rióse gravemente el inflexible griego, y dijo: No será ésta la primera que habreis bebido por cosas vanas: tomad el dulce yámpolis, ahora que por consejo de Hipócrates andamos relevados de los deberes que son nuestra regla comun; empero no olvideis que una cosa es la libertad de la lengua en ratos de buen humor, y otra muy distinta el conjunto de acciones que califican á los hombres: fuera de la virtud no hay filosofía.

Fuera de la virtud no hay filosofía, repitieron todos, y alargaron el brazo hácia la urna que contenia el exquisito vino. Tomar una copa á la salud de los filósofos es apartarse de la filosofía?

De ninguna manera, Antístenes, · respondió Xenócrates: la tomo contigo para que olvides mi sátira de poco há. ¡Pues no es bueno que te haya echado yo en cara la pobreza, que es el timbre de tu vida! No faltaba sino que te aconsejara enriquecerte á todo trance, á fin de que no tuvieras interes en las imposturas de Estrátocles.

Si yo te echase en cara tu continencia, te enojarias, Xenócrates?

No; así como tú no has tomado á injuria el que yo te hubiese zaherido con tu pobreza. Yo sé muy bien que mil veces has podido hacerte de bienes de fortuna: si ahora no los tienes acopiados, es porque los desdeñas. Alcibíades, el rico, tomas á la pobreza de Antístenes?

De mil amores, respondió el achispado libertino, y tomaron él y cuantos eran sus huéspedes por la pobreza de Antístenes y la continencia de Xenócrates.

Alcibíades que acaba de brindar á la pobreza y la continencia de estos dos respetables varones, dijo Dailoco, ha tomado quizá otra ocasion por la fealdad de Sócrates?

La fealdad de Sócrates es belleza, convenidos estamos en esto, respondió Fedon; así es que tú eres de su gremio.

Ser de su gremio seria en mí triunfo mayor que esta mezquina hermosura que de nada me sirve. Dichosos los feos como ese hombre divino!

Jóven, respondió Xenócrates, con estas nobles palabras has alcanzado la corona de la filosofía: si así te sabes expresar, la perfeccion de tu alma no está léjos de ser igual á la de tu cuerpo.

Uvas de Arna, amigos, dijo Alcibíades; gustais de las uvas de Arna? Mirad estos racimos, cuán gordos y maduros.

Tan buenos como las de Histiea: gracia es la tuya, Alcibíades, ofrecer así á tus convidados las cosas más distantes y exquisitas.

Desgracia seria en mí no dejaros satisfechos. Contento quedaré si os agradareis de estos melocotones que á la verdad parecen estar chorreando almíbar.

Sócrates se proponia ser el del silencio en este banquete, dijo Fedon: quién es el que ha hecho sus veces?

Todos miraron al rededor y fijaron la vista en Cármidas: Hola! dijo Speusippo, tú has hecho aquí de persona sin voz?.

Todo oidos, Speusippo: he quedado hechizado por Xenócrates.

Luego no es Dailoco el que se lleva la palma! exclamó Antístenes.

En reuniones de hombres cuerdos, respondió Dailoco, no es el bien apersonado el que se la lleva; mas ántes el sabio y el virtuoso.

Bebieron todos la última copa de vino de Epidauro, y despidiéndose del dueño de casa despues de las abluciones de costumbre, salieron y se dispersaron por las calles de Aténas.

Fedon y Cerécrates iban juntos: desembocando en una plaza frente por frente al Partenon, he allí un hombre inmóvil en el atrio de este sublime edificio. Allí le tienes, dijo Cerécrates: cuántas horas lleva de estar hablando en silencio con los dioses?

Iba al convite, sin duda, respondió Fedon: Minerva le salió al paso y le dejó como muerto debajo del poder de la inspiracion divina. Déjale: impiedad seria despertarle de ese fecundo sueño. Pero la noche, que se acerca, replicó Cerécrates, puede serle perjudicial: vamos hácia él.

« Sócrates! Sócrates! » Volvió el maestro la cabeza sorprendido: Fedon, ¿qué haces aquí? y tú, Cerécrates... oh amigos...

Tú has comido mejor que nosotros, dijo Fedon: Alcibíades te agradece la puntualidad.

Alcibíades... ¿qué ha pensado de mí?

Que te hallarias por aquí en poder de tu Genio ó Divinidad propicia. Ahora á casa, maestro: Xantipa se está muriendo de inquietud.

EL BUSCAPIÉ

PRÓLOGO DE UN LIBRO INÉDITO TITULADO

ENSAYO DE IMITACION DE UN LIBRO INIMITABLE

Ó CAPÍTULOS QUE SE LE OLVIDARON Á CERVANTES

EL BUSCAPIÉ

CAPÍTULO PRIMERO

Dame *del atrevido*; dame, lector, *del* sandio; *del* mal intencionado no, porque ni lo he menester, ni lo merezco. Dame tambien *del loco*, y cuando me hayas puesto como nuevo, recíbeme á perdon, y escucha. Quién eres, infusorio, exclamas, que con ese mundo encima vienes á echármelo á la puerta? Cepos quedos : no soy yo contrabandista ni pirata : mia es la carga : si es sobradamente grande para uno tan pequeño, no te vayas de todas por este único motivo ; ántes repara en la hormiga que con firme paso echa á andar hácia su alcázar, perdida bajo el enorme bulto que lleva sobre su endeble cuerpecillo. Si no hubiera quien las acometa, no hubiera empresas grandes : el toque está en el éxito : siendo él bueno, el acometedor es un héroe ; siendo malo, un necio : aun muy dichoso si no le calificamos de malandrin y bellaco. Este como libro está compuesto : sepa yo de fijo que es obrita ruin, y no la doy á la estampa ; téngala por un acierto, y me ahorro las enojosas diligencias con que suelen los autores enquillotrar al público, ese personaje temible que con cara de justo juez lo está pesando todo. Él decidirá : como el delito es máximo, la pena será grande : al que intenta invadir el reino de los dioses, Júpiter le derriba. Pero el rayo consagra : ese demente es un escombro respetable.

Qué pudiera proponerse, me dirán, el que hoy escribiera un Quijote bueno ó malo? El fin con que Cervantes compuso el suyo, no existe ; la lectura de los libros caballerescos no embebece á cuerdos ni á locos, á entendidos ni á ignorantes, á juiciosos ni á fantásticos : estando el mal extirpado, el remedio no tiene objeto, y el doctor que lo propina viene á curar en lo sano. Así es ; pero yo tengo algo que decir : Don Quijote es una dualidad : la epopeya cómica donde se mueve esta figura singular tiene dos aspectos ; el uno visible para todos ; el otro, emblema de un misterio, no está á los alcances del vulgo, sino de los lectores perspicaces y contemplativos que rastreando por todas partes la esencia de las cosas, van á dar con las lágrimas anexas á la naturaleza humana guiados hasta por la risa. Don Quijote enderezador de tuertos, desfacedor de agravios ; Don Quijote caballero en Rocinante, miserable representacion de la impotencia ; Don Quijote infatuado, desvanecido, ridículo, no es hoy necesario para nada. Este Don Quijote con su celada de carton y sus armas cubiertas de orin se llevó de calles á Amadises y Belianises, Policisnes y Palmerines, Tirantes y Tablantes, destrozólos, matólos, redújolos á polvo y olvido : España ni el mundo necesitan ya de este héroe. Pero el Don Quijote simbólico, esa encarnacion sublime de la verdad y la virtud en forma de caricatura, este Don Qui-

jote es de todos los tiempos y todos los pueblos, y bien
venida será adonde llegue, alta y hermosa, esta persona moral.

Cervantes no tuvo sino un propósito en la composicion de su obra, y lo dice; mas sin saberlo formó una
estatua de dos caras, la una que mira al mundo real, la
otra al ideal; la una al corpóreo, la otra al impalpable.
Quién diria que el Quijote fuese libro filosófico, donde
están en oposicion perpetua los polos del hombre, esos
dos principios que parecen conspirar á un mismo fin por
medio de una lucha perdurable entre ellos? El género
humano propende á la perfeccion, y cuando el polo de
la carne con su enorme pesadumbre contraresta al del
espíritu, no hace sino trabajar por la madurez que requiere nuestra felicidad. Si Don Quijote no fuera más
que esa imágen séria y gigantesca de la risa, las naciones todas no la hubieran puesto en sus plazas públicas
como representante de las virtudes y flaquezas comunes
á los hombres; porque una caricatura tras cuyos groseros perfiles no se agita el espíritu del universo, no
llama la atencion del hombre grave, ni alcanza el aprecio del filósofo. Hay obras que hacen reir quizá más
que el Quijote, y con todo, su fama no ha salido de los
términos de una nacion: testigo Rabelais, padre de la
risa francesa. Panurge y Pantagruel darán la ley en
Francia; Don Quijote la da en el mundo. Con decir que
Juan Falstaff no es ni para escudero de Don Quijote,
dicho se está que en este amable insensato debajo de
la locura está hirviendo esa fuente de sabiduría donde
gustan de beber todos los pueblos. « El Quijote es un

libro moral de los más notables que ha producido el
ingenio humano. » Si como español pudiera infundir
sospechas de parcialidad el autor de esta sentencia,
extranjero fué el que llamó á Cervantes « honra, no
solamente de su patria, sino tambien del género humano *. »

Don Quijote es un discípulo de Platon con una capa
de sandez : quitémosle su aspada vestidura de caballero
andante, y queda el filósofo. Respeto, amor á Dios;
hombría de bien cabal; honestidad á prueba de ocasiones; fe, pundonor, todo lo que constituye la esencia
del hombre afilosofado, sin hacer mérito de las obligaciones concernientes á la caballería, las cuales, siendo
de su profesion, son características en él. Aun su faz
ridícula, puesta al viso, seduce con un vaiven armo-
nioso de suaves resplandores. Se hace armar caballero,
por habilitarse para el santo oficio de valer á los que
poco pueden : embiste con los que encuéntra, si los
tiene por malandrines y follones, esto es, por hombres
injustos y opresores de los desvalidos. Trátase de un
viaje al fin del mundo : él está ahí, á él le toca é in-
cumbe molestia tan gloriosa, pues va á desagraviar á
una mujer, á matar al gigante que usurpó el trono á una
reina sin amparo. Todo noble, todo elevado en el fundamento de esta insensata generosidad : echada al
crisol de la filosofía locura que tan risible nos parece,
luégo veríamos cuajarse una pepita de oro aquilatado.
El móvil de acciones tan extravagantes, en resumidas

* John BOWLE, *Anotaciones al Quijote*

cuentas, viene á ser la virtud. Don Quijote es el hombre imaginario, en oposicion al real y usual que es su escudero Sancho Panza. Quién no divisa aquí las dos naturalezas del género humano puestas en ese contraste que es el símbolo de la guerra perpetua del espíritu y los sentidos, del pensamiento y la materia? Si el fundador de la Academia no hubiese temido ser impío modificando la obra del Todopoderoso, habria ideado el hombre perfecto, al modo que imaginó y compuso su República. Empero si á fuer de pensadores le quitamos á la humana especie su parte tosca y viciosa, queda descabalada : el polo del mal es contraresto necesario en nuestra naturaleza ; y sin propender á un sacrílego trastorno, al sabio mismo no le es dable decir : Así hubiera sido mejor el hombre. Todo lo que hace el filósofo para mostrarnos que somos ruines y que pudiéramos ser más dignos del Criador, es delinear el hombre imaginario. Tal es Don Quijote : en poco está que este loco sublime no derrame lágrimas al sentarse á la mesa, cual otro Isidoro Alejandrino.

Aquí estriba el secreto de la celebridad sin mengua de Cervantes : si á ingenio va, muchos lo han tenido tan despejado y alto como el suyo. Mas cuando Bocaccio rendia homenage al vicio con obras obcenas ; cuando la reina de Navarra y Buenaventura Desperries enderezaban á los sentidos el habla seductora de sus cuentos eróticos ; cuando el cura de Meudon y Bouchet le daban vuelo al pecado con su empuje irresistible ; cuando las matronas graves, las niñas puras leian y aprendian á esos autores para citarlos sin empacho, so

estaba ya desenvolviendo en las entrañas del porvenir
el genio que luégo habia de dar al mundo la gran leccion de moral que los hombres repiten sin cansarse.
Qué es de esos novelistas, célebres en su patria y su
tiempo? Fantasmas desconsolados, vaguean ál descuido
por los ámbitos oscuros de la eternidad : si alguien los
mira, si alguien los conoce, no se inclina, como Dante
en presencia de los espectros celestiales que encuentra
en el Paraiso. Cervantes enseñó deleitando, propagó
las sanas máximas riendo, escarneció los vicios y barrió
con los pervertidores de la sociedad humana ; de donde
viene á suceder que su alma disfruta de la luz eterna, y
su memoria se halla perpetuamente bendecida. Tanto
como esto es verdadero el prúicipio del divino Sócrates,
cual es, que sólo por medio de la virtud podemos componer las obras maestras. Cervantes sabia esto, y echó
por la sénda opuesta a la que siguieron los autores contra los cuales alzó bandera, hablando de cuyas obras
dijo un gran obispo : « Su doctrina insita la sensualidad
a pecar, y relaja el espíritu á bien vivir. » Escritor
cuyo fin no sea de provecho para sus semejantes, les
hará un bien con tirar su pluma al fuego : provecho moral, universal ; no el que proclaman los seudo-sabios
que adoran al dios Egoismo y le casan á furto con la
diosa Utilidad en el ara de la Impudicicia.

Así lo han comprendido los autores que, poniendo el
ingenio á las órdenes de las buenas costumbres, cierran
con los vicios y los tienen á raya. Sus armas no siempre son unas : Teofrasto, Labruyère, Larochefou-
cauld, Vauvenargues hinchen de amarga tirria las cláu-

sulas con que retratan el corazon humano. Reir, jamas
estos filósofos : hablan cual sombras tétricas que tuviesen de la Providencia el encargo de corregir á los hombres reprendiéndolos con aspereza. El vicio los irrita,
el crímen· les da tártagos, y la acritud saludable de su
pecho sale afuera en palabras oscas y bravías como el
fierro bruto. Bajeza, perversidad humana, miráronlas
en serio; y para remediarlas emplearon una murria
acerba revestida de indignacion. Estos censores se pasan
de severos : témelos uno, pero elude su castigo con
huir de ellos · más pueden esos maestros sutiles que se
insinúan rie riendo, se meten adentro y hieren el alma.
Plauto, Cervantes y Molière han hecho más contra las
malas costumbres que todos los campeones cuya espada
han sido la cólera ó las lágrimas. A Demócrito no gusta
uno de mostrársele ; á Heráclito le compadecemos y
pasamos adelante.

El autor del Quijote siguió las propensiones de su
temperamento : así como su héroe se cubre el rostro
con su buena celada, así él se oculta debajo de ese antifaz
tan risueño y alegre con el cual llena de regocijo á quienes le miran y escuchan : si la melancolía le oyera, se
riera : no hay hambre, luto, palidez que no quiebren la
tristeza en la figura del caballero andante en quien son
motivos de risa lo mismo que á otros los vuelve respetables, y aun temibles. Elevado, grave, adusto en ocasiones ; audaz, intrépido, temerario ; sensible, amoroso,
enamorado ; constante, sincero, fiel, todo para hacer
reir. Es esta una burla atroz, escarnio violento al cual
sucumben esas virtudes ? Nada ménos que eso . Cervan-

tes saca el caballo limpio : esas virtudes quedan en pié,
erguidas, adorables ; no han hecho sino ir á la batalla.
Deslinde éste muy holgado, si consideramos que no les
ha cabido ni el aliento de la ridiculez, y que no afean
su manto de armiño partícula de tierra ni chispa de
sangre. Antes podemos considerar esta antilogia como
el testimonio de lo avieso y torcido de nuestra condicion · efectivamente ¿ quién aspira á la felicidad mundana, quién la alcanza con el ejercicio de las buenas
obras ? Si el que las tiene de costumbre se escapa de la
fisga, la ingratitud no le perdona ; si no muere en la
cruz, de dia y de noche están en un tris de lapidarle sus
más íntimos amigos. Oh tú, el franco, el dadivoso, no
des una ocasion, ó no des cuanto te piden : eres un
ahorrativo, un cutre para el cliente benigno ; córrale
sangre por las venas, y no serás menos que un canalla.
Oh tú, el denodado, el menospreciador del peligro, pe-
rece en él, y eres un necio : murió de puro tonto, exclama tu propio camarada : si tu ángel de la guarda te
preserva, no eres sino fanfarron, matasiete de comedia
que se pone en cobro á la asomada del enemigo verdadero. Oh tú, el sufrido, el manso, que perdonas agravios, olvidas calumnias : hombre vil, sin honra ni amor
propio. Oh tú, el magnánimo, el altivo, que por bondad
ó por desden no das rostro á tus perseguidores : ignorante, cobarde, segun los casos. Qué mucho, pues, si
aquel cuyas acciones tienen por móvil principios sanos
y plausibles sea víctima ó escarnio de sus semejantes?
Caídas, palos, afrentas de Don Quijote ; lances ridículos,
burlas, carcajadas son espejo de la vida. Si éste fuera
bribon cuerdo y redomado, nadie le diera soga, nadie

hallara de que reirse en él ; siendo loco furioso, guarda Pablo ! Dios y á un lado. Nosotros pensamos que sin miedo del martirio debemos echar por el camino de espinas : como esto sucede algunas veces, para honra de la especie humana, apénas habrá quien juzgue por gratuitos los cargos que contra ella se derivan de ciertas consideraciones. Gratuitos? Dios misericordioso ! Pitágoras muere en el fuego ; Sócrates apura la cicuta; Platon es vendido como esclavo ; Jordan Bruno, Savonarola son pasto del verdugo. Quién más? Todos piensan que el matador de César dijo una gran cosa cuando exclamó : Oh virtud, no eres sino vana palabra ! Exclame : Oh virtud, eres sentencia de muerte, y el mundo le sacaba aun más verdadero.

·

CAPÍTULO II

La espada de Cervantes fué la risa : ved si la menea con vigor en el palenque adonde acude alto y garboso. Esa espada no es la de Bernardo : pincha y corta, deja en la herida un filtro mágico que la vuelve incurable, y se entra en su vaina de oro. La risa fué el arma predilecta del autor del Quijote, mas no la única : esta fábula inmortal tiene pasages elevados que en ninguna manera desdicen de la índole de la composicion, y refutan ántes de propuesto et juicio que despues habia de formular un analizador, benemérito sin duda ; es á saber, que en obras de ese género todo debe ir encaminando á la ironía burlesca y á la risa. Walter Scott, cuya autoridad en lo tocante á las letras humanas tiene fuerza de sancion, afirma, por el contrario, que si las obras de carácter serio rechazan por instinto la sátira graciosa y no dan cabida á la chispa maleante y placentera, las de costumbres, las en cierto modo familiares, admiten de buen modo lugares profundos, y aun sublimes. Hay una persona ridícula en Homero; mas siendo perversa á un mismo tiempo, no punza el ánimo del lector con ese alfiler encantado que hace brotar la risa: ni los dioses ni los hombres perciben sal en la ridiculez del cojo Tersites, malo y feo. La ambicion de los Atrídas, el furor de Aquíles, los alaridos de Ayax desesperado; guerreros del cielo y de la tierra cruzando las espadas en batallas estupendas, hacen temblar montes y mares, no son cosas de reir. Todo serio, todo grande en Sófocles: la enseñanza de la tragedia es lúgubre: Electra es devota de la estatua de Niobe, porque nunca deja de llorar este sensible, apasionado mármol. A Fedra le está devorando el corazon un monstruo de mil formas: amor ilícito, incesto enfurecido, negra venganza, son tempestades en el pecho: los que las abrigan, maldicen, rugen y mueren, no están para reir. Y cómo ha de reir Macbeth cuando quisiera huir de sus propias manos que chorrean sangre? Banco no se rie, porque las sombras nunca están alegres; Otelo no se rie, porque abriga un demonio en las entrañas; Edípo no se rie, porque sabe ya que ha matado á su padre, y se ha arrancado los ojos. La risa pues, divinidad sutil que se cuela en todas partes, huye del cementerio, tiene miedo á los muertos; y ora en figura de amor, ora de celos, ora de venganza, las pasiones la acoquinan y le imponen silencio.

Las reglas en el arte no son sino observaciones confirmadas por la experiencia : el buen juicio de los doctos, de esos cuyo discernimiento separa con tanteo infalible el oro fino del bajo, el bajo de la escoria ; ese buen juicio transmitido de generacion en generacion, admitido por el buen gusto, se convierte en leyes que sanciona el unánime consentimiento : una vez promulgadas por los grandes maestros, nadie falta á ellas que no cometa una punible transgresion. Homero es anterior á Quintiliano, ya lo han dicho. La observacion de sir Walter Scott no claudica jamas respecto del poema, la tragedia, la historia y la poesía lírica : éstas son matronas cuyas formas imponentes ocultan á Minerva, ó doncellas impolutas que temen incurrir en la desconsideracion de Apolo, si su voz agentina se embastece con una carcajada.

La risa de los ciegos tiene algo de fatídico : la risa, como las flores, no es amable ni fragante sino cuando se desenvuelve á los rayos del sol. El ciego no tiene derecho para reir : su risa es incompleta, imperfecta : los ojos rien junto con la boca : sin la parte de ellos, este fenómeno es casi monstruoso. Reir un ciego, ¿ con qué luz ? Milton quiso reir ; se rió una ocasion, y dió un susto á nuestra buena madre Eva en el Paraiso : en poco estuvo que el Angel del Señor no dirigiese contra él la punta de su espada. Ciego, de qué te ries? Ah, los ángeles han inventado un nuevo instrumento de exterminio, van á llevarse á las legiones infernales en alas de su artillería y dar buena cuenta de los enemigos del hombre. Pero los demonios, á quienes no se les llueve la casa, traen en la manga lo que han menester en un apuro, y hacerles dar en el buitron no es llegar y besarla durmiendo, porque ellos son capaces de contarle los pelos al diablo. El poeta describe la zorrería de los unos, el empacho de los otros, se pone á reir y se rie un dia entero. Esta burla se levanta en el Paraiso Perdido, bien como farallon ridículo cortado en forma de botarga, en medio de un mar grandioso. Es la única del poema, y se la ve desde léjos, para que huyan del escollo esos amables inventores que tienen nombre de poetas.

Childe Harold se quiso reir tambien, y se rió : esto es como si se riera Ticio debajo del buitre que le despedaza y come las entrañas : la duda sepulcral, los remordimientos, las tinieblas no experimentan alegría : Conrado, el Giaur, Manfredo, simados en el crímen, no hacen traicion con el semblante á las pasiones furibundas que les imprimen semejanza de hijos del abismo. Childe Harold quiso una vez mostrarse picotero, saleroso, y quedó mal. Este bello Lucifer infunde admiracion cuando se tira de rodillas en presencia del Parnaso, y deja salir de su pecho á borbollones el raudal de su divina poesía : cuando, en pié delante del Partenon, poseido por el espíritu de la antigüedad, evoca las sombras de Fidias y Perícles : cuando, errante á media noche por entre los escombros de la ciudad eterna, ve con la imaginacion el espectro de Sila, y le dirige la palabra

en términos tan grandes como ese gran tirano. Childe
Harold exponiendo chufletas y donaires á las puertas de
Newgate, cual avispado socarron, es pequeñuelo, ruin.
Lo conoció el poeta, y jamas volvió á chancear en el admirable poema donde no actúa sino un héroe, y solo,
solitario y aislado basta para la accion que satisface y
embelesa. Esta burla de lord Byron en una de sus obras
más cumplidas dió materia y ocasion á Walter Scott
para que, dilatando la mirada por el campo de las humanidades, redujese sus observaciones á preceptos. El
coturno eleva hasta las nubes : poeta que lo calza y
sabe entenderse con él, es un gigante : los gigantes
no rien : son fuertes, valientes, feroces, soberbios y terribles.

Las obras de carácter jocoso no repugnan los pasajes
serios y encumbrados ; ántes parecen recibir importancia de la gravedad filosófica, y ofrecen lugar con gusto
á los severos pensamientos con que los moralistas re-
primen las irrupciones de los vicios en el imperio de las
virtudes. Debe de ser á causa que el género humano
propende á levantarse, creciendo en consideracion á sus
proprios ojos; y todo lo que es bajar le desvalora y hu-
milla. Si de las travesuras del concepto y el estilo pasamos á las especulaciones fundamentales de la inteligencia, exprimiendo nuestras ideas en cláusulas
robustas, andamos hácia arriba ; y cuando sucede que
del círculo eminente de la moral y la filosofía hacemos
por desviarnos hácia el risueño pero restringido campo
de la sátira ligera, en esos rebatos de júbilo inmotivado
que suelen darle al corazon, descendemos, sin duda.

¿ No proviene de aquí la repulsion que las composiciones de índole reflexiva experimentan por sucesos cuyo lugar está realmente en la comedia ? En ésta no se hacen mala obra lo serio y lo ridículo, lo raro y lo comun, lo superior y lo llano : las lágrimas son esquivas; mas si oyen por ahí el ruidecillo lisongero de esa su amable contraria que se llama risa, no siempre huyen al vuelo, y aun les acontece el esperarla con los brazos abiertos. Sátira, fábula, novela, campo abierto adonde pueden acudir todas las pasiones, grandes y pequeñas, nobles y ruines, á hacer guerra con armas de especie diferente. Cuántas y cuántas escenas en Molière tan profundas por la sustancia como levantadas por el lenguaje? Las obras de este gran filósofo son de tal calidad, que si la comedia no pudiera abrigar los mayores propósitos, y no ofreciera espacio y holgura á la inteligencia predominante, habríamos en justicia de inventar un nombre extraordinario que las calificase y abrazase. El Misántropo, Tartufo, Don Juan son epopeyas de costumbres, obras maestras que no comunican á su dueño ménos importancia que la del primer trágico del mundo. En estas comedias hay lugares, no digamos serios, pero terribles, que con ser de naturaleza funesta, contribuyen maravillosamente á la suma de las cosas. Tal es la aparicion de la estatua del Comendador en casa del libertino que le habia convidado á un banquete en son de burla. Comedia es la obra en que se aparecen, andan y hablan hombres de piedra; y tales escenas, siendo como son tan trágicas, no la desnaturalizan, mas aun le dan realce y esplendor. En la observacion del crítico inglés no hay defecto de armadura. Cervantes supo enten-

derse con estas variedades de composicion, secretos de
las letras humanas ántes conocidos que averiguados, y
no temió tratar en 'el Quijote materias de suyo graves,
en manera filósofica unas veces, otras como austero moralista.

CAPÍTULO III

El señor de Lamartine dijo una ocasion que admi-
raba el ingenio de Cervantes, pero que el Quijote no
era de su gusto. — Es posible, señor? — No, volvió á
decir ; no me gusta el Quijote, por la misma razon que
no me gustan las obras de los insignes autores cómicos
antiguos y modernos. Averiguémonos bien : no afirmo
que esas obras me disgustan por el desempeño, sino
por su naturaleza. Las lágrimas son la herencia de los
hombros : les hemos de enseñar á vivir y morir, sino
llorando, por lo ménos con el semblante digno, circun-
specto que corresponde á la imágen de Dios. Siempre
me he considerado muy capaz de hacer buenas comedias : en arrimando el hombro á esa labor, yo sé que
saliera bien ; pero tengo por mí mismo más consideracion de la que se requiere para sobresalir en ese ramo
de las humanidades. — Permitidnos, señor, haceros
presente que la risa es tan de nuestra esencia como el
llanto : llorar, llorar y más llorar desde que salimos de
la cuna hasta que ganamos el sepulcro, no es ni razonable, ni factible. La risa no está mal con la desgracia :
suele mostrarse hasta en los umbrales de la miseria. No

direis, por otra parte, que las lágrimas no alcanzan á
los que se tienen por felices? Felices no hay en el
mundo, replicó el poeta : cual más cual ménos todos
somos desgraciados con relacion á las cosas mundanas.
El cultivo de las virtudes solamente nos comunica la
modesta y tímida satisfaccion que podemos llamar felicidad. La parte ridícula del género humano es la que en
el pensador exita mayor lástima : léjos de ponerla de
manifiesto, convendria cubrirla con un parche de bronce
que no diese paso al acero. La llaga permaneceria viva,
tornamos á arguir ; valiera más curarla. El sabio que
consume ese milagro no ha nacido, ni nacerá jamas,
dijo él. Locura es hacer por mejorar la sociedad humana
hiriendo desapiadadamente en ella ;

> Car c'est une folie à nulle autre seconde
> Que vouloir se mêler de corriger le monde.

No se agradaba Lamartine de las composiciones de
su gran compatriota, y las sabia de memoria. Era sincero ese modo de pensar? Si Lamartine el hombre se ha
solazado alguna vez, Lamartine el poeta ha meditado
siempre, ha gemido por costumbre. El amante de Gra-
ziella, Jocelyn, el autor de las Meditaciones y las Armonías conoce la sonrisa, pero es la del amor melancólico, la del recogimiento angelical. Si habla con Dios,
participa de la divina sustancia, y mantiene el porte
inapeable que caracteriza á los entes superiores. Se
pasea por la bóveda celeste, cuenta, pesa los astros,
aspira con ahinco la delicada luz de las estrellas, y se
nutre del manjar de los séres inmortales. Contempla
hácia el crepúsculo una nubecilla purpurina que se

mueve graciosa por el cielo, y se imagina que un serafin está viajando en ese carro de las Musas : adónde
va ? Él lo ha de saber, pues ya la sigue con el corazon,
y la ha de seguir hasta donde lo comporte el pensamiento. Le gusta el mar en leche que brilla cual espejo
donde refleja la luz del Infinito : le gusta el mar bravío
que se levanta rugiendo en cólera sublime : le gusta
contemplar el águila que permanece inmóvil en un
risco del monte Athos : le gusta el leon que sale de su
selva lamiéndose las fauces con su lengua encendida :
silba con los vientos, suspira con las sombras, gime con
las almas atribuladas, calla con la tumba : de qué, á
qué hora ha de reir ?

Si Jeremías diera la ley á los mortales, Eco seria en
breve el único habitante de la tierra, porque todos nos
consumiéramos á fuerza de suspiros y gemidos : llore
en buenhora el profeta sobre Jerusalen ; miéntras algo
quede en pié, no ha de faltar quien anime aun los
escombros con la trémula expresion de la alegría. La
alegría ? todos los que se rien son alegres ? Rie el dolor,
rie la desdicha, y los que tienen el poder de alegrar á
los demas, de sazonarles la vida con la grosura del
ingenio, la untuosidad almivarada con que pasan fácil
y agradablemente los peores bocados ; esos brujos inocentes, digo, no participan casi nunca de la sal con que
regalan y deleitan á los otros. El autor de « Las mujeres
sábias » nunca dejaba de estar triste ; su corazon siempre en tinieblas : Boileau no supo lo que eran goces en
la vida : Addison fué el hombre más adusto que se ha
conocido ; y Cervantes ¿ qué placeres ? qué contento ?

Cautiverio, calabozo no son moradas de alegría. El malogrado Larra viene á confirmar nuestra asercion : quién no pensara que tras el autor de escritos tan risueños no estuviese el hombre feliz, el satisfecho de la suerte? Pobre Fígaro ! ofrece á los demas esos licores encantados que destila en su laboratorio mágico, y para él no hay sino cosas amargas : su copa es negra : las pesadumbres le sirven ese veneno misterioso que suele llevarse en flor á los que prevalecen por la sensibilidad. Contradiccion absurda que diera asunto á las investigaciones de los que profesan escudriñar la naturaleza humana, sin dejar de ser natural y corriente. Osca, tremebunda es la nube que produce el rayo : de la piedra fria brota la chispa del fuego socorrido ; y dicen que en lo antiguo, la púrpura, ese color amable que simboliza el placer y la felicidad, la extraian del múrice, triste habitante de los rincones más oscuros del océano. Como de estos contrarios se compone el gran todo de las cosas humanas : si algo sabemos de los efectos, las causas de la mayor parte de ellas estamos por averiguar. Mucho presumimos de nosotros mismos, pero no somos más que semisabios, y para con lo que ignoramos nada es lo que sabemos. La tumba solamente remedia esta ignorancia que nos mortifica unas veces, nos consuela otras, y está siempre acreditando nuestra pequeñez. Muerte es leccion que nos descubre todo : el que sabe la eternidad, no tiene otra cosa que saber. En este concepto, la sepultura es el pórtico de la verdadera sabiduría.

Si ésta consiste en una gravedad incontrastable, miéntras somos ignorantes lo hemos de manifestar de mil

maneras. Conviene, dice uno de esos que reciben el
mundo como él es; conviene explayar la alegría cuanto
sea posible, y reducir la tristeza á los más estrechos
límites. Conviene sin duda; lo malo es que las más veces
la tristeza carga de modo que ella es quien nos estrecha
en términos de privarnos hasta del arbitrio de las lágrimas; y con todo, su adversaria no le cede una mínima
el lugar : hambre, desnudez, enfermedades ; perfidias
de los amigos, injusticias de los poderosos, desengaños de todo linaje; inquietudes, quebrantos, desazones
combaten por la tristeza al son de las campanas que
acaso están doblando : haberes en su colmo, ambiciones
llevadas á cima, amores coronados, venganzas satisfechas y otros soberbios paladines salen por la alegría :
de la lucha resulta el equilibrio fuera del cual no pudiera vivir el hombre ; y para mayor acierto en la disposicion de las cosas, quiere la Providencia que los ada-
lides se estén pasando sin cesar del uno al otro partido :
el que hoy está alegre, mañana ha de estar triste; el que
hoy está triste, mañana puede estar alegre, porque « el
buen dia siempre hace la cama al malo. » He aquí un
poeta que habla como filósofo. Luego no en todo caso
es el poeta ese frenético divino, que puesto en el trípode
de la inspiracion profiere en lúcido arrebato las sandeces
elegantes ó delirios seductores á causa de los cuales se
le pone en la frontera coronado de mirto? Si el fraile
perilustre autor de ese apotegma hubiera añadido que
otras veces el mal dia se va dejando hecha la cama al
bueno, habria puesto el otro hemiciclo á la rueda de la
fortuna.

El adusto legislador de los lacedemonios mandó colocar la estatua de la risa en la sala de los festines ; por donde se ve si esta divinidad tiene su asiento en el Olimpo, y si los héroes y los reyes sacrifican en sus aras. Esparta es lúgubre : la felicidad misma es allí una carga : usos, costumbres, afectos, pasiones, todo está bajo la ley. En el pueblo libre por excelencia, el amor mismo es esclavo : el marido busca a la esposa cual ladron nocturno : nadie puede comer en su casa, ni el monarca ; la mesa particular seria cuerpo de un delito. El espartano ignora el gusto del adorno, el de la comodidad doméstica : todo frio, todo rígido. Este pueblo es de una pieza, no tiene coyunturas : su goce la guerra, su anhelo el predominio : en su casa se tiraniza á sí mismo, se alimenta de un acre desabrimiento. Parece que semejante pueblo no habia de admitir sino dos símbolos, el de la guerra y el de la muerte, supuesto que siempre está de luto ; la imágen de Pálas y un catafalco gigantesco que abrigase el espíritu de los guerreros. Pues el más sabio de los legisladores mandó poner la estatua de la risa en la sala de los festines. Luego esta diosa pequeñuela no está reñida con las grandes virtudes ni es mal quista con los héroes.

CAPÍTULO IV

Hay en el museo del Vaticano un departamento que abriga tres cuadros, « La Transfiguracion, » de Rafael ; la « Comunion de San Jerónimo, » del Dominiquino ; y

« El Descendimiento, » de Daniel de Bolterre, las tres obras maestras de la pintura moderna. Viajero que en mudo recogimiento permaneces en ese recinto sagrado, ¿ quién es el hombre intonso que sobre su caballete, el pincel en la una mano, la paleta en la otra, está mirando con religiosa intension á la pared del frente ? Es un discípulo oscuro de una escuela sin nombre? un copiador desprovisto de inventiva ? un caballero novel en el campo de las buenas artes ? No : éstos no recelan en el pecho la audacia grandiosa que enciende el convencimiento de la propia superioridad, y tímidos, humildes buscan teatro que más diga con sus aptitudes. Ese hombre cabelludo, de ceja poblada y ojos distantes uno de otro, es quizá Sir Joshúa Reynolds, Horacio Vernet ó Mariano Fortuny. Nadie tiene por caso de inquisicion el que uno trate de imitar esas obras inmortales, ni son imputados de insolencia los que hacen por seguir las huellas de esos ingenios-príncipes ; mas ay del mísero que se propusiese componer una Eneida ! Ese, cual otro Marcias, caeria herido por las flechas de Apolo, y de su piel hicieran los sacerdotes de este dios una caja temerosa con que ahuyentaran de su templo á los profanos.

Cargando la consideracion sobre este punto, vemos que tan difícil nos parece atemperarnos a los toques de Virgilio como á los de Rafael : que sea pintado, que sea escrito, el poema es asunto de la inteligencia superior : cualquier artista es dueño de acometer la imitacion de las obras maestras de la pintura ; ningun poeta seria osado á mojar la pluma en presencia del Mantuano, sin

incurrir en la reprobacion ó la mofa de sus semejantes.
Será quizá porque el pintor puede concluir una obra,
perfecta en lo material, y tanto, que cautive los sentidos
del vulgo y le deje de todo en todo satisfecho: el artísta
de genio, aquel cuya mirada rompe por la tela y pasa á
buscar en lo infinito los caractéres de la Divinidad, no
verá allí tal vez sino el elemento físico, la carne, digamos así, de la pintura. Rafael prevalece por el colorido :
nadie le ha superado, nadie le ha igualado en esta parte de
su profesion; pero quién le ha seguido siquiera de cerca
en lo tocante al espíritu, á lo divino de ese invento de
los dioses? Hasta para comprenderle ha de ser uno
hombre de genio, esto es, se ha de hallar provisto de la
fuerza con que algunos miran hácia el mundo interno,
y la eficacia con que se apoderan de esas preseas invisibles con las cuales naturaleza enriquece y adorna á sus
hijos predilectos. David llena todos los números en órden al cuerpo de la pintura ; es pintor maestro, aca-
bado ; mas cualquier otro, hábil en el manejo del pincel, pudiera trasladar sus obras á su propio lienzo : el
que imite á Rafael, nacerá cuando vuelva á levantarse
de la tierra ese vapor milagroso que exhalaba el suelo
de Roma en esos grandes tiempos en que el dios de las
artes le encendia con su mirada engendradora. Las imágenes del uno tienen sangre, corazon ; tras las formas
palpables fulgura la inteligencia, resuena la sensibilidad
exquisita de un alma que en hilos invisibles está pendiente de la mano del Todopoderoso : las del otro son
representaciones del cuerpo, miembros perfectos que
derraman de sus admirables declivios la belleza de la
materia, pero no animados por el espíritu de vida.

Ahora pues, el vulgo, animal de mil cabezas, de cuya jurisdiccion no se escapan sino los hombres altamente distinguidos ; el vulgo queda satisfecho con lo que ve, lo que toca, y no alcanza espíritus para arrancarse de su órbita mezquina, y elevarse con el pensamiento á las regiones inmortales. El buen pintor hara una imitacion perfecta de un cuadro célebre ; perfecta en el colorido, la forma : el escritor tendria que romper por los dominios desconocidos y sagrados de su modelo, inquirir los secretos que le endiosan, revestirse de su genio, y con maña sin igual echar al mundo cosas tan cumplidas que asi parezcan el espejo mismo en que se ha visto. Uno es el Fénix ; empero si no hay dos, ¿ no le fuera dable á un loco anhelar siquiera por ser el ave del Paraiso ? Los jóvenes de la antigua Grecia acudian de todas las ciudades á contemplar el Partenon, á efecto de aprender el arte del divino Fidias, y en sus propias concepciones depositaban sus recuerdos : éstos no eran reputados insensatos ni perseguidos con rechiflas á causa de su atrevimiento. Los grandes ejemplares inspiran las grandes obras : si á fuerza de trabajo y voluntad saliese uno con su empeño, seria accion bastarda no concederle por lo ménos el mérito de la constancia. El carro del sol dificil es de conducir ; mas ruegoos considereis que las Náyades del Po dedicaron un epitafio honroso al mancebo temerario que habia acometido la empresa de manejar esas riendas sagradas. Quién seria el insolente, el fatuo que se considerara infeliz por no haber podido imitar de acabada manera, á Cervantes verbigracia ? El que no es para tanto, puede aun servir para otra cosa ; y sin quedarse entre las ruinas de su fabrica, por poco juicio que tenga, saldrá ufano de haber tomado sobre sí una aventura gigantesca.

Llámase modelo una obra maestra, porque está ahí para que la estudiemos y copiemos: dicen que el templo de la Magdalena, en Paris, es imitacion de uno de los monumentos más célebres de Aténas : ni por inferior á la muestra han demolido el edificio, ni por audaz han condenado á la picota al arquitecto. Proponerse imitar á Cervantes, ¡ qué osadía ! Osadía, puede ser; desverguenza, no. Y aun ese mundo de osadía viene á resolverse en un mundo de admiracion por la obra de ese ingenio, un mundo de amor por el hombre que fué tan desgraciado como virtuoso y grande. No presumo de haber salido con mi intento, miradlo bien, señores : lo razonable, lo probable es que haya dado salto en vago ; mas no olvideis que el autor del Quijote mismo invitó, en cierto modo, á continuar la obra que él dejaba inconclusa. Cuando esto vino á suceder, le dió, es verdad, *del asno* y *del atrevido* al que se hubo aprovechado de tamaña provocacion ; mas fué porque á la incapacidad añadió el atrevimiento, al atrevimiento la soberbia el temerario incógnito; y al paso que se vanagloriaba de haber dejado atras al inventor, le hartaba de improperios, como por via de más erudicion é ingenio. Si léjos de ofenderle, maltratarle, humillarle ese perverso anónimo, guardara la compostura que debia en el ánimo y las palabras, el olvido, y nada más, fuera su pena : las generaciones han condenado á la inmortalidad al fraile ó *el clérigo* sin nombre, la inmortalidad negra y desastrada de Anito y Melito, Mevio y Bavio ; la inmortalidad

de la envidia y la difamacion, cosa nefanda que pesa
eternamente sobre los perseguidores de los varones
ínclitos, en quienes las virtudes van á un paso con la
inteligencia. Yo sé que mi maestro no me diera *del
asno ni del atrevido;* no me diera sino del cándido ; y
como lo respetuoso y afectuoso estuviera saltando á la
vista, me alargara la mano para llenarme de consuelo,
y aun de jubilo : de orgullo no, porque ni su aprobacion
me precipitara en el error de pensar que habia yo compuesto una obra digna de él ; y ménos de soberbia, porque ella es el abismo donde suele desaparecer hasta el
mérito verdadero.

La rivalidad nunca es inocente : cómplice del odio,
trae en su seno la envidia, negro fruto de un crímen. El
hombre en quien está obrando esa flaqueza siente
hervir su pensamiento en ideas locas, su corazon en
afectos insanos. La rivalidad propende á la ruina del
objeto que la exita ; la muerte es la resolucion más brillante de ese problema tenebroso. No rivalizamos con
alguien sino porque tenemos entendido que ese nos
disputa nuestro bien y menoscaba nuestra dicha : juz-
gandolo así tan adverso á nuestros fines, natural es
que las afecciones que van de nosotros á él no sean de
las más santas. En amor, el rival es enemigo temible :
trata de ponerse entre el sér adorado y el adorador, y
éste hace lo posible para allanar el camino de su felicidad . celos, cólera, venganza, cuanto hay malo en el
corazon humano, todo trae consigo esa situacion de dos
personas que se combaten de mil modos á causa de una
tercera. Donde cabe la rivalidad no hay lugar para la

virtud : de ella proceden mil desgracias, y aun pueden nacer delitos.

Dos personas que se juzgan dotadas de prendas, medios, facultades iguales, pueden entrar en competencia : ésta es muchas veces un noble esfuerzo, que ejercitándose sin perjuicio de nadie, nos guia al mejoramiento de nosotros mismos. No podemos rivalizar con uno sin aborrecerle ; competimos con otro al paso que le admiramos, pues justamente nuestro ahinco se cifra en igualarle ó superarle en cosa buena ó grande. El prurito de la competencia se halla puesto entre las virtudes y los vicios : propende por la mayor parte á las primeras ; cuando se recuesta á los segundos, bastardea, y viene á ser defecto. La emulacion no corre este peligro : emulacion es siempre ahinco por imitar los hechos de un hombre superior : éste sirve de modelo al que emula sus acciones, y tanto el uno como el otro han de experimentar dentro de sí el sublime impulso que mueve á las cosas grandes.

Al rival de Cervantes le condenará siempre su malicia ; el competidor de ese raro ingenio aun no ha nacido ; su émulo, puede salir mal y merecer el aprecio de sus admiradores. Estos redujeron á cenizas el Quijote de Avellaneda : castigaron al rival desatento, no al competidor juicioso, y ménos al émulo modesto. Ocurre que el émulo puede ser modesto, al paso que en el competidor obra quizá el orgullo. La rivalidad vive de soberbia. Si no todo es humilde en la emulacion, convendrá no olvidemos que la arrogancia envuelve muchas veces cosas que á poco hacer se llamarán virtudes. Preguntado Alejandro, niño aun, si queria disputar el prez de la victoria, respondió que sí, puesto que se lo disputase á reyes. Berni, rehaciendo por completo el poema de Boyardo, entró á la parte en la inmortalidad con el divino cantor de Orlando. El buen éxito justifica los mayores atrevimientos, y aun los convierte en osadías dignas de alabanza. El Cástor de España está solo tres siglos há : cuándo nacerá su hermano ? Ya sabeis que Leda tuvo dos hijos. La compañía á partir de gloria es tan difícil, que los hombres no la hacen sino de tarde en tarde.

Don Diego de Saavedra, en su *República literaria*, dice que el Quijote es un ara á la cual no podemos llegar sin mucho respeto y reverencia. ¡Santo Dios! quién es el que a esa ara se ha llegado? es un impío que hace por turbar los misterios de una religion profunda? un fanático que va a depositar en ella la ofrenda de sus exajeraciones? un sacerdote impuro que en la audacia de la embriaguez no teme ofender al dios del tabernáculo? No es nada de esto: es un creyente humilde: entra en el templo y se prosterna. Si de algun modo lo profana, echadle fuera.

Oh locura, más para compadecida que para execrada ! Lo que no les fué dable á los mayores ingenios españoles ha de alcanzar un semi-bárbaro del Nuevo Mundo? Sírvale de excusa la ignorancia, abónele el atrevimiento, que suele ser prenda ó vicio inherente al hombre poco civilizado. Guillen de Castro, don Pedro Calderon de la

Barca, Gómez Labrador y otros escritores de primera línea han salido mal en el empeño de imitar á Cervantes. Meléndez Valdes acometió á componer un Don Quijote que se mostrase en el escenario cuán alto y airoso lo imaginó Cervantes. Meléndez, *el poeta insigne*, se quedó tan atras, que su nombre solamente pudo preservarle de la mofa: la rechifla estaba en el disparador; mas sus compatriotas repararon en que hacer fisga de Batilio seria delito de lesa poesía: el silencio fué un homenaje al poeta; de la obra se juzgó mal; oid sino el juicio de Moratin: « La figura del ingenioso hidalgo, dice, siempre pierde, cuando otra pluma que la de Benengeli se atreve á repetirla. » Meléndez tropezó, añade por su cuenta Don Diego Clemencin, con el escollo que siempre ofrecerá el mérito de Cervantes á los que se pongan en el caso de que se les mida con el príncipe de nuestros ingenios. » Batilio, el dulce Batilio, ¿qué entendia de achaque de aventuras caballerescas? Uno es andarse por jardines y sotos cogiendo florecillas, otro ir por montes y valles tras el caballero armipotente en cuya jurisdiccion entra todo lo difícil de acometer y duro de ejecutar. Ovejas apacibles que sestean á la sombra de las hayas; tórtolas gemebundas sepultadas en la frondosidad de los cerezos; ruiseñores que de cada mirto hacen una caja de música divina; arroyuelos vivaces que van saltando por los guijos de su lecho, y otras de éstas, eran el asunto de Meléndez. El historiador de Don Quijote, Aquiles de la risa, habia menester un estro más robusto. La lira es para las náyades de las fuentes, los silfos de los prados: las aventuras de un paladin que persigue follones, destruye malandrines, arremete endríagos, se toma con diez gigantes y les corta la cabeza, requieren la trompa de Benengeli.

Cuál es el secreto de este hombre singular, no sospechado hasta ahora ni por los más perspicaces adivinos? Qué númen invisible movia esa pluma de Fénix, pluma sábia, inmortal? Qué espíritu prodigioso exitaba esa inteligencia, enajenándola hasta el frenesí de la alegría con la cual enloquece á su vez á los lectores? Virgilio imita á Homero, el Tasso á Virgilio, Milton al Tasso : Cervantes no ha tenido hasta ahora quien le imite : con él los gigantes son pigmeos : la pirámide de Cheops verá siempre para abajo todos los monumentos que los hombres levanten á sus triunfos. Ya un crítico admiró el ingenio que, con un loco y un tonto, habia llenado el mundo de su fama. Otro no habrá que haga lo mismo, y ménos con loco y tonto ajenos. Si por maravilla á alguien le ocurriese lo que á Berni con Boyardo, serian ésos otros hijos de Leda. Pero ya lo dijo Martinez de la Rosa : « Solo á Cervantes le fué concedido animar á Don Quijote y á Sancho, enviarlos en busca de aventuras y hacerlos hablar : su lengua no puede traducirse ni contrahacerse : es original, única, inimitable. »

Al que sabiendo estas cosas se arroja á tomar el propio asunto que Cide Hamete Benengeli, se le descompone la cabeza ; y seria punto de averiguacion, si éste lleva en su ánimo competir con el más raro de los grandes escritores, ó tuvo al componer su libro un propósito laudable que contrarestase de algun modo tan desmedido atrevimiento. Sus convidados no paladearán, sin duda, los manjares de los dioses, ni gozarán de esa inhebracion celestial con que la pura Hebe redobla la alegría de los inmortales ; mas si echaren de ver que el suyo es un banquete de Escotillo, ténganle por impostor y cóbrenle con las setenas. Los fieros de Don Quijote cuando habla airado ; los suspiros de su pecho si recuerda sus amores ; acciones y palabras del famoso caballero, grandes las unas, sublimes las otras, aire fuera todo sin la sustancia fina que corre al fondo y se deposita en un lugar sagrado cual precioso sedimento. Equidad, probidad, generosidad, largueza, honra, valor son granos de oro que descienden por entre las sandeces del gran loco, y van á crecer el caudal de las virtudes. Ni Don Quijote es ridículo, ni Sancho bellaco, sin que de la ridiculez del uno y la bellaquería del otro resulte algun provecho general. Los filósofos encarnan sus ideas en expresiones severas, é inculcan en nosotros sus principios con modos de decir que nos convencen gravemente. Ésto, por lo que tiene de fácil, cualquiera lo hace, si el cualquiera es uno que disfruta lo de Platon y Montaigne : ocultar un pensamiento superior debajo de una trivialidad ; sostener una proposicion atrevida en forma de perogrullada ; aludir á cosas grandes como quien habla de paso ; llevar adelante una obra séria y profunda chanceando y riendo sin cesar, empresa es de Cervantes. La alegría le sirve de girándula, y las imágenes saltan de su ingenio y juegan en el aire con seductora variedad. El Quijote es como el cesto de flores de Cleopatra en cuyas olorosas profundidades viene escondido el agente de la muerte ; con esta diferencia,

que debajo del monton de flores de Cervantes está
oculto el áspid sagrado, ese que pica solamente á los
perversos.

Una obra que no tuviese objeto sino el de hacer reir,
nunca habria removido el temperamento casi melancólico del que está trazando estos renglones. Habló por
hacer reir? Si éste fuera su temor, diera con sus papeles en el fuego, y se entrara por los montes en busca de
una fuente milagrosa donde se lavase la mano que
tal habia escrito. Pero ha compuesto un curso de
moral, bien creido lo tiene; y, seguro de su buen propósito, la duda no le zozobra sino en órden al desempeño.
El desempeño, medianísimo será; mas no puede esta
aprension tanto con él, que deje de dar á luz lo que ha
puesto por escrito. Entre la bajeza y la arrogancia, el
abatimiento y la soberbia andamos de continuo buscando
á un lado y á otro lo que más cumple al servicio de
nuestra vanidad : en la ocasion presente, Dios sabe si es
grande el temor que ése abriga de parecer loco él
mismo con haber tomado sobre sí dar nuevo aliento al
sabio loco, admiracion del mundo.

Nuestra esperanza era perdida, si este libro estuviera
á leer en manos de enemigos solamente; pues sucede
que aun con nuestros amigos no estamos en gracia, sino
en cuanto nos reconocemos inferiores á ellos y confesa-
mos nuestra inferioridad : la subordinacion nos salva de
su aborrecimiento. Mas quizá nos lean tambien hombres benignos, que remitiéndonos la osadía, no hagan
mérito sino del estudio que para semejante obra ha sido

necesario; y mirando las cosas en justicia, nos examinen, sino con respeto, siquiera con benevolencia. Muchos habrá que tengan en poco estos capítulos sin haberlos leido : esto nos causa desde ahora ménos pesadumbre que si jueces competentes y enterados.del caso nos condenaran al olvido. Admira en ocasiones ver cuán de poco son los que dan un corte en las mayores dificultades; pero causa más admiracion aun que los areopagitas saquen bien al que acomete una empresa mayor que su poder. No á la ojeriza de los envidiosos, pero al escaso mérito del escritor se debe las más veces su mal éxito : la virtud de las cosas está en ellas mismas, no en la opinion de los que juzgan de ellas : las buenas prevalecen, las sublimes quedan inmortales. No hemos de temer la rechifla de los insipientes, mas aun el silencio de los doctos; no la furia de los censores de mala fe, sino la desdeñosa mansedumbre de los jueces rectos. El aura popular es muchas veces vientecillo que sale de la nada y corre ciego : reputaciones hay como hijos de la piedra; no sabe uno quien las ha hecho; pero semejan esos gigantes soberbios que suelen figurar las nubes, erguidos é insolentes miéntras no corren por ahí los vientos. Ignorantes sabios, tontos de inteligencia, guardamateriales ilustres, en todas partes vemos : no tienen ellos la culpa : el vulgo es con frecuencia perverso distribuidor de fama, que no sabe á quien eleva ni á quien deprime. Focion se tiene por perdido al oirse aplaudir por la gente del pueblo : el *consensum eruditorum* de Quintiliano sanciona las obras de los ingenios eminentes, y los señala para la inmortalidad.

Si fué el ánimo de ese hombre, dirán buenos y malos, componer un curso de moral, segun que él mismo lo insinúa, ¿cómo vino á suceder que prefiriese la manera más difícil? Puede él tomar á Don Quijote en las manos sin que se desperfeccione la figura más rara, delicada, original y graciosa que nunca ha imaginado ingenio humano? Y qué será el Sancho Panza salido de esa pluma, la cual, si no es de avestruz, no es sin duda la maravillosa que Cervantes arrancó al ave Fénix, y tajada y aguzada por un divino artista, le acomodó éste entre sus dedos maestros? Pluguiese al cielo que tan léjos nos hallásemos de Avellaneda, como debemos de hallarnos de Cervantes. Por lo ménos es verdad que si no ha sido nuestro el levantarnos á la altura del segundo, no hemos descendido á la bajeza del primero. « Los más torpes adulterios y homicidios, dice Bowle, hacen el sugeto de dos cuentos sin ningun propósito ni moral en este libro » (el de Avellaneda). Adulterios y homicidios, ¡gran asunto para enseñar deleitando, y oponerse á los vicios que en diarias irrupciones devastan el imperio de las buenas costumbres! Quién ha de temer dar al mundo los propios motivos de reprobacion que ese fraile desventurado? Lo que sí nos infunde temor es el convencimiento de que aproximarse á modelo como Cervantes, no le será dable sino á otro hijo predilecto de la naturaleza, á quien esta buena madre conciba del dios de la alegría en una noche de enagenamiento celestial.

Tómese nuestra obrita por lo que es, — un ensayo, bien así en la sustancia como en la forma, bien así el estilo como el lenguaje. El lenguaje ! Nadie ha podido imitar el de Cervantes ni en España, ¡ y no es bueno que un americano se ponga á contrahacerlo ? Bonito es el hijo de los Andes para quedar airoso en lo mismo que salieron por el albañal ingenios como Calderon y Meléndez ! La natureleza prodiga al semi-bárbaro ciertos bienes que al hombre en extremo civilizado no da sino con mano escasa. La sensibilidad es suma en nuestros pueblos jóvenes, los cuales, por lo que es imaginacion, superan á los envejecidos en la ciencia y la cultura. El espectáculo de las montañas que corren á lo largo del horizonte, y oscurecen la bóveda celeste haciendo sombra para arriba ; los nevados estupendos que se levantan en la Cordillera, de trecho en trecho, cual fortificaciones inquebrantables erigidas allí por el Omnipotente contra los asaltos de algunos gigantes de otros mundos enemigos de la tierra : el firmamento en cuyo centro resplandece el sol desembozado, majestuoso, grande como rey de los astros : las estrellas encendidas en medio de esa profunda, pero amable oscuridad que sirve de libro donde se estampa en luminosos caractéres la poesía de la noche : los páramos altísimos donde arrecian los vientos gimiendo entre la paja cual demonios enfurecidos : los rios que se abren paso por entre rocas zahareñas, y despedazándose en los infiernos de sus cauces, rugen y crujen y hacen temblar los montes ; estas cosas infunden en el corazon del hijo de la naturaleza ese amor compuesto de mil sensaciones rústicas, fuente donde hierve la poesía que endiosa á las razas que nacen para lo grande. El pecho de un bárbaro dotado de inteligencia inculta , pero fuerte ; de sensibilidad tempestuosa, es como el océano en cuyas entrañas se mueven descompasadamente y se agitan en desórden esos monstruos que temen al sol y huyen de él, porque su elemento es otro oscuro y frio.

La época del arte es la de la madurez de las naciones, dado que arte es el conjunto armónico de los conocimientos humanos recogidos en un punto y componiendo obras maestras, bien como los rayos de luz forman el fuego en los espejos ustorios. El poeta no ha menester otra sabiduría que la natural. Sabiduría natural es la idea que tenemos del Hacedor del mundo y sus portentos visibles ó invisibles; la sensibilidad, que embebiéndose en un objeto, da nacimiento al amor; la facultad de gozar de las bellezas físicas y morales, y de ver por detras de ellas el principio creador de las cosas; la tendencia á la contemplacion, cuando, engolfados en una vasta soledad, clavamos los ojos y el pensamiento en la bóveda celeste; la correlacion inexplicable con los séres incorpóreos que andamos buscando en el espacio, las nubes, los astros; el cariño inocente que nos infunden las estrellas que resplandecen y palpitan en la alta oscuridad, cual serafines recien nacidos á quienes el Sacerdote del universo da el bautizmo de la bienaventuranza eterna; éstas y muchas otras componen la ciencia de los que no saben aun la aprendida en la escuela de una larga civilizacion. Bien así en el individuo como en la sociedad humana en general, la mañana de la vida es la fresca, alegre, poética: al poeta siempre nos le figuramos jóven y hermoso: el Víctor Hugo de las Odas y Baladas, el de las Orientales, el de las Hojas de Otoño, con sangre hirviente, espíritu impetuoso, mirada vencedora, ése es el poeta, mancebo feliz á quien las gracias preparan lecho de flores en los recodos encantados de los jardines de Adónis : la corona de mirto cae bien sobre esa frente que resplandece iluminada por las Musas, bella y pura representacion de la poesía. Homero es viejo ; nunca y nadie le ve jóven ; pero su estro no desdice de las canas venerables de ese anciano maravilloso. Júpiter requiere un cantor que infunda más respeto que cariño, más admiracion que benevolencia.

La novela es obra de arte. Para que sea buena, el artista ha de ser consumado. Ni Goldsmith hubiera compuesto su *Vicario de Wakefield,* ni Fielding su *Jonatham de Wield,* ni Richardson su *Clara Harlowe,* ni Walter Scott sus *Aguas de San Ronan* sin un profundo conocimiento del corazon humano, las costumbres, los vicios, las miserias de sus semejantes, y para llegar á ese conocimiento, que de suyo es una sabiduría, tiempo y observacion necesitaron, á más de aquella malicia sutil y bienhechora con que algunos ingenios nacen agraciados, la cual sirve para herir en los vicios y curar las llagas muchas y muy grandes que afean á la sociedad humana. Un ignorante pudiera hacer quizá un buen trozo de poesía lírica, si le suponemos poseido del furor divino, esa llama que prenden las Hijas del Parnaso animando el verde mirto con su soplo milagroso. Mas será para él cosa imposible idear y poner en ejecucion una epopeya, una tragedia, ó una novela, ramos de las humanidades que requieren estudios, sobre las disposiciones naturales del escritor. No supo lo que se dijo el que llamó *ingenio lego* á Cervantes : á más de lo que tuvo de aprendido, poseyó éste la ciencia infusa con que Dios suele aventajar á los entendimientos de primer órden ; esa ciencia que no hace sino indicar lo que dos ó tres siglos despues ha de ser descubierto, y propone en forma de sospecha lo que brilla como verdad en el centro del porvenir. El Quijote no es obra de simple inspiracion, como puede serlo una oda ; es obra de arte, de las mayores y más difíciles que jamas han llevado á cima ingenios grandes.

Tienen de particular las obras maestras que cuando uno las lee, piensa que él mismo pudiera haberlas imaginado y compuesto : son tan cumplidas en naturalidad y llaneza ! Hános sucedido experimentar uno como dolor absurdo de que Chateaubriand se nos hubiese anticipado en « Chactas y Atala. » Traidor : así es como esos ambiciosos nos frustran nuestras glorias. Qué mozalbete presumido de literato no piensa que él hubiera muy bien compuesto esa novelilla? Eche mano á la pluma de René, y verá si no pesa tanto como el martillo de un Ciclope. Los gigantes labran con mucha holgura esas piezas con que los dioses atan contra las rocas del Cáucaso á los insolentes ; los hombres comunes no alcanzan sino lo que dice con lo exiguo de sus fuerzas y su infeliz habilidad. Y cabalmente por eso hemos tomado sobre nosotros obra que tiene por título : « Capítulos que se le olvidaron á Cervantes? » Si á estotro ladron del fuego sagrado le hacen el honor de castigarle, que sea con las cadenas de Prometeo : esas con que las Gracias prendieron y aherrojaron al malicioso hijo de Vénus, serán buenas para este atrevidillo : un provocador de más de la marca requiere el buitre inmortal, que aleteando sobre él de siglo á siglo se regale en sus entrañas. Entre la furia y el desprecio, la eternidad de la pena y el olvido, si uno tiene sangre en el ojo, se quedará á lo cruel. No hay cosa más dura que la suavidad de la indiferencia.

No es raro que en órden á los hombres poco comunes los juicios de los otros difieran hasta el extremo de constituir opiniones encontradas. Para unos, Cervantes era *ingenio lego*, esto es, carecia de los conocimientos sin los cuales no puede haber gran escritor ; para otros, el epitafio del Albusense, puesto sobre su losa, hubiera sido mezquino de justicia y alabanza :

« *Aqui yace el que supo cuanto se puede saber.* »

Exceso de admiracion, ó atrevimiento por ventura, pues á nadie le ha sido dado hasta ahora imaginar siquiera cuanto puede saber el hombre, ménos aun verse privilegiado con la sabiduría que alcanzará cuando á fuerza de siglos, experiencia, padecimientos llegue á su perfectibilidad el género humano; y esto, si algun dia viene á perfeccionarse en términos que vea rostro á rostro al Incógnito que nos oculta en su seno las luces por las cuales andamos suspirando en estas aspiraciones honoríficas con que nos dignificamos cuando nos tenemos por superiores á nosotros mismos.

Cervantes fué astrólogo judiciario : los secretos de los astros le eran conocidos ; el porvenir se le descubria en la bóveda celeste estampado en signos portentosos. Por lo que tuvo de hechicero, pudiera muy bien haber servido de miga á un auto de fe : por lo de brujo, no hubiera hecho mala figura en los conventículos de Zugarramurdi.

Fué jurisconsulto : los Aruncios y Eserninos, los Antistios y Capitones no conocieron más á lo grande esta gran ciencia de las leyes que enseña é impone la justicia á los hombres.

Fué médico : de esos que toman en la mano la naturaleza palpitante, en sus convulsiones echan de ver los males que nos aquejan, y guiados por nuestros ayes, van á dar con el remedio en las entrañas de la sabiduría.

Fué poeta : peregrino venerable, subió al Parnaso, se alojó en la morada de las Musas, y tuvo relaciones misteriosas con los genios de esa montaña santa. Los dioses se hospedaron en casa de Sófocles : aquí es al contrario ; un hombre llega á la mansion de los inmortales.

Fué teólogo : florezca en tiempo de los Santos Padres, y el obispo de Hipona no se llevara la palma, así, con tanta holgura, como si para él no pudieran nacer competidores.

Fué músico : la flauta encantada de Anfion no conmovia tanto el alma de los árboles y las piedras, ni las entonaciones guerreras de Antigenides despertaban más furor en Alejandro.

Fué cocinero : en la sociedad culinaria de Cleopatra hubiera sido presidente á votos conformes : nadie mejor que él guisa y dispone los raros pajarillos de que gustan los Tolomeos.

Fué sastre, gran sastre, digno de un imperio : las calzas de Don Quijote se muestran allí acreditando que

nadie más que él estuvo en los secretos de la noble in-
dumentaria. Si Apolo usase jubon y herreruelo, ¿ á quién
sino á Cervantes se dirigiria?

Qué otra cosa fué el autor del Quijote?

Hic stupor est mundi.

Dios de bondad ! para ser uno de los más peregrinos,
más admirables escritores, no hubo menester esa sabiduría universal con que algunos le enriquecen desmedidamente, dadivosos de lo que á ellos mismos les falta.
En dónde, cuándo estudió tánto? supo de inspiracion
todas las cosas? Los ingenios de primera línea tienen
una como ciencia infusa que está brotando á la continua
de la inteligencia. Los filósofos antiguos pensaban que
el espíritu profético lo bebian algunos hombres privilegiados en ciertos vapores sutiles que la madre tierra echa
de sí en sus horas de pureza, fecundada por los rayos
del sol : de este modo hay una ciencia que estudian los
individuos extraordinarios, no en aulas, no en universi-
dades, sino en el gran libro de la naturaleza, cuyos caractéres, invisibles para los simples mortales, están
patentes á los ojos de esos semidioses que llamamos genios. Cervantes habia estudiado poco, y supo algo de
todo : empero la perspicacia anexa á entendimientos
como el suyo le conciliaba aptitud para decir verdades
que no tenia averiguadas, para sentar principios que no
son sino cosas problemáticas para los que no se fijan en
ellos con esa intension y fuerza á las cuales no resiste lo
desconocido. Realmente admira verle aplicar á un loco
un método medicinal no descubierto aun, y con todas

las reglas de un científico. Hanneman, inventor de la homeopatía, no supo que un español mayor que él con doscientos años, si no escribió de propósito acerca de su gran sistema, lo ensayó con buen éxito, y de este modo lo dejó planteado? Uno de los comentadores más prolijos de Cervantes, Don Vicente de los Rios, pretende que la enfermedad de Don Quijote, descrita por él, compone un curso completo del mal de la locura; si bien ninguno de sus biógrafos ha descubierto que el soldado de Lepanto hubiese sido nunca médico ó *físico sabidor*. Da entrada á su admiracion el dicho Don Vicente con reparar en los años del hidalgo argamasillesco, el cual, segun sabemos todos, frisaba con los cincuenta; año climatérico, dice, muy ocasionado á la demencia. En esto no ajusta su parecer con el de cierta amable loca, quien, por la sustancia de su expresion, debe pasar por autoridad en la materia. Visitando un dia el czar de Rusia el hospital de la Salpêtrière en Paris : Bobas mias, les dijo á unas loquitas jóvenes que le rodeaban ; hay muchas locas de amor entre las francesas? La más achispada respondió en un pronto : Desde que vuestra majestad está en Francia, muchas, señor.

Ahora pues, el amor es achaque de la juventud, enfermedad florida á cuyo influjo se abren las rosas del corazon y dan de sí esas emanaciones gratísimas que nos hacen columbrar los olores del cielo. Las estadísticas de los hospicios de dementes en las grandes ciudades señalan como principal el número de los locos de amor, en uno y otro sexo, prevaleciendo el femenino. Provendrá esto de que las mujeres reciben más desen-

gaños, devoran más afrentas y pesadumbres, y en ellas
la caída viene siempre en junta del deshonor y la vergüenza? O ya su delicada fibra, su corazon compuesto
de telas finísimas no resisten al ímpetu de los dolores
que corren cual vientos enfurecidos en ciertos períodos
de la vida? Dicen que la mujer posee en grado eminente
la virtud del sufrimiento, y resiste mucho más que el
hombre á las cuitas del alma; y con todo, es cosa bien
averiguada que por quince locos habrá veinte locas de
amor. Es porque ellas no hurtan el cuello al yugo de
ese tirano hermoso, y suspirando de dia y de noche,
arrojando ayes por su suerte, se dejan ir de buen grado
con la corriente de sus males, sin que en ningun tiempo
sean muchas las que intenten el salto de Leucadia.
Aman al Amor, aman al Dolor, y, felices ó desgraciadas,
cumplen con su destino, que es morir amando, aun en
la Salpêtrière. Los cincuenta años de edad no son pues
necesarios para la locura, si bien al amante de Dulcinea
no le trabucaron el juicio amores sino armas andantes,
caballerías en las cuales entraban por mucho, es cierto,
del corazon las turbulencias.

No serán pocas las ventajas de Cervantes que estén
fundadas puramente en la vanidad de sus compatriotas :
sus méritos reales son muchos y muy grandes, para que
su gloria tenga necesidad de ilusiones que en resumidas
cuentas no forman sino una sabiduría fantástica. Eri-
girle estatuas como á gran médico, verbigracia, allá se
va con levantar una pirámide conmemorativa de sus descubrimientos astronómicos. Hipócrates quebranta su gravedad con una sonrisa, y Mercurio frunce el entrecejo.

CAPÍTULO V

Cervantes alcanzó conocimientos generales en muchos ramos del saber humano ; que pueda llamarse sabio particularmente en alguno de ellos, no dejará de ser dudoso. Su ciencia fué la escritura ; su instrumento esa pluma ganada en tierra de Pancaya luchando con los mayores ingenios por los despojos del Fénix.

Un tal Don Valentin Foronda, al contrario de Don Vicente de los Rios, quiere que Cervantes no hubiese conocido ni la lengua en que escribió. Atildando á cada paso las ideas y maneras de decir del gran autor, se pasa de entendido y censura en él hasta los cortes y modos más elegantes de nuestra habla. El tal Foronda, dice Clemencin, « entendia muy poco de lengua castellana, y parece haber escrito sus « Observaciones » más contra el Quijote que sobre el Quijote. » Y Don Valentin no es el único de los españoles empeñados en traer á ménos á su insigne compatriota; pues sale por allí un Don Agustin Montiano atribuyendo la nombradía de Cervantes á *que anda muy desvalido el buen gusto, y la ignorancia de bando mayor.* Empresa tanto más bastarda la de estos seudo humanistas, cuanto que los demas pueblos por nada quieren acordarse de otro grande hombre que de Cervantes en España ; y van á más y dicen que esta nacion no tiene sino ese representante del género humano en el congreso de inmortales que la fama está reuniendo de continuo en el cenáculo del Tiempo. Italia, maestra de las naciones modernas, se gloría de muchos varones perilustres, de esos que, descollando sobre presentes y venideros, prevalecen en el campo de la gloria á lo largo de los siglos. Dante, Petrarca, el Ariosto, el Tasso en poesía : Miguel Angel, Rafael en buenas artes : Maquiavelo en política, son figuras gigantescas cuya sombra se extiende por el porvenir, cuyo resplandor alumbra las futuras generaciones. Italia posee cuatro épicos, cuando los otros pueblos no tienen ni uno solo. Portugal ha dado de sí ese gran mendigo que se llama Camoens ; fuera de él, no hay en Europa hombres de talla extraordinaria. Milton es un imitador, y á pesar de Chateaubriand, no se hombreará jamas con los grandes poetas antiguos. Pero Inglaterra se halla resarcida y satisfecha con su Shakespeare, ese genio misterioso que no sabemos de donde ha salido, el cual, conmoviendo el mundo con las pasiones de su corazon, funda esta cosa nueva, compuesta, romántica que denominamos el *drama moderno*. Tiene su Pope, bardo moralista y filosófico : tiene su Byron, el poeta de las tinieblas, que resplandece como Luzbel en el acto de estar rebelándose contra el Todopoderoso : tiene su Burke, su Chatam, oradores á la antigua, suerte de Cicerones y Demóstenes que recuerdan los grandes tiempos de Aténas y Roma.

Francia no es para ménos : Corneille, Racine y Molière volverian inmortal ellos solos el mundo, no digamos su patria. Montesquieu, resúmen de la sabiduría : Voltaire, enciclopedia viviente.

Alemania, en cierto modo, es pueblo nuevo en las humanidades. De ingenios de primer órden, de esas antorchas altísimas que se hallan á la vista de todas las naciones, tiene tres : Gœthe, Schiller y Klopstock. El doctor Fausto es muy antiguo ; pero esa sabiduría proveniente del tráfico tenebroso de Mefistófeles, se fué en el humo de las vetustas selvas de la Germania : los abominables gnomos que las frecuentaban son hoy blandos silfos que revolotean por los jardines de la civilizacion moderna. Humboldt alza la cabeza y me mira con uno como asombro amenazante. Con él no cabe olvido : fué más bien necesidad de darle puesto separado, como á quien no está en su lugar ni aun entre grandes.

Al panteon de los inmortales no suelen traer los escritores sino á Cervantes, de parte de España ; Cervantes, su única gloria, dicen, particularmente los franceses. Schlegel, á título de sabio, no ignora que España ha producido tambien un Calderon; y este buen clérigo entra como poeta de alto coturno en la crítica de ese soberano repartidor de la gloria. Mas á poco que leamos á Feijoo, habremos de dar la palma á su querida Iberia, esa vieja Sibila de cuyas advertencias no se aprovecha el mundo, porque á fuerza de incredulidad le obliga á echar sus libros al fuego. No pocos hay en ella de esos pequeños grandes hombres de cuya reputacion están henchidos los ámbitos de la patria ; mas uno es Cervantes, y otro Lope de Vega. Este es gloria nacional, ése gloria universal : con el uno se honra un pueblo, con el otro el género humano.

Miren el ignorante..... Y cómo se propasa el atrevido,

exclama por ahí algun buen chapeton celoso de las patrias glorias : no sabiendo que España cuenta un Guillen de Castro, un Alarcon, un Quevedo, ¿cómo se atreve á dar puntada en esto que llamamos buenas letras? Si por el verso, allí están los Argensolas, los Ercillas, los Riojas, los Herreras, los Garcilasos; oiga usted! los Garcilasos..... Si por la prosa, los Hurtados de Mendoza, los Fuenmayor, los Marianas, los Granadas, los Jovellanos. Desde el Arcipreste de Hita, ninguna nacion más aventajada en ingenios poéticos; y desde el Infante Juan Manuel, ninguna más fecunda en prosistas de primera clase. Y ahora viene este bárbaro instruidillo á poner el de España despues de otros asientos en el consistorio de los grandes hombres? Ignora, sin duda, que Rui Diaz hizo pedazos de un puntapié el sillon de marfil del embajador de su majestad cristianísima, con decir que á nadie le tocaba la precedencia donde se hallaba el del rey su señor? Envaine usted, seor Carranza : no digo yo que España sea más pobre que otra ninguna en varones de pro y loa. Cómo lo he de decir, cuando sabemos todos desde Paulo Mérula, que es la nacion donde los ingenios son felices? Digo solamente que uno es ser hombre distinguido, y otro ser grande hombre, de esos que el mundo consagra en el templo de la Inmortalidad, é imprime en ellos el carácter que los vuelve sacerdotes de la inteligencia. No se me oculta que el Cid de Guillen de Castro fué la vena que el insigne trágico frances picó para su obra maestra. Voiture, Molière, Lafontaine beneficiaron las ricas minas de Quevedo, Alarcon, el conde Lucanor; y con elementos ajenos han hecho las preseas con que resplandece la literatura moderna. El metal ha salido de España; el arte, el primor los han puesto los franceses. Entre los unos, los grandes ingenios han llegado á ser de renombre universal; entre los otros, su gloria respeta los términos de la Nacion. Injusticia será del mundo, pero es así. *Dura lex, sed lex.*

Cervantes ha superado los obstáculos que los dioses y los hombres oponen á los que intentan pasar á la inmortalidad : despues de dos siglos de luchar desde la tumba con la indiferencia de los vivos, prevalece, y el mundo le proclama dueño de una de las mayores inteligencias que ha producido el género humano. La Sagrada Escritura, la Ilíada, la Eneida, cuál, en el mismo espacio de tiempo, ha sido más repetida y traducida que el Quijote? Por poco que uno sepa entenderse con la pluma, ya le vierten al inglés : al frances, no hay Perogrullo que no se haga traducir. En Alemania hay sabios que estudian á los ignorantes, hombres de talento que analizan á los tontos. Los italianos son grandes traductores ; todo lo traducen : está bien.

Que nos traduzcan al griego, al latin, esas lenguas muertas, difuntos sabios que yacen amajestados con el polvo de veinte siglos, esto ya puede exitar nuestra vanidad. Don Quijote anda en ruso : el edicto de Pedro el Grande sobre que se rasuren todos cuantos son sus vasallos, no le alcanza á las barbas moscovitas con que se pandea en su viaje de Moscowia á Sanpetersburgo.

Anda en sueco, en danes : la antigua Escandinavia no contempló en las nubes, entre las sombras de los guerreros, otra mas belicosa y temible.

Anda en polaco : habia más que Juan Kosciusko hubiera convocado un dia á todos los caballeros andantes que anduviesen por el Norte? Tal pudiera haber venido entre ellos que bastase para dar al traves con el poder del Cosaco; y no se hallara el gran patriota en el artículo de escribir en la nieve con la punta de su espada: *Finis Poloniæ.*

Anda en rumano: las orillas del Danubio le ven pasar armado de todas armas, caballero sobre el corcel famoso que el mundo conoce con nombre de Rocinante. Si no acomete allí de pronto una alta empresa, es por falta de barco encantado.

Anda en catalan, anda en bascuense: oh Dios ! anda en bascuense..... Cómo sucede que no ande todavía en quichua? Dios remediará: los hijos de Atahualpa no han perdido la esperanza de ver á ese grande hombre vestir la cushma de lana de paco, en vez de el jubon de camusa con que salió de la Argamasilla.

Cervantes presumia de haber compuesto una obra maestra, habiendo compuesto su novela de Persíles y Sigismunda; y tenia bien creido que los presentimientos de inmortalidad y gloria con que andaba endiosado desde niño, eran efectos anticipados de esta creacion. No sabemos si algun frances de mal gusto haya vuelto á su lengua el tal Persíles; el Quijote, en el cual su autor miraba poco, ha sido puesto en griego, latin, lenguas muertas. En frances, inglés, portugues, italiano y aleman, lenguas vivas. En sueco, danes, lenguas semibárbaras, aunque de pueblos muy adelantados. En ruso, polaco y húngaro, lenguas duras y terribles, lenguas de osos y carrascas. En catalan, bascuense, lenguas extravagantes. Qué otro autor, inglés, frances, aleman, italiano ha merecido los honores de las nieves perpetuas y los de la zona tórrida? Miguel de Cervantes Saavedra es el más singular, el más feliz de los grandes escritores modernos; y los españoles no tienen por qué soltar el moco y soplarse amenazando, cuando decimos de España que no tiene sino á Cervantes. Cuáles son las naciones que cuentan con muchos de esa talla? Por docenas, no hay sino-gigantes pequeñuelos. Uno es el que empuña el cetro: el de España, empúñalo Cervantes.

Pues hubo por ahí un Don Valentin Foronda, un Don Agustin Montiano, un Isidro Perales ó Don Blas Nasarre, que tomaron sobre sí el desvalorar á Cervantes; y fueron españoles, ésos! Si se salen con la suya, cuál es el príncipe de los ingenios españoles? Alonso Fernandez de Avellaneda. Gran cosa.

CAPÍTULO VI

Don Diego Clemencin afirma en sus anotaciones que algunos pasajes del Quijote de Avellaneda hacen reir más que los de Cervantes. Puede ser; pero de la risa culta, risa de príncipes y poetas, á la risa del albardan, alguna diferencia va. Pantalon y Escapin hacen tambien reir en el escenario, y no por su sal de gallaruza han de tener la primacía sobre esos delicados representantes que, huyendo de la carcajada montaraz, se van tras la sonrisa leve, la cual, como graciosa ninfa, hurta el

cuerpo y se esconde por entre los laberintos luminosos
del ingenio. La carcajada es materia bruta : molida,
cernida, tras mil operaciones de química ideal, daria
quizá una sonrisa de buenos quilates ; bien como el oro
no comparece sino en granos ó pepitas diminutas, apartados los otros metales groseros y la escoria que lo
abriga en las entrañas. Escritor cuya habilidad alcanza
la obra maestra de mantener á los lectores en perpetua
risa invisible, es gran escritor ; y risa invisible la que
no se cuaja en los labios en abultadas formas, desfigurando el rostro humano con ese *hiatus* formidable que
en los tontos deja ver la campanilla, el gargüero y aun
el corazon de pulpa de buey. La risa agigantada es como
un sátiro de horrible catadura : la sonrisa es una sílfide
que en alas de sombra de ángel vuela al cielo del amor
y la felicidad modesta. No digo que Cervantes no sea
dueño de carcajadas muchas y muy altas y muy largas ;
pero en las de este divino estatuario de la risa hay tal
sinceridad y embeleso, que no sentimos la vergüenza
de habernos reido como destripaterrones, sino despues
de habernos saboreado con el espeso almíbar que chor-
rea de sus sales. Cervantes, por naturaleza y estudio, es
decente y bien mirado : honestidad, pulcritud, las Musas que le están hablando al oido con esa voz armónica
y seductora á la cual no resisten los hombres de fino
temperamento. Avellaneda, por el contrario, goza en lo
torpe, lo soez : sus gracias son chocarrerías de taberna,
y las posturas con las cuales envilece á su héroe, no
inspiran siquiera el afecto favorable de la compasion,
por cuanto en ellas más hay de ridículo y asqueroso
que de triste é infeliz. El mal hijo de Noé, burlándose

de la desnudez de este venerable patriarca, ha incurrido en la maldicion de Dios y el aborrecimiento de los hombres : asimismo el bajo rival de Cervantes, riéndose y haciendo reir de la desnudez y fealdad de Don Quijote, ha concitado la antipatía de los lectores y grangeado su desprecio.

Yo me figuro que entre Cervantes y Avellaneda hay la propia diferencia que entre los teatros de primera clase de las grandes capitales europeas, y esos teatritos ínfimos donde ciertos truhanes enquillotran á la plebe de los barrios más oscuros de las ciudades. El Teatro Frances, verbigracia, en Paris, en cuyo proscenio son puestas á la vista las obras maestras de Molière y Beaumarchais : donde el Misántropo desenvuelve su gran carácter : donde Tartufo asombra con los falsos aspectos de la hipocresía : donde Don Juan pone por obra los arbitrios de su ingenio tenebroso y su corazon depravado : donde el Barbero de Sevilla derrama á manos llenas la grata sal que cura tristezas y remedia melancolías : donde Don Basilio enamora con su papel de confidente, al cual tan sólo por el respeto debido á la sotana no le designamos con el nombre de echacuervos : donde las chispas del ingenio hacen un ruidecillo que parece música de alegres aves, y las malicias del amor vuelan encarnadas en cuerpos de donosos silfos. Allí, ante esa representacion grandiosa de las costumbres desenvueltas por la inteligencia de primer órden, la carcajada no tiene cabida : si se atrevió á venir, á la puerta se quedó, contenida por la estatua de Voltaire, el cual nunca se rió como echacantos, risa alta y pesada, sino bajito, *pian pianino*, y en forma de puntas buidas metió su risa por el corazon de los errores y las verdades, los vicios y las virtudes. Así como Rabelais es el padre de la risa francesa, así Molière es el padre de la sonrisa : sonrisa culta, pura ; sonrisa de buena fe, de buena casta; sonrisa agradable, saludable; sonrisa señora, sonrisa reina, que temeria caer en la desconsideracion de las Musas, si se abultase en términos de dar en risa declarada : sonrisa sin voz ni ruido : estampa muda, pero feliz, donde el placer ejecuta sus mudanzas, asido de las manos con esa deidad amable que nombramos alegría.

Avellaneda es brutal hasta en sus donaires : no de otro modo los trufaldines de la Barrera del Infierno dan saltos de chibo, gruñen como cerdos, embisten como toros, y profieren sandeces de más de marca para hacer reir á la gente del gordillo que está revuelta al pié de esas tablas miserables. Por donde podemos ver que en justicia el monje ruin que irrogó tántos agravios al autor del Quijote, no es su competidor, ménos su émulo : rival es, porque obran en él envidia, odio, deseos nefandos, y el rival no ha menester prendas ni virtudes, siendo, como éstas son, excusadas para el efecto de aborrecer y maldecir. Admíranos, por tanto, hubiese habido entre los sensatos españoles quienes diesen la preferencia á la obra sin mérito del supuesto Alonso Fernandez de Avellaneda sobre la fábula inmortal de Miguel de Cervantes, príncipe de sus ingenios. Yo supongo que la buena fe no mueve el ánimo de estos autores; y si por desgracia la abrigasen cuando juzgan á Cervantes inferior, y con mucho, al tal Avellaneda, harto fundamento nos darian para que á nuestra vez sintiésemos mal respecto de su inteligencia. Las proezas de la envidia no son de ahora : ésta es la primogénita de las ruines pasiones : Abel es menor que Cain. El cisne de Mantua fué mil veces acosado por cuervos que echaban graznidos siniestros en torno suyo; pero el lodo que Mevio y Bavio le arrojaron, no llegó jamas á ensuciarle la blanca pluma, y así limpio, casto, puro ha pasado hasta nosotros, é irá pasando á las generaciones venideras. Horacio, juez supremo en poesía, proclama á Virgilio el primero de los poetas, despues de Homero : Ovidio canta los triunfos de su maestro : Tuca, Vario, en gran prosa, ensalzan al autor de las Geórgicas, y poseidos del furor divino conmueven el universo con la admiracion gratísima con que le vuelven inmortal. Mecenas tiene á honra ser su amigo : Augusto cifra su gloria en tenerle á su lado : el mundo todo se inclina ante el foco de luz que brilla en esa cabeza, el fuego sagrado que arde en ese pecho y vuela al cielo en llamas poderosas. Y hay un Mevio que le insulta, le calumnia, le denigra; un Bavio que hace fisga de él, le escupe, le escarnece. El bien y el mal, la luz y las tinieblas, la verdad y la mentira son leyes de la naturaleza : querer hallar solas á las divinidades propicias, es querer lo imposible. No tenemos idea del bien, sino porque existe el mal : la luz no fuera nuestro anhelo perpetuo, si no reinara la oscuridad; y la verdad seria cosa sin mérito, si no estuviese de dia y de noche perseguida y combatida por la mentira.

Para un Sócrates, un Anito, un Melito : en no existiendo estos anti-filósofos, ¿quién acusara al maestro?

Para un Sócrates un Aristófanes : sin este poeta-histrion,
¿ quién se burlara de las virtudes?

Para un Homero un Zoilo; sino la envidia se queda
con su hiel en el pecho. Para un Homero un Escalí-
gero; sino, la basura no cubre las piedras preciosas.

Para un Virgilio un Mevio, un Bavio : preciso era
que inteligencia superior, corazon sensitivo, alma pura,
buenas costumbres, poesía en sus más erguidas y hermosas disposiciones tuvieran enemigos que las hicieran resaltar con el contraste de los vicios fingidos por
la calumnia.

Alfesibeo es un mágico que por medio de sus encantos obliga á salir de la ciudad á Dafnis, su amada, y venirse á él á pesar suyo. Hechicero ! hechicero ! grita
Mevio. Brujo ! brujo ! grita Bavio. Los personajes imaginados por el poeta son el poeta mismo : las aventuras
de los pastores de Virgilio son de Virgilio mismo. Así
hemos presenciado casi en nuestros tiempos la cruzada
impía que los perversos junto con los ineptos han hecho
contra uno de los mortales más llenos de inteligencia y
virtud que pueden salir del género humano : virtud, entendiéndose por ella ahora esa gran disposicion del
alma á lo bello y lo grande, aun cuando los tropiezos
de la tierra y la maldad de los hombres le hubiesen
aproximado al que la poseia á los vicios, y por ventura
al crímen. *El Giaur* fué hijo de una imaginacion can-
dente, nacido entre torbellinos de humo negro y encres-
pado; no fué persona real, de carne y hueso : Manfredo,
ese como Doctor Fausto de los Alpes, que aterra con sus
cavilaciones y da espanto con sus evocaciones, no fué el

poeta que le dió vida soplando en su propio corazon con la fuerza del alma desesperada. El Corsario, ese terrible ladron de los mares, para quien la vida de sus semejantes vale ménos que la de un insecto, no fué el mismo que ideó su carácter y le dió cuerpo hermoso. Y con todo, sus contemporáneos temieron, aborrecieron, combatieron á ese poeta, tomándole, mal pecado, por los héroes de sus poemas, cuando las virtudes, virtudes grandes, se gallardeaban como reinas en su corazon inmenso. Lord Byron no es ya el vampiro que se harta de carne humana en el cementerio á media noche, y entra á su palacio á beber vino en un cráneo de gente convertido en copa : no es ya el Don Juan Tenorio que engaña y seduce, fuerza y viola, se come á bocados honestidad y pudor, sin respeto humano ni divino, esclavo de la concupiscencia : no es ya el homicida secreto que ha derramado sangre inocente, por averiguar misterios perdidos en la vana ciencia de la alquimia. No es nada de esto : desvanecida la impostura, purificado el juicio, la generacion presente ve en él, no al ateo, no al criminal, sino al poeta, al gran poeta, y nada más. Desgracias excepcionales y dolores profundos le volvieron hosco y bravo : así como amaba el amor, cual otro Vicario de Wakefield, así le obligó el mundo injusto y perverso á amar el odio : Lord Byron amó y aborreció: amó como serafin, aborreció como demonio. Su alma, en tempestuoso vaiven entre estos dos abismos, cobró proporciones, unas veces de ente divino, otras de hijo del infierno. Bregando, forcejando, gritando, aleteando cual águila loca, vivió el poeta su vida de suplicio, devorado el pecho por una legion de ángeles convertidos en furias. Así á Virgilio, en otro tiempo, quisieron atribuirle vicios y culpas de sus heroes; cuando su buena índole, la apacibilidad de su genio, su bondadosa mansedumbre le volvian amable para todos los que no abrigasen en su seno esa víbora inspiradora de maldades que llamamos envidia.

CAPÍTULO VII

En una de las comarcas de Italia más ricas y hermosas nació un niño á principios del siglo décimocuarto. Las Gracias tuvieron cargo de él durante los años de su infancia, las Musas le tomaron por su cuenta desde que tuvo uso de razon. Bien así como el caballero de la Ardiente Espada habia nacido con una hoja de fuego estampada en el pecho, asimismo ese niño parecia ceñir sus sienes con una corona luminosa, la cual era por ventura una mirada especial con que la Providencia quiso agraciar al recien nacido. Esa sombra de luz celeste fué precursora de la corona verdadera con que los hombres, admirados, honraron y distinguieron á ese niño andando el tiempo : Francisco Petrarca fué coronado en el Capitolio por mano del Senador, en una de esas solemnidades que no suelen prevenir los Gobiernos sino para las grandes ocasiones. Quince mancebos de las familias patricias de Roma, vestidos de escarlata, van precediendo al poeta con sendas palmas en la mano: los altos dignatarios del Estado, los senadores metidos en lobas de terciopelo verde, siguen tras él con diferentes insignias cada uno : el pueblo, en multitud inmensa, forma una procesion interminable. Ahógase en gente el Capitolio : Orso, Senador, se levanta en pié y exclama : Oh tú, el mayor de los poetas, ven y recibe la corona del mérito ! El poeta, pálido, pero hirviendo en mudo júbilo, da cuatro pasos apoyado en las Musas invisibles ; el Senador le pone en la cabeza una corona de laurel, miéntras el pueblo asorda la ciudad y los montes vecinos con un aplauso gigantesco. Incontinenti salen todos y se dirigen á la basílica de San Pedro, en cuyas aras deposita el poeta, como ofrenda á la Divinidad, la corona que ha ganado por medio de la inteligencia.

En un mismo dia Francisco Petrarca habia recibido cartas del Senador romano, del Canciller de la universidad de Paris y del rey de Nápoles, por las cuales le llamaba cada uno con instancia á recibir « la corona del ingenio. » Rara coincidencia que causó en el agraciado una como supersticiosa maravilla de gran poder en su ánimo. Decidióse por Roma, y no fué mucho : la ciudad de los Césares, la ciudad de los Papas, la capital del mundo era siempre más que otra cualquiera, aun cuando ésta fuese Paris, teatro de las grandes representaciones y los triunfos de Abelardo. Voltaire ha intentado achicar á Petrarca, poniéndole atras de ciertos poetas franceses, muertos para la posteridad : Petrarca vive, y su corona, la corona del Capitolio, está resplandeciendo á los ojos del género humano. El palaciego de Federico ha salido mal en esto, como en muchas cosas. Un bardo amabilísimo de nuestro siglo, bardo cristiano y sencillo, le lleva la contra al viejo descreido de Ferney, y sostiene que Petrarca

es el primero de los poetas de los tiempos modernos,
sin que haya uno solo en Francia, Inglaterra, Italia
misma que le alcance al solitario de Vaclusa, y ménos
que le tome la delantera. Lamartine es tan propasado
en sus fervores, que por poco que delire da en lo absurdo : si no fuera tan serio, tan grave, tan superior
este hombre, haria reir muchas veces, como cuando
afirma que un verso de Petrarca vale más que toda la
prosa de Platon. Montaigne diria justamente lo contrario, esto es que una línea de la prosa de Platon vale
más que todos los versos de Petrarca. Si el uno de estos críticos es más admirable como poeta, el otro es
más respetable como filósofo, y merece más crédito ; si
bien es verdad que á juzgar de los poetas líricos por la
idea que de ellos tienen Montaigne y Montesquieu, esos
ergotistas, como los llama el viejo gascon, no son ni
para servir á la mesa de los hombres de mérito. Lamartine, del oficio al fin, propone exageraciones que á
poca costa las llamarian disparates los filósofos.

Hubo por el mismo tiempo un pobrecito llamado Serafin Aquilano que dió en metrificar á despecho de las
hijas del Parnaso. Los envidiosos de Petrarca pararon la
oreja, le animaron. El vatecito ardió en celos, se puso
de puntillas, se estiró cuanto pudo, y alargando el brazo,
pensó que habia tocado las estrellas. Los aborrecedores
de Petrarca se pusieron á gritar : Viva Serafin Aquilano !
El Fénix ha parecido ! Pan ha resucitado ! Y Petrarca
no fué nada desde entónces : pospuesto, insultado, ar-
rinconado, el amante de Laura se dejó estar llorando en
silencio su amor infeliz en su recepto de Aviñon, sin

que le diesen pena las vociferaciones y los embustes de sus enemigos. Serafin Aquilano estaba triunfante : sus obritas, mil veces reimpresas en ediciones primorosas, corrian por Italia en alas de la envidia. La conspiracion era verdaderamente atroz ; atroz y eficaz : el pobre Serafin, ídolo facticio de los perversos, llegó á tenerse por el Apolo, no de la mitología, sino de la realidad, del Olimpo cristiano donde Júpiter mismo le ensalzara con una mirada de distincion. Serafin por aquí, Serafin por allí : todo era Serafin Aquilano, gran poeta. Orso, coronando á Petrarca en el Capitolio á nombre de Italia y su siglo ; la Universidad de Paris rindiendo homenaje al ermitaño de Vaclusa ; el rey de Nápoles, Roberto, el sabio rey, saliendo al encuentro del poeta con la diadema en la mano, dieron en tierra con la falsa gloria de Aquilano, y levantaron á Francisco Petrarca una estatua impalpable, más preciosa que el oro, más sólida que el bronce.

La misma táctica hemos visto despues en contra de Racine, quien tuvo tambien no pocos envidiosos denigradores. ¡ Y digo si el autor de *Atalía* pudiera haber tenido competidores ni en tiempo de Sófocles ! Un crítico célebre llama á la Andrómaca la obra maestra del teatro ; pero *Atalía*, dice, es la obra maestra del entendimiento humano. El rey Luis décimocuarto prohibió la representacion de esta obra sublime, porque, dijo, semejante majestad no puede dejar de ser profanada en manos mortales. Tragedia cuya fuente es la Biblia, « Atalía, » es un monumento religioso : el templo de Salomon, Acab, la reina perseguidora de Dios ; idólatras, judíos : las pasiones más profundas del género humano puestas en giro con habilidad maravillosa : poesía que corre á torrentes de la cumbre del Oreb : versos de cadencia pura : sentimientos del ánimo, como si los hombres fueran todos réprobos ó santos : catástrofes estupendas : lenguaje inimitable ; he aquí « Atalía, » he aquí el poeta que la compuso. Pues hubo quienes tuviesen á Racine por inferior á Pradon, muy inferior · un tal Pradon ; un cierto Pradon ; un Pradon ; un hombre llamado Pradon, que ha sido poeta, dicen, y ha imaginado piezas teatrales de alto coturno. Racine se está hombreando ante los siglos con los grandes trágicos griegos · Esquilo, Eurípides, Sófocles, sus maestros, se ponen de piés cuando él entra á su academia, y le señalan alto puesto. En Roma no tiene igual : Séneca es interesante cuando, entrando el conspirador al palacio de Augusto, le hace decir al gran déspota. « Cina, toma una silla ; » pero muy léjos se halla el poeta romano del frances, cuando éste levanta el vuelo y va á llamar á las puertas de la Belleza Infinita.

En los tiempos modernos Shakespeare es el intérprete más poderoso de las pasiones mundanas, el gran levita del terrenal amor : Racine, en « Atalía, » es el poeta de las pasiones divinas. Las obras donde entren Dios y la religion serán siempre superiores á las que versan puramente sobre cosas humanas.

La estrategia de la envidia, en todo tiempo, ha sido oponer los mediocres á los ingenios superiores, procurando que del ensalzamiento desmedido de los primeros resulte la desestima que los ruines ansían para los segundos. Esta providencia infame suele ser tan comun, que todos los dias la vemos puesta por obra, aun entre nosotros, pequeñuelos. Si uno amenaza con prevalecer por el talento sobre amigos y enemigos, allí están todos, unidos con los lazos del odio, para echarse ladrando sobre el pícaro que tiene la avilantez de ser más que ellos. Dotóle naturaleza con sus altos dones : ellos se los niegan, y se cierran en su dictámen. Inteligencia : no señor ; un poco de imaginacion, y nada más ; superficie, epidérmis ligera ; rásquesele con vigor, y el tonto comparece.

Sabiduría. Sabiduría... sí sabe que no sabe nada ; y no á la manera del hijo de Sofrónismo, sino nada, lo que se llama nada. Sabe lo necesario para deslumbrar á los ignorantes y embaucar á los bobos : sabe que es un pícaro. Sabe que somos nobles y traemos la bolsa herrada. Sabe... ¿ qué más sabe ? — Que nosotros no sabemos leer ni escribir, responde el más hombre de bien y sincero de los señores.

Sensibilidad exquisita, don de lágrimas, poesía del dolor: todo es ficcion : es un perverso. Si pudiera, exterminara al género humano : es asesino teórico : no le falta sino la práctica ; y quién sabe : si Dios no me estuviera viendo, yo dijera que ése se tiene guardados sus dos ó tres homicidios. No le ven la cara? qué cara !

Rectitud, probidad : bribon : como él no puede nada, piensa que el buscar la vida es represible. Si estuviera en su mano, nadie tuviera cosa; todo fuera suyo.

Austeridad, severidad : malvado : no deja pasar un punto, ni el menor : todo lo ve, todo lo censura, todo lo condena. Es un argos el canalla : manos puercas, uñas largas, no perdona. Mata uno un lobo ; allí está él para sacarnos los efectos de la embriaguez, para insultarnos con las purezas de la templanza. Él llama templanza eso de no beber, no esparcirse nunca. Ese zanguango no ha enamorado en su vida ? no sabe que faldas sin copas no son sombreros ?

Virtud, oh virtud, pobre virtud, el mundo no es tu reino : amenazas, peligros, ofensas, por donde quiera te rodean ; y aun muy feliz si no sucumbes, mordida de perros, acoceada de asnos, devorada de tigres. Virtud, oh virtud, santa virtud, levanta el vuelo, huye, enciérrate en el cielo, adonde no podrán seguirte los demonios que con nombre de hipocresía, envidia, soberbia, odio insano, corrupcion, infestan este valle, no de lágrimas, sino de hiel y sangre ; valle oscuro, lóbrego, por donde van corriendo en ruidoso tropel esas fieras que se llaman desengaños, venganza, difamacion, calumnia, asesinato, impudicicia, blasfemia, tras las virtudes que huyen á trompicones, y al fin caen en sus garras dando armónicos suspiros que suben á la gloria en forma de almas puras.

Mevio y Bavio persiguieron á Virgilio : Serafin Aquilano fué superior á Petrarca : Pradon vió para abajo á Racine ; todo por una misma causa. La envidia es ciega, y con todo ve muy bien á qué centro tira sus líneas. He allí, pues, un tal Alonso Fernandez de Avellaneda que sin empacho se pregona superior á Cervantes en ingenio, y por via de comprobar sus aserciones le llama pobre, mendigo, manco y otras de éstas. Que pagado por un aborrecedor oculto hubiese el fraile infame escrito su mal libro, ya pudiéramos haberlo llevado en paciencia; que haya en España hombres de entendimiento harto confuso y de intencion harto menguada para desdeñar la obra inmortal de Cervantes por el polvo y ceniza de Avellaneda, esto es lo que no nos cabe en el juicio. ¿En qué estaria pensando Don Agustin Montiano cuando dijo, que si algunos preferian á Cervantes era porque andaban muy desvalido el buen gusto y la ignorancia de bando mayor? Este mal Español recibió, sin duda, lecciones del viejo barbalonga, ese calvo de agrio corazon y aguda lengua que hiere en la gloria de Homero y trata de apagar la luz que irradia por el mundo. Zoilo, osado antiguo que tuvo la soberbia de concebir envidia por el ciego de Chio, este pontífice de los dioses y padre de las Musas; Zoilo, no puede enseñar el bien y la verdad, siendo como es la envidia encarnada en miembros de un hermoso, pero irritado demonio. Para volverse respetable aun en el ejercicio de la difamacion, Zoilo contaba con esa calva sublime que ha pasado á la posteridad, y esa barba de Termosíris que en largas madejas blancas se le descuelga por el pecho hasta el ombligo. Si Montiano careció de estas ventajas, fué dos veces tonto y dos veces atrevido en su empresa de dar al traves con la fama de Cervantes.

CAPÍTULO VIII

Si es disposicion secreta de la Providencia que los hombres de facultades intelectuales eminentes y virtudes superiores han de vivir sus cuatro dias en la tierra devorando privaciones y amarguras, no lo podríamos afirmar ni negar ántes de que hubiésemos examinado la materia en disquisiciones filosóficas altas y profundas. Los que de primera entrada cortan por los argumentos y lo resuelven todo por la autoridad del orgullo y en nombre de la ignorancia, dirian buenamente que esa ley tacita del Hacedor contra los varones ínclitos no existe. Ya lo han dicho cuando, censurando la desgracia en general, y haciendo mofa de ciertas lágrimas ilustres, han afirmado que todo hombre es dueño de su suerte. La teoría, como principio, es infundada, y hasta necia : en la práctica, los que han puesto en campo esa doctrina reciben mil heridas por mil defectos de armadura. *Todo hombre es dueño de su suerte :* de manera que los hambrientos, los desnudos, los desheredados de la fortuna, grandes y pequeños, no han de imputar sus desdichas sino á ellos mismos, a su propia incapacidad é indolencia ? Tan duros pensadores no recibirán, sin duda, la recompensa que el hijo de Dios tiene ofrecida á los que ejercen la caridad movidos santamente por la misericordia. Tuve hambre, y me disteis de comer ; tuve sed, y me disteis de beber ; desnudo me hallé, y me vestisteis ; preso estuve, y me visitasteis : venid, oh los benditos de mi padre, á recibir el premio de vuestras buenas obras. Si el hambre, la sed, la desnudez, la prisión de los desventurados del mundo provinieran de los peores vicios, cuales son pereza y soberbia, el Juez infinito no les prometiera con tanto amor y gratitud el premio con que de antemano glorifica á los hombres justificados. En la Escritura, indigencia, necesidad son tan santas como las virtudes que les ponen remedio :

dad al pobre, dice el Señor; no dice: dad al ocioso, como si fuera lo propio el vicio que la desgracia. Hambre puede tener uno á pesar del trabajo; sed á despecho de la actividad, y carecer de vestido, sin que valgan afanes y pasos por este mundo injusto y ciego. Entre los idólatras mismos la más innegable de las divinidades era la Fortuna : Sila cargaba al pecho una imágen de esta diosa, y sabido es que se llamaba feliz, atribuyendo á una ley providencial sus triunfos y felicidades, y de ningun modo á las concepciones de su entendimiento ni á la fuerza de su brazo.

Negar la existencia de la fortuna, allá se iria con negar su rueda, máquina real, y bien á la vista, que va moliendo en sus vueltas á la mitad del género humano, al paso que á la otra la toma en el suelo y la coloca frente á frente con el sol. Los más ruines, ineptos, perversos, canallas suelen ser los que más resplandecientes se levantan en sus cucharas, y allí se están, echándole un clavo á la dicha rueda, insultando al universo con la incapacidad y la perversidad triunfantes. Si todo hombre es dueño de su suerte, ¿cómo viene á suceder que la inteligencia divina en el autor de la Ilíada, la sabiduría excelsa en el maestro de Fedon, el valor indómito y la rectitud inquebrantable en el competidor de Demóstenes, las grandes virtudes reunidas en *el mayor de los griegos*, no los volvieron á estos séres privilegiados los más prósperos de los mortales, y dichosos segun que regulamos la felicidad con advertencia á esta vida y el modo de vivirla? Ni por tontos, ni por cobardes, ni por enemigos del trabajo habrán pasado á la posteridad esos nuestros semejantes que han engrandecido su siglo con su gloria, santificando al propio tiempo su desgracia con la miseria sufrida en amor de la filosofía. Verdad es que ellos no ansiaron las riquezas; y en no buscándolas ahincadamente, ellas no vinieron á pararse en sus umbrales. Empero muchos hubo que bien hubieran querido tener lo necesario, y en quienes el sudor de su frente nada pudo. Desdichas, pesadumbres, dolores son herencia de la flor del género humano; y esa flor se compone de los grandes poetas, los filósofos sublimes, los héroes magnánimos, los patriotas ilustres. Hay en Jámblico un pensamiento que hace meditar mucho acerca de la inmortalidad y el porvenir de las criaturas. Dice este mago divino que las lágrimas que derramamos en este mundo, las penas que devoramos son castigos de malas obras que hicimos en una vida anterior; y que, purgadas esas culpas, cuando pasemos á otra, seremos, más felices no, pero sí ménos desgraciados; hasta cuando, á fuerza de purificarnos por medio del llanto y levantarnos por las virtudes, vengamos á disfrutar de la gloria eterna en el seno del Todopoderoso.

Esta transmigracion oculta en sus entrañas un mundo de sabiduría y esperanza: los que padecen actualmente se hallan en *la via purgativa*, como hubiera dicho un teólogo cristiano: los que padecen más, están más cerca del remedio: los que están pecando y gozando en el crímen; los malos, egoistas, perseguidores y torpes, van despacio, muy atras de esas almas ligeras, medio lavadas ya con las lágrimas, cernidas, digamos así, de la mayor parte de la escoria; sacudidas al

viento acrisolador, y enderezadas al cielo con rumbo
hácia la luz. Job habia pasado por muchas vidas, segun
el filósofo nigromante : hallábase á las puertas del des-
canso eterno ; y, raspándose con una teja la lepra en la
calle ; repudiado de su esposa, abandonado de sus hijos, olvidado de sus amigos en medio del suplicio del
alma y el corazon ; enfermo el cuerpo, sus harapos revueltos en inmundicia ; llagas puras los miembros ; sin
pan contra el hambre, sin agua contra la sed ; clavado
en un potro, y volviendo los ojos á Dios, es el emblema
de la paciencia y el reflejo de la gloria fundido en una
auréola de esperanza. Job, viejo, pobre, dejado de todos ; enfermo, víctima de mil dolencias é imposibilida-
des, lleva vividas muchas vidas, en las cuales ha sido,
segun la idea de Jámblico, afortunado desde luego, despues feliz como lo entiende el mundo, á manta de Dios
en esto de riquezas y placeres, que son cartas desaforadas para con el padre de las virtudes. Job está viviendo
la última vida humana : la lepra, la teja, llaves con las
cuales, pasando por la sepultura, dejando allí los huesos, ha de abrir ese gran candado de oro cuyas cifras
y combinaciones son imposibles para los que aun no
hemos padecido lo que el hambriento y el leproso. Oh
felices de nuestro tiempo, ved las pruebas por las cuales
teneis que pasar, medid los escalones que teneis que
subir, y si sois para echar una mirada escrutadora á la
eternidad, derramad torrentes de lágrimas, abrumados
por estos verdaderos tormentos futuros que llamais hacienda, placer, dicha y contento. Vosotros sois los últimos de los tiempos : soles se apagarán, estrellas caerán,
mundos se destruirán, y vosotros, de catástrofe en ca-

tástrofe, tendreis mucho que ver y padecer, primero
que vengais á distinguir la felicidad verdadera de la
falsa, y reposar en el gremio de Dios, único lugar donde
podemos tenernos por felices ; felices, porque allí el mal
es imposible, y el bien llena el universo á nuestros ojos
de un océano de luz donde se están irguiendo en figuras impalpables las épocas del mundo y los pasos de la
gloria. A quién le seria dado romper esta escala eterna,
y revolver las cosas de manera de acomodarlas á sus
propias extravagantes ideas, habiéndolas sacado de la
jurisdiccion de una ley infinita ?

La Fortuna, divinidad de los gentiles, ha venido á
ser Genio para los cristianos, llamándose destino. El
destino es cosa tan fuerte, que por mucho que nos ne-
guemos á confesarlo, viéndolo estamos y devorando sus
agravios. Destino es poder oculto, profundo, misterioso :
destino es persona invisible de obras que tienen cuerpo :
destino es sér inaveriguado : su corazon está en el centro de la nada, y su mano recorre el mundo hiriendo en
las teclas de la vida. Los hombres, figuras diminutas
puestas sobre ese órgano gigantesco, saltan á su vez cada
uno, cuando el destino ó la fortuna ha puesto el dedo en
la suya, y unos caen derribados, otros se yerguen más ;
éstos dan saltos y se quedan á medio caer ; ésos suben
de un bote á otro andamio del instrumento ; táles
bailan en buen compas, cuáles se resbalan y andan
á gatas, formando este conjunto triste unas veces, ridículo otras, y ruidoso siempre, que llamamos comedia
humana.

Nosotros pensamos que no hay hombre dueño de su suerte, si no son los sabios que están en contacto con la Divinidad por medio de la sabiduría, y los santos que tratan con ella mediante las virtudes practicadas con voluntad y conocimiento. Los monarcas no son dueños de su suerte, porque tienen heredado el trono. Los grandes no son dueños de su suerte, porque su amo y señor los puede echar abajo de un puntapié el dia que se les enoje. Los ricos no son dueños de su suerte, porque muchas veces no deben sus riquezas al sudor de su frente, y porque un tirano ó un ladron se las pueden quitar el dia ménos pensado y dejarlos en la calle. Los hijos de la fortuna no son dueños de su suerte, porque esta prostituta mal intencionada los concibe del viento á media noche, y los pone en cuna de oro, sin que ellos sepan cómo ni cuando. Quién les niega la existencia á los hijos de la fortuna? Ola ! filosofillo, eres tú quien viene ahora con que los herederos incapaces del reino, los opulentos con haberes ajenos, los dignatarios, los nobles de favor por una parte ; los ciegos esclarecidos, los tullidos ilustres, los mendigos célebres por otra son todos fabricantes de su propia felicidad ó desventura ? Cuáles son los méritos de tánto pícaro, tánto ruin, nacidos para el hurgon y la esportilla, que están ahí bajo el solio con nombre de presidentes, ministros y generales ? dónde los hechos estupendos, las proezas, las virtudes de esos bribones que en casi toda la tierra tienen monopolizados tesoros, placeres y alegrías, en tanto que los buenos, los inteligentes, los activos, los virtuosos, los amigos del género humano, trabajando sin cesar por el bien comun, las luces y la libertad, se ven obligados á remojar sus propias manos con sus lágrimas, y comérselas á media noche ? Veo allí un hombre sentado en lugar eminente, con cara de señor de un pueblo y dueño de una vasta porcion de territorio : el cielo de terciopelo carmesí que le da sombra, los almohadones en que asienta sus piés rústicos, las lámparas que alumbran la sala indican que ése se halla bajo el solio : es presidente de una República, tiene facultades omnímodas, y puede hacer, en bien ó en mal, lo que se le antoje. Su cara es grosera : sus ojos bestiales se están ofreciendo para que leamos en ellos vicios é ignorancia : su cerviz formidable gravita sobre ese rostro de animal hecho magistrado. Este como hipopótamo de carne humana no sabe leer ni escribir, no tiene idea del mérito, el bien y el mal no son nada sino con relacion á su propia conveniencia : Estado, Gobierno, leyes, cosas para él de significacion ninguna : acciones, no sino malas en su vida : antecedentes, infames : esperanzas, para su patria, la ruina ; para él, el cadalso. Sirvió de esbirro, de verdugo á otro tirano · vivió del tableje y la estafa : ni pundonor como soldado, ni hazañas de valiente : pereza y ociosidad, subiendo y bajando por ese cuerpo desmedido, le tienen á medio dia en el lecho, dormida el alma á las sensaciones y los cuidados del sér inteligente. Jamas ha movido un dedo para agenciarse el pan como hombre de bien : pan y vino, sobre tarja, y que le busquen en Jinebra. Inútil para todos, sus ruines propensiones y sus malas obras le vuelven perjudicial para sus semejantes, tanto más cuanto que de continuo se halla fuera de sí con el recargo de licores incendiarios que lo embrutecen y enfurecen más y más. Este perverso sin luces, este ignorante sin virtudes, que si algo merece es la escoba ó la horca, se está muy formal entre cortinas de damasco, llamándose dictador, y disponiendo de vidas y haciendas.

Mirad allí ese rico que ve para abajo á los demas. Su casa es un palacio : el cedro oloroso, el ébano, labrados de mano maestra, componen su mobiliario. La seda anda rodando : alcatifas primorosas ofrecen bellos colores á los ojos, suavidad á las plantas de su dueño : dorados bronces, porcelanas de Sevres, elegantes candelabros son adorno de sus rinconeras ; y una araña de cien luces suspendida en el zenit del grandioso aposento, está llamando los ojos á su cadena de oro y á la turbamulta de iris infantiles que van y vienen entre los prismas resonantes. Pues la mesa de este gran señor ! Los dos reinos son sus tributarios ; la perdiz provocativa, el pichon delicado, el capon suculento, allí están á su albedrío, haciendo requiebros á su paladar esquilimoso. Ni por lejano el mar deja de ofrecerle sus productos : el rico gusta de peces finos : el salmon, héle allí alto y esponjado insitando el apetito con sus gordos filamentos. La tortuga : presente ; en sopa real, entrega al ansia del regalon acaudalado sus sabrosas entrañas. La anguila : no subsiste : ¿ quién puede pasar sin ese artículo singular, esperanza del hambre rica, satisfaccion de cultos comedores? Ahora tú, reino vejetal, ven y pon en el festin tus hongos, tus trufas, tus espárragos, tus coliflores, tus berzas diferentes, y no escatimes ni la raiz profunda, ni el grano en leche de que tánto gustan príncipes y potentados.

Por los bosques de Fontainebleau anda saltando alegre de árbol en árbol el faisan, libre y feliz en sus amores. Su esposa, su amiga, en la frondosidad de una haya se está en el nido, y entre sus alas sus polluelos, bebiendo la vida en el corazon que les reparte calor á todos. El macho los contempla pensativo sobre una rama próxima, y vive en el amor de su hembra y el cariño de sus hijos. Un estallido se difunde por el bosque : derramado en todas direcciones, se va como un trueno deshecho : el pájaro amante yace en tierra, las alas en cruz, el pescuezo torcido, la sangre chorreando por las fauces. Al otro dia esta pieza será el plato principal de la comida del señor marques ó el señor duque. ¡Lástima que el águila real del Cáucaso no sea de comer ! y dos veces desgraciado el rico en que naturaleza no haya destinado el leon del Asia para sus antojos y sus gulas. Ahora pues, este gran señor labró su riqueza con el sudor de su frente? empuñó la esteva, borneó el hacha en el profundo monte? No ; ni corrió los mares desafiando las tempestades, ni fué á la guerra y dió grandes hazañas por cuantiosos estipendios. La inteligencia, no la beneficia ; el vigor natural, no lo ejercita : no compra ni vende para comer, no arrima el hombro al trabajo á ninguna hora : heredó el inepto, y en la herencia funda su orgullo; ó robó el miserable, y en el crímen finca su gloria.

Un anciano está bajando á tientas por un cerro del Atica apoyado en un bordon : paso entre paso, en una hora no ha descendido diez toesas. Cada guijo un tropezon, cada hoyo una caida. Ni un perro le guia al infelice,

porque es ciego tan desgraciado que el lazarillo fuera en
él boato reprensible. Por dicha le importa poco que el
sol se ponga : oriente y occidente, mañana y tarde, dia
y noche, todo es lo mismo para él ; sus ojos duermen á
la luz, y él anda por el mundo á tienta paredes, hijo de
las sombras, cuyo seno conmueve con dolorosos suspiros. Llegó por fin á la ciudad : palpando las murallas,
cerca de una tienda, supo que estaba donde oidos humanos pudieran reconocer la presencia de un hambriento, sediento y desnudo, y levantó la voz, cantó un
fragmento de poema. El ciego ! exclaman adentro, el
ciego de la montaña ha venido ! Pide pan en nombre de
sus héroes; démoselo en nombre de los dioses : Homero es una bendicion en todas partes. Y una mujer
caritativa sale, toma al viejo, le entra en su tienda, le
da de comer y le abriga con sus propias mantas. Al
otro dia el ciego besó la mano á su bienhechora, se
despidió y se fué á cantar á otra puerta y pedir caridad
en otra parte. Habia trabajado cuando mozo : fué mer-
cader, corrió mares, visitó puertos : el ciego habia su-
dado la santa gota de la actividad humana, buscando
la vida, combatiendo á la muerte, ganando terreno sobre
la miseria : fuerza intelectual, fuerza moral, fuerza
física estuvieron en continuo movimiento en esa persona dotada de todas las fuerzas ; y sin embargo la desgracia, andando sobre él, bien como tigre que se aferra
sobre el elefante, le siguió y le devoró sin consumirlo
muchos años. Ese antiguo estaba en la última vida,
como Job : por la inteligencia, la sensibilidad, la virtud
y las desgracias, iba á entrar en la categoría de los entes superiores, despues de haber vivido siglos en mil

formas. Quién negará el influjo de una divinidad recón-
dita sobre ciertos individuos providenciales ? Ni el talento, ni la habilidad, ni el trabajo pueden nada contra
su suerte; suerte negra, en cuyos laboratorios no se des-
tilan sino lágrimas para los predilectos de la naturaleza,
y vino de Chipre y ambrosía para los hijos de la fortuna.

En un barrio oscuro de Londres, casi fuera de la ciudad, vivia bajo humilde techo un hombre de años en un
cuartito mezquino en casa ajena. Este hombre, viejo y
ciego como el anterior, no contaba con más arbitrios que
los escasos dineros que sacaba de sus versos vendidos
por sus hijas. Su mujer se cansó de él; sus hijas mismas le hicieron traicion, en cierto modo. Lloraba el
viejo, porque era desgraciado : el pan, mal seguro, no
de cada dia : vino, nunca por sus manteles. En cuanto
á la luz artificial, importábale poco, puesto que ni la
veia, ni sabia si estaba ó no ardiendo en su aposento.
Llegó á tener hambre el mísero : devoróla santamente
en memoria de lo que en otro tiempo se habia satisfecho. Porque éste sí, para ser ciego, habia visto más que
todos; para carecer de lo necesario, habia nadado en
lo superfluo; para ser desconocido y triste, habia bri-
llado en la corte al lado de un poderoso. Ahora, no
solamente se come las manos, sino tambien huye de
sus semejantes : sus compatriotas no pueden oir su
nombre sin dejarse arrebatar de la venganza; y si supieran que está vivo, no le fuera bien contado, pues de
debajo de las piedras le sacaran. Este mendigo ha sido
ministro poderoso de un gran tirano, ha encubierto
malas obras, ha sufrido se derrame sangre, sangre de

reyes. El ciego oculto en una callejuela de Londres, el muerto de hambre, el zarrapastron, es Milton, ministro de Oliverio Cromwell. Cuando perteneció en cuerpo y alma á la política; cuando fué malo, cómplice de un regicida, opresor de su patria, las riquezas le asediaron, los bienes del mundo le abrumaron: triunfos y placeres, suyos fueron: llamándose feliz, anduvo el cuello erguido, los ojos insolentes. Hoy que no es el hombre de la sangre sino el de las lágrimas; no el de la ambicion sino el de la abnegacion; no el del orgullo sino el de la modestia; no el del crímen sino el de las virtudes, los bienes de fortuna han huido de él cacareando como aves espantadas. Riqueza y virtud implica: hambre, dolores, ayes agudos, con rostros de ángeles enemigos ó demonios propicios, forman la cariátide sobre la cual está sentada la suerte de los grandes hombres. Milton, ministro de Cromwell, fué rico y feliz: Milton, poeta del Paraíso Perdido, fué menesteroso y esencialmente desgraciado. No hay duda en que un Genio invisible va guiando hácia la gloria por entre abrojos y cardos á los hijos distinguidos de la naturaleza.

En una carrera aristocrática de Paris vivia de igual modo hasta ayer otro hombre, dueño de un palacio suntuosísimo. El viajero que andando del parque de Monceau al Arco de la Estrella ha pasado por la *Alameda Friedland*, ha visto, sin duda, una como morada real de piedra viva y dorados capiteles. El oro, la pedrería fina ruedan á destajo en esa mansion de príncipes. Lacayos de librea, con ancha franja amarilla en el sombrero negro, están para saltar al pescante de la carroza que va á salir al poder de cuatro caballos árabes. No esperan sino al amo. Héle allí: baja ya las gradas de mármol: su rostro viene ardiendo en un bermejor que no es de la naturaleza: gruesos diamantes al pecho en forma de botones: un carbunclo, envidia de reinas, está fulgurando en el meñique del príncipe ó señor. Viejo parece éste á pesar de la juventud facticia del afeite. Su mirada contiene un mundo de desprecio por el género humano: es millonario de sangre real: sus semejantes no son semejantes suyos; los aborrece ó los desdeña. Bajó: sube al dorado coche: el látigo chasquea, los nobles corceles toman sublime trote, devoran la distancia, y luego comparece la real carroza en las encrucijadas del Bosque de Boloña, donde está hirviendo la nobleza de Francia. Ese príncipe que tiene entrambos piés en la cúspide de la prosperidad humana por lo que toca á las comodidades, las riquezas, los honores, ¿será por ventura hombre de mérito que ha llegado á ese punto por sus obras? No: es un maniático, medio loco y medio idiota: vive y ha vivido siempre hundido en los vicios: carece de inteligencia, y no le envalentona siquiera el brio fementido de la soberbia. Nada ha hecho en su favor: ni ha pensado, ni ha trabajado, ni ha deseado cosa ninguna, y todo lo tiene, y todo le sobra, y con su esplendor insulta la modestia de los hombres de virtudes *. He aquí otra prueba viviente del principio sentado en mala hora por el seudo-filósofo: « Todo hombre es autor de su propia fortuna; » principio que trae consigo

---

* El personaje á que aludimos aquí es el duque de Brunswick, como bien le reconocerán en los toques de su fisonomía los que de él tengan noticia. Nosotros le hemos visto así como le delineamos.

una torpe falsedad y una calumnia á los desgraciados ilustres que no han perdido una hora de la vida ni se han dado punto de reposo, trabajando en la obra de los buenos, que es la civilizacion y la felicidad del género humano. Difícil seria para cualquiera aducir pruebas de que una divinidad oculta persigue incesantemente á los hombres que prevalecen por la inteligencia y la sensibilidad; y trayendo la proposicion al campo del raciocinio, vendríamos á parar en que las desgracias anexas á ésos individuos vienen á ser naturales, por cuanto en lo ménos que ellos piensan es en su comodidad, y no se van desalados tras los bienes de fortuna, debajo de cuyo imperio militan los hombres vulgares, los ruines, los egoistas, y toda esa caterva que compone el globo despreciable de las ciudades y las naciones. Y todavía, ante el cuadro lastimoso de poetas, filósofos, inventores de las cosas, descubridores de mundos, grandes escritores, políticos eminentes, héroes de la virtud que se van á la eternidad oprimidos por el hambre, rendidos de fatiga, acoceados por sus semejantes, empapados en sus propias lágrimas, no habrá quien nos quite del corazon que un misterio inescrutable se está desenvolviendo en ellos desde el principio del mundo; misterio que vendrá por ventura á sernos revelado el último dia de los tiempos, cuando las tinieblas vuelen rompidas á la nada, y el cielo abierto nos inunde en luz nueva y nos harte de verdad. Entónces admirados diremos: Esto habia sido: y nos postraremos ante el dueño de los secretos humanos y divinos, y levantaremos á él los ojos, y exclamaremos: Señor, tu obra es buena! Señor, tu obra es perfecta! Señor, tu obra es santa!

Las naciones ofrecen todas ejemplares de esta guerra del mundo á los hombres que son honra y gloria de su especie : no hay una de la cual no pudiéramos decir lo que de Irlanda : *Hibernia semper incuriosa suorum.* El escándalo que ha dado Portugal dejando pedir limosna y morir de hambre.al mayor de sus hijos, lo ha dado Inglaterra en Milton, Alemania en Weber y en Mozart; Francia en Molière, Italia en Dante, España en Colon y en Cervantes. Las que no han erigido estatuas á sus varones ínclitos, las erigirán luégo, mas yo tengo para mí que ni la diadema de laurel que ciñe la frente de los bustos del Alighieri, ni el fulgor que despiden los retratos de Camoens, ni el mármol que condecora la ciudad de Madrid representando á Miguel de Cervantes, les van á saciar en la eternidad las hambres que padecieron, aliviar los dolores que sufrieron, ni enjugar las lágrimas que derramaron. Cosa es que le hace á uno erizarse los cabellos y correrle por las carnes un fatídico hormiguillo, ver á Cristóbal Colon padecer y gemir en triste abandono, tendido en la oscuridad en un rincon de Valladolid. El monarca estaba al corriente de la situacion del gran descubridor; los españoles sabian del modo que estaba agonizando el dueño de un mundo; y Colon se moria sin auxilio humano, si bien el divino, hombre predestinado al fin para la gloria, no podia faltarle. Espiró. Tan luégo como el gobierno de su majestad supo que el Almirante habia fallecido, se colocó sobre la envidia y la indolencia, y allí fueron los decretos reales para engrandecer y ennoblecer al difunto; allí las exequias de príncipe; allí la admiracion escandalosa; allí el dolor resonando en llanto sublime del uno al otro

extremo de la monarquía. El que acababa de morir cual
un mendigo, nacia para la grandeza en ese instante:
ese cadáver cubierto de harapos, insepulto, caliente
aún, es augusto como cuerpo de rey. El dia que murió
Colon nació para los pueblos civilizados, la gratitud le
reconoció y el amor le empezó á mecer en cuna de oro.
El dia de su muerte nacen los hombres verdaderamente
grandes. El mayor de los griegos, herido en el campo
de batalla, teme arrancarse el acero que tiene clavado en
el corazon, hasta que no sabe el éxito de la jornada; y
como sus campañeros de armas acudiesen á él apelli-
dando victoria, y luégo al verle rompiesen á llorar perdidos: Tebanos! les dice el héroe espirante, vuestro
general no ha muerto; al contrario, hoy, hoy, este dia
tan glorioso es cuando nace Epaminondas. » Se arranca
la espada del costado y muere. El dia de su muerte
nacia Epaminondas; el dia de su muerte nació Cristóbal
Colon; el dia de su muerte nacen todos los hombres
para quienes vivir es morir trabajando al yunque de la
gloria.

En las naciones para las cuales caridad es parte de la
sabiduría, y no se tienen por cultas sino practican las
obras de misericordia, los ciegos tienen hospicios donde
las comodidades rayan en lujo; los tullidos no hacen
sino alargar el brazo para tomar el pan y el vino; los
paralíticos reposan en suaves lechos, y por medio de
máquinas ingeniosas vacan á todos los movimientos
necesarios; los sordo-mudos se crian, se educan,
aprenden á *oir y hablar* por medio de inventos maravillosos, imaginados con amor ardiente por los filántropos;

los niños desvalidos tienen socorro, los expósitos hallan
madre : las malas mujeres ¡ hasta ellas ! pueden refu-
giarse en un palacio, cansadas del vicio, atraidas por el
aliento de la virtud. Los inválidos son dueños de alcázares faustuosos : allí tiene cada uno su cómoda celda,
su pegujalito donde toma sol y siembra su repollo : el
refectorio, aseado, abundante ; la cama limpia, los claus-
tros ó corredores alegres con luz de sol mañana y tarde.
Sólo para los sabios, los filósofos, los poetas, los varones perilustres no han levantado hasta ahora en ninguna parte un asilo conveniente, y muy dichoso ha de
ser Luis Camoens si halla una tarima en el hospital de
mendigos. Edgar Poé, el jóven inspirado, el gran poeta
de los Estados-Unidos del Norte, se andaba hasta ahora
poco arrastrando por calles y tabernas, cubierto de
lodo, tristemente feo y despreciable ; y ese cuerpo de
borracho habia sido santuario de las Musas. Andres
Chénier no se escapó del hospicio ó de la esquina de la
calle, sino gracias al patíbulo que le recogió á tiempo.
Cuando este amable ingenio se daba de calabazadas
contra las paredes de su calabozo exclamando : « Lástima ! algo hay aquí en esta cabeza, » no sabia que lo
que le iba á tomar el verdugo le hubiera tomado la miseria ; ó más bien, lo supo, porque á fuero de apasionado á las letras humanas, Minerva le habia ya ungido
con el aceite mágico que confiere órdenes de gloria con
imposiciones de hambre y harapos. Beker, el Tirteo de
la Germania amenazada, fué infeliz hasta el último suspiro. Gilbert padeció cuanto alcanzan á padecer séres
humanos. Hoffmann, gotoso, llagado el cuerpo, mortal-
mente dolorido, se hace arrastrar á la ventana para ver

desfilar á sus ojos la comparsa de la comedia-universal.
Este al fin no fué tan desdichado : en medio de sus enfermedades incurables, sus dolores intensos, sus privaciones, le queda un bien, un grande bien : su esposa
no le abandona ni le asquea ; al contrario, santamente
enamorada, vierte sobre las úlceras de su corazon el
bálsamo de sus lágrimas, al tiempo que suaviza con
benéficas unturas las dolorosas escoriaciones de sus
miembros. Feliz mil veces el que puede decir: « Mi mujer, » y descansar en su seno, y morir en sus brazos,
oyéndola pronunciar juntamente el nombre de Dios y
el de su marido, envueltos en lágrimas que el ángel de
la guarda está recogiendo en ánfora invisible.

CAPÍTULO IX

Don Manuel de la Revilla, escritor contemporáneo de
los más notables de la Península, se ha empeñado en
quitarle á Cervantes la joya más preciosa de su diadema,
negándole en mala hora la miseria y las desgracias, por
sincerar á su patria de la nota de egoista é indolente.
No sabe Don Manuel que no hay verdadera gloria
sin desgracia, y que el infortunio es el hoplita descubridor que les va abriendo el campo á los varones
ínclitos ?

> Oui, la gloire t'attend ; mais arrête et contemple
> A quel prix on pénètre en ces parvis sacrés :
> Vois, l'Infortune assise à la porte du temple
> En garde les degrés.

El infortunio, sí señor , el infortunio es el dragon que cuida las manzanas de oro en el jardin de las Hespérides : el que desea apoderarse de ellas á todo trance, ha de pelear con ese monstruo y vencerle en singular batalla; y puesto que le venza, no ha de salir sino chorreando sangre el cuerpo, el corazon herido, el alma ensayada al fuego. Terrible es esa aventura : los cruzados que fueron en busca de Reinaldo pasaron por entre los demonios que guardaban la mansion encantada de Armida en forma de grifos, tigres y serpientes, apartándolos y enmudeciéndolos con la varilla de virtudes : contra los custodios de la gloria, esta manzana de oro cuyas entrañas abrigan sabores y placeres inmortales, no hay varilla de virtudes. Esos monstruos no huyen; se lès van encima á los atrevidos, y se les comen el alma rompiéndoles el cuerpo con uñas envenenadas. Terrible es esa aventura : para acometerla, el caballero ha de ser de los más famosos andantes, de esos que, armados de todas armas, se van sobre el Endríago y le cortan la cabeza, dejando allí los vestidos y la mitad de su sangre. Don Manuel de la Revilla nos recuerda que el duque de Béjar y el conde de Lémos fueron caritativos para con Cervantes, y que éste no padeció las necesidades que nuestro siglo acostumbra echar sobre la nacion hispana como otros tantos cargos de mezquindad y egoismo. El duque de Béjar ! Ese grande de España que con sus dádivas no consiguió sino labrar el olvido del agraciado? Cómo daria, cuánto daria el pobre duque, cuando su nombre ni más volvió á salir de los labios de Cervantes, desde que éste hubo recibido su limosna ! O la dió como suelen dar los soberbios, despreciando y ala-

bándose, ó fué tan cicatero, que léjos de infundir **gratitud**
en el pecho del hambriento, infundió desprecio ; pero
desprecio humano y generoso, de esos que se duermen
y quedan muertos en el silencio.

Clemencin da mucho á entender y deja al lector mucho que adivinar con sus cultas reticencias, tocante á la
frialdad del más agradecido de los hombres para con el
señor duque protector. El conde de Lémos sí, más constante y bien intencionado ; pero generoso, ni él. ¿ Cómo
sucede que estos ricos, estos botarates que echan por la
ventana veinte mil duros en una noche de luminarias, ó
en un festin de quinientos platos ; cómo sucede, repetimos, que estos que tienen para hartar de ficédula, piti-
rojo, alondra y ave del paraíso, asentados con brazos de
mar de Tokay y Roederer, á sus reyes, sus parientes,
sus camaradas, sus amigos tan opulentos como ellos,
no dan á un pobre ilustre de una vez para toda la vida,
ó cuando ménos para algunos años, y no que le obligan
á estar volviendo á sus umbrales y llamando á sus
puertas cada dia? El conde de Lémos alcanza **nuestra**
gratitud por los beneficios que hizo á Cervantes, y en él
al género humano ; pero si tomando el quinto de su renta
anual le hubiera asegurado su fortuna con una casita de
campo, una heredad donde el hombre de ingenio hubiera ido á sepultarse, tranquilo respecto del pan de
cada dia, á la gratitud hubiéramos agregado la admiracion, y tendríamos placer en llamarle Augusto al señor
conde, siquier Mecenas, protectores apasionados del talento y las virtudes.

El embajador de Francia mostró una ocasion viva sorpresa en Madrid de ver que hombre como Cervantes no estuviese aposentado en un palacio, y servido como príncipe á costa del Gobierno. Esto nos reduce á la memoria la hermosa fundacion de los atenienses llamada Pritaneo, donde los ciudadanos que habian merecido bien de la patria por la inteligencia, la sabiduría, el heroismo, las virtudes extraordinarias, se recogian á vivir á expensas de la República, la cualno escatimaba ni el tesoro comun, ni los miramientos debidos á tan singulares personajes. Logista Cario, llegando á tiempo á la buardilla de la ciudad de Burdeos para que Inarco Celenio no fuese á la cárcel, le está preguntando con tristeza al señor de la Revilla, si no pudiéramos decir hoy como en tiempo de Cervantes : *Iberia semper incuriosa suorum?* Hubo extranjeros que pasaron á España sin más objeto que conocer á tan egregio varon ; y muchas veces se llenaron de asombro al ver la inopia en que se estaba consumiendo ese grande hombre. No estaria Cervantes tan bien en su patria, cuando se insinuó con los Argensolas para que le llevasen consigo á Nápoles? Estos, ménos hidalgos que poetas, se lo ofrecieron, y burlaron su esperanza con el olvido. Desengaños, amarguras, á cada paso en el autor del Quijote. Don Manuel de la Revilla cumple con su deber cuando intenta salvar á España salvando á Cervantes ; pero el defecto de armadura está allí, y bien á la vista. Más decimos : los españoles no han conocido el mérito, ó más bien todo el mérito de su gran compatriota, sino cuando éste, dando golpes en su tumba desde adentro, ha llamado la atencion del mundo con un ruido sordo y persistente.

Y aun así, no son los españoles los primeros que le han oido, sino ciertos insulares cosmopolitas para quienes son patria propia las naciones donde descuellan grandemente la inteligencia y el saber humano. Los ingleses, con su admiracion alharaquienta por Cervantes, sus traducciones del Quijote, sus comentarios, le han sacado á la luz del dia y le han puesto al autor entre Homero, Platon, Virgilio, Tácito y los autores más esclarecidos de todos los tiempos; y su obra entre la Ilíada, la Lusiada, la Divina Comedia, el Decameron, el Orlando furioso y más obras que acostumbramos llamar clásicas y maestras. España descuenta hoy dia con el amor y los honores el olvido y los ultrajes que devoró Cervantes en la tierra; y tan alto el precio en que tiene á su grande hombre, que no le seria bien contado al que hoy saliese volviéndose notable con la menor ofensa á su memoria. Nosotros, gracias á Dios, hemos respetado siempre á ese rey de la pluma; y tanto le hemos compadecido por lo infeliz, que nunca hemos contemplado en su suerte sin sentir húmedos los ojos. En cuanto á volver por él, ni tenemos contra quien ahora, ni nuestras fuerzas serian para entrar en tan grandiosa estacada. Con todo, si acudieren caballeros aventureros, que nos repartan el sol, y aquí estamos los mantenedores, no como el doncel de don Enrique, puesto el encaje, sino el rostro descubierto, para que se vea si el semi-bárbaro de América es paladin leal ni tiene miedo.

CAPÍTULO X

Hay un español para quien los defectos mismos de Cervantes son perfecciones dignas de imitacion, y sus errores axiomas y reglas del lenguaje más cumplido. Garcés, en sus *Fundamentos del vigor y la elegancia de la lengua castellana*, obra de mérito incuestionable, pone de muestras lugares del Quijote que harto dan á conocer que el autor no tuvo gran cuenta con la tersura y pulidez requeridas siempre por las obras de tomo. Virgilio impuso á sus testamentarios Tuca y Vario la obligacion de echar al fuego la Eneida, porque no la habia traido al cepillo tantas veces cuantas él quisiera : Cervantes no leyó ni una sola su manuscrito, y así lo dió á la estampa, lleno de lunares, como todo el mundo sabe. El autor de los *Fundamentos* arriba mencionados es un peripatético antiguo, de esos que se hubieran dejado moler en un pilon ántes que entrar en cuentas con el maestro. Pero el *magister dixit* no es razon, y los votos pedarios no resuelven los grandes asuntos de interes general y perpetua trascendencia. Ni el respeto debido á la autoridad de Cervantes, ni el peligro de caer en vanistorio han sido bastantes para que nos abstengamos de hacer una tácita censura de ciertos pasajes donde flaquea ese gran entendimiento, donde verosimilitud y decoro están brillando por la ausencia. Decimos tácita censura, porque nunca nuestra osadía hubiera acometido la obra de corregir de manera didáctica los que á nosotros nos parecen defectos, en un corazon, eso sí, con los críticos más autorizados de España y otras naciones. Si Homero mismo cae en esa pesada soñoliencia de que habla Horacio, *quandoque bonus dormitat Homerus*, ¿qué mucho que otro cualquiera, por despierto que ande á las prescripciones del arte y las advertencias del buen gusto, rinda la cabeza á esa deidad indolente que suele nacer de la fatiga y el descuido?

En mala hora el triste Avellaneda fué á tomarle en el camino á don Quijote, y le llevó á las justas de Zaragoza, cumpliendo con el programa de Cervantes : si esto no sucede, el caballero andante, en manos de su legítimo conductor, va allá, y en teatro más adecuado para su índole y su profesion, sigue desenvolviendo su gran carácter de paladin esforzado é invencible caballero. Allí, en la estacada, su gentil persona está como en su centro : á las justas de Zaragoza concurren, suponemos, Beltran Duguesclin, Pierre de Brecemont ; Miser Jacques de Lalain, el señor de Bouropag ; Juan de Merlo, don Fernando Guevara, Suero de Quiñones y otros muchos aventureros de las naciones caballerescas. Don Quijote de la Mancha se afirma sobre los estribos, requiere su buena lanza, y ora venid juntos, ora venid solos, da sobre ellos, andando tan brioso y activo Rocinante, que no parece sino que le han nacido alas á posta para esa aventura. Concluida la batalla, las princesas y señoras de alta guisa que están en sus tablados de colgaduras de terciopelo, baten palmas exclamando : « Honra y prez á la flor y nata de los andantes caballeros ! Bien venido sea á estos reinos el desfacedor de agravios, enderezador de tuertos, sombra y arrimo de doncellas menesterosas ! » Y luégo oye el vencedor un suspiro largo y apasionado, y se encuentran los suyos con unos ojos negros que le están devorando, y viene una dueña, y á furto le dice : « Señor Don Quijote, lléguese á ese palacio, si es servido, que mi señora la princesa Linda-brides qúisiera comunicar con su gallardía cuatro razo-nes. » Pero no, nada de esto que es tan propio de Don Quijote, sino que el miserable Avellaneda le coge y le hace dar de azotes en la cárcel ! Azotes á Don Quijote de la Mancha, el carácter más elevado, el loco más res-petable por la virtud, el más honesto y digno de cuantos son los hombres ! Ese Don Quijote preso, con sentencia de azotes sobre sí, la pena de los infames, ¿ para que sirve ya ? Despues de los azotes, Jesus mismo no tiene sino mo-rir : ni desdicha, ni vilipendio, ni dolor como ése en el mundo : el que los lleva, cúrese con la muerte del genero humano, ó sucumba : el sepulcro únicamente puede serle disculpa á la opinion de los hombres. *Me acomodaron con ciento*, decian los ladrones descarados, cuando se usaba ese horrible castigo.

A espaldas vueltas me dieron
El usado centenar,

dice otro pícaro sin vergüenza. Y la pena de los rufia-nes, los alcahuetes y los pillos al dechado del pundonor y la hidalguía, á Don Quijote de la Mancha ! Si un ve-cino compasivo no le salva, azotan á Don Quijote, y el menguado Avellaneda está triunfante.

Addison ideó un carácter en el cual concurriesen todas las virtudes filosóficas y morales, y lo encarnó en la persona de sir Roger de Coverley, la cual triunfa en el Expectador de la Gran Bretaña, ni más ni ménos que *un buen hombre Ricardo* de Benjamin Franklin. Sir Roger es bueno, pacífico, sufrido : sir Roger es amable, ameno, abunda en instruccion y buen juicio : sir Roger profesa la tolerancia, mira con benevolencia al prójimo, perdona agravios y no los irroga jamas. Girando en la órbita de la modestia, sir Roger expone ideas elevadas, practica las buenas obras, sus costumbres son irreprensibles. Sir Roger es el timbre de Addison, quien le eleva y purifica más y más en cada número de su insigne periódico. Con justicia aborrecemos nosotros los colaboradores : Addison tuvo un colaborador, en hora menguada. De repente, un dia aciago, sin que su amigo, protector y padre tuviese noticia de su desgracia, sir Roger comparece en una taberna, alzando el codo, cosa que nunca habia hecho, en una escena vergonzosa entre mujeres de mal vivir. El Expectador genuino, el austero Addison, estuvo en un tris de caerse muerto cuando le vió : aturdido, desesperado, entra á su casa y le mata á sir Roger de Coverley. Al otro dia, en el número siguiente, el pobre sir amaneció muerto. Todos sintieron y todos aplaudieron : un gran carácter envilecido de repente, debe morir. Steele, el colaborador de Addison, cometió un abuso de confianza : sir Roger no era suyo : si tuvo necesidad de un hombre bajo, ¿ porqué no fué á buscarle entre los mandilejos de la hampa ? No de otro modo Alonso Fernandez de Avellaneda ha tomado á Don Quijote de la Mancha, le ha metido en la cárcel entre carlancones y delincuentes, y le ha condenado á pena de azotes. Azotes á Don Quijote de la Mancha, caballero de los Leones, émulo de Amadis de Gaula, amante de la sin par Dulcinea, que mañana tendrá dos ó tres coronas con que premiar á sus escuderos !

En esto finca justamente nuestra queja más amarga contra Miguel de Cervantes: quejas, tambien de él, con ser quien es, las tenemos. Alonso Fernandez de Avellaneda le lleva á las justas de Zaragoza al invencible Don Quijote, y léjos de hacerle justar y romper lanzas con el señor de Charni ó con Diego Pimentel, le hace consumar mil necias locuras en la calle, para que le arrastren á la cárcel y le den de azotes. Cervantes, que si no mató al hijo de su imaginacion cuando le vió infamado, debió haberle hecho comparecer más alto y garboso en el escenario de la caballería, endereza su camino á Cataluña y, con un cartel infamante á la espalda, le hace dar vueltas por las calles de Barcelona, seguido de un tropel de muchachos burladores, de canalla soez y pícaros que empiezan á echarle cohombros y cortezas de naranja. Para colmo de absurdo y negadez, allí está don Antonio Moreno, su huésped, exponiéndole á la mofa de la ciudad y los insultos de los rufianes; don Antonio Moreno, hombre de bien y de chapa, segun nos le da á conocer Cervantes mismo. Los azotes con el cartel, allá se van: el uno se hundió, pero el otro tambien cayó. Esta escena del Quijote, sin propiedad, porque no es caballeresca; sin decoro, porque las virtudes del héroe están escarnecidas; sin gracejo, por insulsa, es el tributo que los grandes escritores suelen pagar al mal gusto y el error. El paso de Don Quijote en las calles de

Barcelona con un cartel infamatorio á la espalda, es la burla de Milton en su poema, esa gran majadería donde los demonios se están riendo de los ángeles y haciéndoles fuego de cañon : es Childe Harold cuando se da cordelejo con los trascantones y palanquines de Newgate.

Sólo en Virgilio, el más puro, más atinado de los autores, no hay, dicen, ni un solo pasaje indecoroso. Y vaya esta excepcion, por ser la única, en abono de Cervantes. Oh, y cómo Don Quijote no hubiera pensado jamas en ir á Barcelona ! Los caballeros andantes lo son, cabalmente por que corren el mundo en busca de las aventuras ; aventuras que los están esperando por encrucijadas y despoblados, no por ciudades curiosas y nada fantásticas. Princesas á la grupa de caballeros moros ; gigantas desemejables ; endríagos y vestiglos, malandrines y follones, en los caminos y las sierras. Palacios encantados, ciudadelas de honda cava y ancho foso, castillos de torres de plata : enanos, atalayas, encantadores, mágicos ¿ endónde sino en los Pirineos ? O váyase á Damiata el aventurero ; allí puede cortarle la cabeza al perverso nigromante descaminador y despoblador de las embocaduras del Nilo. Los ejércitos de Alifanfaron de Trapobana y Pentapolin del arremangado brazo, ¿ se les encuentra en la esquina de la calle por ventura, entre los regatones que van gritando : Albillo como el agua ! besugo ! besugo ? Todo eso es aventura, y aventura no ocurre donde el policial anda arrastrando el sable, sino donde un loco gracioso puede embestir á mansalva con cuanto viscaíno y cuanto fraile encuentra por esos mundos de Dios. Don Quijote en Barcelona es un eclipse lamentable : Sancho Panza ha casi desaparecido, y es lástima. Pues el sarao... qué sarao ! Señoras de rumbo, cuales deben ser las que componen estas fiestas, en casas tan principales como la de don Antonio Moreno ; niñas en quienes inocencia y delicadeza no pueden ir separadas ; hermosas que obligan á la consideracion y el respeto con el porte elevado y señoril, no son para burlarse de un pobre loco, así, como gente de escalera abajo, con tanta ordinariez y grosería, y ménos cuando el caballero es huésped de la casa, circunstancia que imprime en él carácter de sagrado. En vez de un concurso de reinas y doncellas caballerescas, donde el gran Don Quijote hubiera resplandecido por la cortesía, están allí cuatro locas que le toman, le hacen dar vueltas, le pisan, le cansan, le marean, le botan y le dejan arrastrando en tierra. « Caballero andante es una cosa que en dos palabras se ve apaleado y emperador : hoy está la criatura más desdichada del mundo, y mañana tendrá dos ó tres coronas que ofrecer á sus escuderos. » Esto sí ; mas caballero andante no es utensilio de galopin, ni objeto que está á los piés de los caballos. No sabian, sin duda, la señoras catalanas, que caballeros andantes son señores á quienes sirven las Gracias, cuyos piés lavan los Amores con agua de jazmin y rosa?

> Nunca fuera caballero
> De damas tan bien servido,
> Como fuera Lanzarote
> Cuando de Bretaña vino :
> Princesas curaban de él,
> Doncellas de su rocino.

Los palos, como anexos á los andantes, no los envilecen ya ; y como el darlos y el recibirlos viene en ellos
vertiendo sal, los admite de buen grado el lector, y aun
los echara ménos, si faltaran ; pero los azotes... pero el
cartel... pero el baile... *Je veulx qu'ils donnent une na-
zarde à Plutarque sur son nez*, dice el autor de los Ensayos, *et qu'ils s'eschauldent à injurier Senèque en moi.
Il fault musser ma faiblesse soubs ces grands credits*. Sí,
que le den un papirotazo á don Juan Bowle en mi nariz,
y se abran á la injuria contra don Diego Clemencin, si
hay españoles sin ojos para ver, sin oidos para oir. Don
Quijote en Barcelona es un salsa de perro, un raya en el
agua indigno de la púrpura imperial. Mas qué importa
ese monton de tierra en medio del verde bosque donde
cantan las aves del paraíso tantas y tan bellas y con tan
grata melodía ? Mujer fuerte, quién la hallará ? obra sin
defecto, dónde estará ? El Quijote, grandiosa epopeya
de costumbres, no pudo haber salido sin ningun desbarro que por el contraste nos hiciese admirar la perfeccion y gracia de la obra en su conjunto ; bien así como
el desperfecto fortuito de una cara hermosa está reco-
mendando lo cumplido de las facciones, y poniéndonos
en el artículo de exclamar : Qué ojos ! qué labios ! sin
esa excrescencia impertinente, esa mujer fuera una
diosa.

CAPÍTULO XI

Entre los pecados y vicios de las buenas letras, el
peor, á los ojos de los humanistas hombres de bien, es,
sin duda, el que llamamos plagio ó robo de pensamien-

tos y discursos. Crisipo en la antigüedad era maestro
tan sin escrúpulo, que tomaba lo suyo donde lo encontraba; y suyo era, en su concepto, lo bueno, lo grande
que los filósofos alcanzaban á idear y expresar en la
Academia, el Pórtico ó el Liceo. Corneille, en nuestros
tiempos, ha tomado con admirable franqueza de los autores cuanto ha sido de su gusto, y lo ha vendido por
original. Ni en el filósofo antiguo, ni en el poeta moderno
acredita eso pobreza de inteligencia, sino así, una como
familiaridad y confianza, mediante las cuales los bienes
de sus amigos son como suyos, y por tanto buenos para
el uso propio.

Había en un plantel de educacion superior un estu-
diante de los más notables por el ingenio, los bienes de
fortuna y la posicion social de sus señores padres. Rico
ademas, su guardaropa era tan abundante, que bien
hubieran podido salir de él de tiros largos todos sus con-
discípulos. Pues este gran señor de colegio hacia lo que
Crisipo, tomaba lo suyo donde lo encontraba, y suyo
era pantalon, capa ó sombrero que podia haber á las
manos. Y no que fuese guardoso ruin de lo propio, sino al
contrario tan maniabierto, que los pobretes de entre sus
camaradas se emperejilaban, acicalaban y componian por
la mayor parte á costa suya. Eso de echarse encima el
primer manton que hallaba, y largarse á la calle, era de
todos los dias; y muchas veces le sucedió coger y ponerse un turumbaco ó torre de Francia de un buen
viejo catedrático, casado en segundas nupcias y doctor
en teología; con lo cual queda dicho que el sombrero,
sino del tiempo de la conquista, por lo ménos anterior

al serenísimo Cárlos cuarto, que Dios tenga en su santa
gracia. Acuérdome haberle topado una ocasion en el
portal del Arzobispo de la ciudad de Quito muy puesto
en órden con su buen manteo negro, de vueltas pela-
das y desflecadas, y el susodicho turumbaco ó torre de
Francia, el cual por lo quebrado del ala, parecia sombrero de tres picos. Verle y echarme á reir, todo fué
uno. Él iba de prisa, segun su costumbre : sin pedirme
explicaciones ni echarme el guante, pasó ese como
Santo Tomas ó San Atanasio, que así me figuro han de
haber andado los teólogos de su época. Como entro yo
al colegio, he allí un clérigo que se me llega cogin co-
jeando y me interroga : No has visto en alguna parte á
ese loco de Vicente ? Aquí me tienes que se fué con
mi manteo, pensando que era su capa. — El manteo
de usía, señor, y el sombrero del doctor Angulo : por
allá va.

Las prendas que tomaban Crisipo y Corneille eran,
sin duda, más elegantes y valiosas; pues yo supongo
que no habrán ido á enriquecer sus obras con arandeles
y argamandeles teológicos que los hubieran vuelto ridículos por extremo. Escritores hay tan sin género de
aprension, que ni siquiera se toman la molestia de dar
otra forma á las alhajas que saltean ; donde otros están
haciendo memoria y averiguando consigo mismos si
tal idea no pertenece á tal filósofo, si éste pensamiento
no lo expresó ya ese historiador ó poeta? La verdad es
comun á todos, dice uno que se burla de los que le acusan de plagiario : el que la dice ántes, no le quita á nadie el derecho de decirla despues. Con la autoridad del

viejo gascon, el filósofo de los Ensayos ahora poco mencionado, pudiéramos prohijar ó repetir ciertas cosas que cuadran con nuestra índole ; mas entre el crear y el imitar, entre el tener y el coger, entre el producir y el pedir, la palma se la llevará siempre el ingenio rico y fecundo que halla cosas nuevas, ó reviste las conocidas de tal modo que vienen á parecer originales y sorprendentes. *La imaginacion no es más que la memoria en forma de otra facultad :* si ésta es ocurrencia nuestra, ó puro recuerdo antiguo y confuso, no lo sabemos ; mas como no somos de los que toman *su bien* endonde lo hallan, hemos querido advertirlo en órden á la materia de este capítulo. Pongamos que la idea es de autor antiguo ó moderno ; ¿ quién nos quitaria á nosotros el poder de amplificarla y desenvolverla segun el caudal de nuestras facultades ? Sí, la imaginacion es la memoria ; la memoria tergiversada de tal modo, que no se conoce ella misma : imaginacion es memoria cuyos mil eslabones rotos y dispersos va tomando la inteligencia y acomodándolos de manera de formar con ellos imágenes nunca vistas, las cuales son anagramas de las vistas y conocidas. No hay figura que no sea un recuerdo ó un conjunto de recuerdos : de muchas reminiscencias, la imaginacion pergeña un cuadro hermoso y nuevo.

Esto nos engolfaria quizá en el sistema de Aristóteles, segun el cual nada hay en el entendimiento que no haya pasado por los sentidos. *Nihil est in intellectu quod non prius fuerit in sensu.* Pero las ideas innatas mismo, ¿ acaso lo son ni se llaman así por que le ocurren á uno por la primera vez, sin que ántes á nadie le hubiesen ocurrido, sino porque, segun el sentir de algunos, nacen con el hombre, sin que en ellas tenga parte la enseñanza del mundo, ni las lecciones que le dan al alma la luz, el calor ni los objetos palpables? Puede haber ideas innatas, y esto en ninguna manera da al traves con este axioma : La imaginacion no es más que la memoria tomada por partes, y acomodada de cierto modo que viene á parecer facultad distinta. Un hombre privado de memoria, de hecho queda sin imaginacion : le faltan los recuerdos, las vagas y lejanas reminiscencias, y no le es dado componer esos conjuntos admirables en que el alma se recrea teniendo debajo de su albedrío á esa esclava activa y pintoresca que llamamos imaginacion. El órden y la exactitud en los fenómenos y los acontecimientos constituyen la memoria : imaginacion, en cierto modo, es desórden y olvido de la memoria. Un collar de piedras preciosas de diferentes colores artísticamente engarzadas, representará la memoria : el diamante cristalino, el rubí que está echando fuego, el zafiro de celestes visos, la verde esmeralda, el ónice apagado, todos con sus significaciones respectivas, darán idea de la memoria, esta rica facultad que si se desquicia un punto, cae desbaratada ; y las mismas piezas, sueltas y revueltas en resplandeciente muchedumbre, son elementos de la imaginacion. Sin almáciga de ideas, no hay facultad imaginativa ; y como sin recuerdos el círculo de ideas seria menguadísimo, resulta que la memoria es el aparador suntuoso donde la imaginacion toma lo que necesita para sus portentos, los cuales á su vez van á cebar la fuente donde está bebiendo de dia y de noche la inteligencia humana.

Este introito psicológico va encaminado á un hecho ;
y es dar á saber á nuestros lectores, si nos los depara
el cielo, que las escenas de nuestra obrita titulada
« Capítulos que se le olvidaron á Cervantes, » no son
casos ficticios ni ocurrencias no avenidas ; mas ántes
acontecimientos reales y positivos en su totalidad, ó
convertidos en cuadros completos, gracias á un miem-
bro, un toque, un brochazo que, hiriendo nuestros ojos,
se han ido adentro á despertar en el alma el mundo de
sensaciones que suele estar pendiente de una reminis-
cencia entorpecida. Muchas escenas puestas en tono
caballeresco son las comunes y diarias, sin otra dificultad para componer de ellas un paso fabuloso, que
echarle á la historia cortapisas y arrequives con sabor á
antigüedad y caballería. Pocas aventuras ó lugares de
nuestro libro recordarán otros de Cervantes ; ni podia
ser de otro modo, supuesto que, como llevamos dicho,
las por nosotros referidas son historias pasadas á nuestra vista ó de las cuales tenemos conocimiento. Componer un libro original en materia agotada por Cervantes,
nadie dirá que no es un esfuerzo laudable de la imaginacion ; pero como nos hemos puesto acordes en que la
imaginacion no tiene gran parte en la obrita, vendríamos á la necesidad de echar mano por el ingenio, si ya
fuésemos tan menguados que achacásemos á él lo que
talvez no llamará la atencion de los doctos, y segura-
mente no correrá la gran suerte del libro de Cervantes.
Don Eugenio Hartzembusch le dijo á un notable viajero
sur-americano * : He leido la obra que usted me presentó.

---

* El señor José Maria Vergara y Vergara. neo-colombiano.

El artículo titulado « Poesía de los moros » es de todo mi gusto. En cuanto al « Capítulo que se le olvidó á Cervantes, » le diré á usted que, por bueno que sea, es imitacion, y como tal, de ménos mérito que las excelentes partes originales que contiene *El Cosmopolita*. Don Eugenio, por la cuenta, olvidó el gran caso que la Academia Española y los humanistas han hecho en todo tiempo de lo que ha sonado aun remotamente á Cervantes : los dos capítulos disparatados que un desconocido dió á luz en Alemania, vinieron á Paris haciendo ruido, y merecieron el análisis y el juicio de literatos de cuenta. La continuacion de Avellaneda fué semillero de contrapuntos y disquisiciones literarias tan ardorosas, que apénas si han caído las altas llamas que al principio se levantaron de esa hoguera. El Quijote de la Cantabria, por del todo necio é insignificante, no ha alcanzado más favor que el inmediato olvido. En cuanto á las imitaciones de Guillen de Castro, Calderon de la Barca, Melendez Valdes y otros autores ilustres, claro se está que el imitar á un gran ingenio no es cosa de tener en poco, una vez que ésos de más de marca arrimaron el hombro á tan dura labor. El toque está en el éxito, lo repetimos : si Guillen de Castro ó Melendez Valdes hubieran salido bien, sus obras hubieran sido de gran mérito ; así como un Partenon levantado por otro Fidias, en siendo igual al de este maestro, no alcanzara ménos admiracion que el primitivo. Si para honra del género humano y gloria de nuestro tiempo naciese en la poética tierra de Urbino un artista que tomase, no el cuerpo solamente, sino tambien el alma de la Transfiguracion, y compusiese una obra tan cumplida como la que hoy es riqueza del Vaticano, seria ménos admirable que el prototipo de los pintores? Quien nos componga una Eneida, en nada inferior á la que ya tenemos, le damos por aprovechado. Boyardo y Berni se están paseando fraternalmente por los Campos Elíseos, y Cástor y Pólux no se hacen mala obra el uno al otro. El punto finca en haber ganado el derecho á la media inmortalidad; ventolera de la cual, gracias á Dios, nos hallamos muy apartados.

El caso fué que un tiranuelo de esos que no pueden vivir en donde hay un hombre, y llaman enemigos del órden á los campeones de la libertad, nos tomó un dia y nos echó á un desierto. No tantos años como Juan Crisóstomo en el Pitio, pero allí vivimos algunos sin trato social, sin distracciones, sin libros: sin libros, señores, sin libros! si teneis entrañas, derretios en lágrimas. Por rehuir el fastidio, ó quizá los malos pensamientos, tomamos la pluma y pusimos por escrito en tono cervantino una escena que acababa de ofrecernos el cura del lugar, ignoranton medio loco y aquijotado; y fué que un dia recogió los clérigos de esos contornos y las parroquias vecinas, y todos juntos se remontaron á la cresta oriental de los Andes, á horcajadas en sus mulas y machos, en busca de una Purísima que habia nacido entre las marañas de la sierra. A la Vírgen, halláronla en un cepejon, con cara, ojos, boca tan patentes, que allí luégo dieron órden como se erigiese una capilla; y en tanto que llegaban los romeros con *la romería*, vistiéronse ellos de salvajes con musgos, líquens, hojas, y en horrendas figuras comparecieron en la plaza del pueblo, todos ellos con máscaras extravagantes, gritando que la Vírgen habia nacido en el monte. Un matasiete que á la sazon se hallaba en el pueblo con una brigada de soldados, tomando á burla las charreteras de lechuga de aquellos fantasmas, monta á caballo lanza en ristre, y sin averiguacion ninguna los arremete de tan buena gana, que los que no se encomiendan á los piés caen mal feridos. Nosotros moríamos de risa en nuestra ventana, sintiendo sí que no hubiesen venido á tierra cuatro monigotes más á los golpes de ese invencible caballero. La cosa no era para echada al olvido: y como hubiésemos anteriormente dado á la estampa un escritillo titulado «Capítulo que se le olvidó á Cervantes,» el cual fué acogido con aplauso en la América del Sud, quizá porque era un venablo contra el susodicho tiranuelo que harto tenia de Quijote; buscándonos el diablo, describimos la escena; y por aprovecharnos de ciertos estudios que teníamos hechos de la lengua castellana y del Ingenioso hidalgo, pasamos adelante, hasta cuando á la vuelta de seis meses los capítulos hechos y derechos eran sesenta; sí, señores, sesenta! De éstos, los cincuenta serán escoria: como se nos cuajen los diez, y rueden en el crisol en forma de granos y pepitas relucientes, felices nos estimaremos y ricos ademas con tan humildes preseas.

La fábula de Cervantes de nada tiene ménos que de original: libro es de caballería, y peste de su tiempo eran los tales. Asunto, estilo, lenguaje, escenas, todo es en el Quijote pura imitacion de Amadis de Gaula, don Belianis de Grecia, Palmerin de Inglaterra y más adefe-

cios que eran las delicias del señor don Cárlos Quinto y
sus fantásticos y aventureros conterráneos. El triunfo
de Cervantes fué la sátira boyante, el golpe tan acertado,
que la enorme locura de ese siglo, herida en el corazon,
quedó muerta, cual toro en la plaza de Valladolid á
manos de don Diego Ramirez, ó en la de Sevilla á las
de don Pedro Ponce de Leon, de una sola espadada.
Exclusivamente el objeto fué propio de Cervantes : lo
demas, bien así la esencia como la forma, pura imitacion. Y con esa imitacion ha pasado á ser uno de los
más célebres autores de cuantos son los que componen
la república literaria. Ese objeto, no era ya para nosotros, puesto que nuestro maestro lo llenó trescientos
años há; y por lo mismo, para ver de conciliar algun
interes á nuestro invento, han sido necesarios muchos
requisitos, con los cuales no sabemos si hemos cumplido. Llenar todos los números en cualquier materia,
es perfeccion ; y obra perfecta ni mujer fuerte ¿ quién la
hallará? Nuestro ánimo ha sido disponer un libro de
moral, no un « Pantagruel » para la risa, ni *Le moyen
de parvenir* para gula de los sentidos : Rabelais y Richet
no aciertan, ni á sernos agradables, ménos á servirnos
de númen. Verdad es que Molière y Lafontaine sabian
esos autores de memoria ; pero Lafontaine, ese viejo
libidinoso que ha poetizado la sensualidad, vistiendo de
Musa á la corrupcion, ¿ puede ser él mismo ejemplo
saludable? Cervantes es cristiano, delicado, honesto, y
rie riendo da heridas mortales en los vicios y las preo-
cupaciones de los hombres. El género es el más difícil :
haber acometido la empresa, es laudable osadía, á buen
seguro : llevarla á felice cima, no es para nosotros, pues

no pensamos que nuestro libro pueda pasar por las picas de Flandes. Si él llegare á caer por aventura en manos de algun culto español, queda advertido este europeo que hemos escrito un Quijote para la América española, y de ningun modo para España; ni somos hombre de suposicion que nos juzguemos con autoridad de hacerle tal presente, á ella dueña del suyo, ese tan grande y soberbio que se anda coronado por el mundo. Con todo, si vosotros, oh españoles, oh hijos de nuestros padres, oh hermanos en religion, lengua y costumbres, si vosotros llegáredes á ver nuestra obra, á leella, examinalla y juzgalla, sed, no generosos con lo indebido, pero sí benévolos hasta donde lo comporten vuestra gran literatura y la gloria del príncipe de vuestros ingenios. E en el nueso pecho, que piadoso é amoroso es, meteredes un buen porqué de amor é gratitud, para hablar con el Bachiller Fernan Gómez de Cibdad Real.

Pero Cervantes, arguis, le dejó muerto y enterrado á Don Quijote, á fin de que nadie osase tocarle despues de él; ¿cómo sucede que nos le presentais vivo y efectivo, en carne y hueso, despues de tantos años como ha que es polvo y nada en las entrañas de la sepultura? Sois acaso Geneo ó Mambreo, mágicos, que imitan los milagros de los profetas? ó Abaris, ese brujo sublime que sobre una flecha encantada pasa montes, cruza mares? ó Apolonio que resucita muertos? No, señores: ni siquiera don Enrique de Villena ó Pedro Balayarde: á Don Quijote, no le hemos resucitado; no hemos hecho sino seguirle la pista á su conductor: olvido que le sucede, asunto

nuestro es. Por esta razon la obrita lleva por título « Capítulos que se le olvidaron á Cervantes; » y limpios
nos hallamos de ese grande, negro hecho que se llama
exhumacion. Fáltanos tan sólo advertir que los personajes que en ellos hacen figura son todos reales y positivos, tomados de la naturaleza, bien así los en quienes
concurren las virtudes, como esos bajos y feos que
están brillando por el mal carácter ó los vicios. No somos nosotros de los que tienen creido que no conviene
aludir á las personas : la ley alude muy bien al delincuente cuando le señala para la horca; y el juez cae en
una personalidad con sentenciarle, nombrándole una y
mil veces. Los perversos, los infames han de pagar la
pena de sus obras : díganlo sino emperadores, reyes,
papas ; tiranos, obispos, curas ; malvados grandes
y pequeños que Dante Alighieri ha hecho muy bien
de poner en el profundo, aun viviendo muchos de
los que él encuentra por allá en pleno goce de los
suplicios eternos. Miguel Angel, por su parte, lo menos que hace es ponerles en sus pinturas orejas de
burro á los pícaros sus malquerientes. Vayan éstos a
quejarse á Su Santidad, y le oirán : Si Miguel Angel
te pusiera en el purgatorio, de allí te sacara yo á
fuerza de sufragios; pero en el infierno, *caro mio, nulla
est redemptio.*

Un gran autor moderno ha dicho : Por poco interes
que yo tenga por mí mismo, nunca seré tan menguado
que vaya á indisponerme con un hombre de talento, de
esos que pudieran transmitir mi fama á la posteridad,
consitando contra mí el odio de mis semejantes, ó ha-

ciendo reir de mi persona al mundo entero *. Ese poco
interes por sí mismos, lo tienen muchos : como adrede
molestan, ofenden, persiguen en toda forma á los que
pueden ponerlos en los quintos infiernos, ó retratarlos
con orejas de burro, ó hacerlos apalear muy á su sabor
con Don Quijote. Desahogos ruines, no son nuestros ;
pero sí hemos castigado maldades en los perversos, vicios en los corrompidos, bajezas en las canallas : difamacion, envidia, ridiculez, páganlas allí al punto difamadores, envidiosos y ridículos. Bonitos somos nosotros
para dejarlos con el tanto á tanto pícaro, traidor, vi-
llano ó declaradamente infame como nos han salido al
paso en las encrucijadas de la vida ! Por dicha, armados de armas defensivas impenetrables, como la verdad,
que es cota de malla ; la serenidad, que sirve de loriga ;
la ausencia de miedo, que es morrion grandioso ; con
nuestra espada al hombro, hemos pasado por entre la
muchedumbre enemiga, derribando á un lado y á otro
malos caballeros, malandrines y follones. Virtud es el
perdon : perdon para los enemigos : crímenes, desver-
güenzas, ingratitudes, maldades, al verdugo. Ahórque-
las en cuerpo fantástico ; mas sepa el delincuento que
está ahorcado. Ya es mansedumbre que parte límites
con la beatitud, no haber transmitido á la posteridad
los nombres de los que con sus acciones han incurrido en esta pena. Atributo de Dios es el perdon ; Dios
perdona ; pero envia el ángel exterminador al campo de
sus enemigos, y ay de los malvados !

* *Les Caractères*, LA BRUYÈRE.

CAPITULO XII

Ensayo ó estudio de la lengua castellana tituláramos esta obrita, si tuviéramos convencimiento de haber salido bien en lo de rehuir los vicios con los cuales la corrompe y destruye la galicana moderna, y de habernos aprovechado al propio tiempo de las luces que en el asunto han derramado clásicos escritores, como Capmany, Mayans, Clemencin, Baralt, Bello y otros maestros bien así españoles como sud-americanos. Mas cuando estamos señalando los defectos del vecino y fiscalizando su manera de escribir, no sabemos si nosotros mismos vamos cayendo en otros peores; y así, por no volvernos culpables de fatuidad sobre la nota de ignorantes, hemos preferido la culpa del atrevimiento, bautizándola con el nombre de Capítulos que se le olvidaron a Cervantes. Siempre que hemos contemplado en la triste situacion á que ha venido nuestro hermoso idioma, por obra de malos traductores y ruines viajeros, nos ha ocurrido preguntarnos á nosotros mismos: Cómo sucede que cuando la española daba la ley en Europa, puesta sobre todas las lenguas cultas; cuando ella ocupó el lugar de la latina en la diplomacia; cuando ingenios como Pedro Corneille, Molière, Voiture le tomaban sus asuntos junto con su estilo; cuando ella era la lengua de la educacion pulida en la sala resplandeciente: cuando los políticos discutian los grandes intereses de las naciones, los oradores sagrados hablaban

con Dios y los hombres, los galanes melifluos les contaban sus cuitas á las hermosas, todo en habla castellana;
cómo sucede, repetimos, que con tal uso y predominio,
la francesa no llegó á corromperse, ni quedó desfigurada
y echada á perder, como se halla la nuestra en boca y
manos de la inmensa mayoría de hablantes y escribien-
tes de uno y otro mundo? Los traductores franceses
eran hombres de saber y entender, que así poseian
la una como la otra lengua: al paso que los españoles
del dia no saben ni una ni otra, salvo el puñado de personas de ciencia y juicio, que no le puede faltar á nacion de tan grandes proporciones. En los unos era móvil de sus obras el amor á las letras humanas; los otros
van á caza de dinero : ésos miraban con religiosa veneracion á su idioma, éstos lo tienen por artículo de mer-
cancía, el cual, para que sea de moda, ha de estar á la
francesa.

Maestros originales, inventores, muchos y muy grandes ha tenido España en todo tiempo; y para artífices
delicados de la lengua y pulidores de todas sus partes,
ningun pueblo como ella. Pero en dónde, en dónde ahora
los Granadas, los Marianas, los Leones? las Teresas de
Jesus ¿ qué se hicieron? los Nierembergues ¿ dónde fueron? Avila, Malon de Chaide, Yépes, frailes insignes
que ilustraron el convento y dieron nombre á su siglo
con sus obras, qué dirian, si sacudiendo el polvo de los
siglos que gravitan sobre ellos, se levantaran y oyeran
la infame algarabía en que tratan expresar sus ruines
pensamientos estos hijos de la piedra que hoy se llaman periodistas, novelistas y poetas ! Grandes autores

castellanos, ya no abundan ; grandes traductores, ya no nacen : y esto debe causar la costelacion del mundo ser tan envejecida, que perdida la mayor parte de la virtud, ya no puede llevar el fruto que debia. Parece que Garcí Ordóñez de Montalvo dictaba estas palabras en el siglo décimoquinto, para que en el décimonono las aplicáramos á nuestro idioma, hiriendo con ellas á los adúlteros que van en busca de mujer ajena, y los incestuosos cuya descendencia no puede ménos que adolecer de mil imperfecciones y defectos. Las ondas majestuosas que en la « Guerra de Granada » corren por sobre los tiempos y los acontecimientos pasados, comunicando profundo respeto á los lectores ; los armoniosos raudales en que Fuenmayor hace pasar la vida de Pio Quinto, repitiendo la gravedad y numerosidad de los Anales de Tácito ; el gracejo culto y fino, el lenguaje inimitable de « Lazarillo de Tórmes ; » la frase ajustada y elegante de « El pícaro Guzman de Alfarache ; » la propiedad, gracia y maestría de « Calixto y Melibea ; » la sal ática de « Rinconete y Cortadillo » en ese hablar de todo en todo castizo ; nada de esto, nada, tiene hoy imitadores : ni Juan Valdes sirve de maestro, ni Covarrubias ha compuesto para nosotros su gran lexico ó *Tesoro de la lengua castellana.*

Nosotros, españoles y americanos, traducimos á los gazapos que amuchigan en esa madriguera inmensa que se llama Paris. Nuestros padres leian y volvian á su lengua las grandes obras de los clásicos griegos y latinos, esas en que se halla contenida la sabiduría de la antigüedad : pero los tiempos pasaron en que Sueyros, Balbuenas y Colomas traducian á Salustio, Ciceron

y Tácito, y hoy vemos en las librerías españolas ha-
cinamientos de novelillas, verdaderos cachivaches de
la literatura, ó libracos llenos de milagros y absur-
dos con que indoctos y perversos fomentan la ignorancia del pueblo sin filosofía. Si los amantes de las
letras universales tomaran á pechos el verter á su idioma
las obras útiles ó magistrales de los autores modernos,
aun no tan malo; mas por una traduccion de la *Decadencia y caida del Imperio Romano*, tenemos cien ro-
mancitos franceses en los cuales el escritor les cuenta los
bajos á sus heroínas, sin descuidarse de advertirnos si
tienen buena ó mala pierna, y le hacen al héroe el nudo
de la corbata. Mor de Fuentes y Vergues de las Casas
son dos; dos aprovechados y buenos traductores : la
turbamulta de galiparlistas encendidos de amor por los
títeres del Sena, se compone de millares. Traducid, españoles, pero traducid á Fenelon, Bossuet, Lacordaire :
traducid á Corneille, Molière, Racine : traducid á Boileau, el Horacio moderno : traducid á Chateaubriand,
Lamartine, Hugo el poeta : traducid á Thierry, á Miche-
let : traducid á Villemain, á Sainte-Beuve. Traducid á
Montalembert, Dupanloup, si sois papistas : á De Maistre, á Veuillot, si adorais al verdugo en el patíbulo. Si
sois librepensadores, traducid á Laplace, Littré : si amables utopistas, á Flammarion, Delaage : si herejes decla-
rados, á Renan, Peyrat. Para la tierra, Buffon, Cuvier,
Gay-Lussac; para el cielo, Arago, Laplace otra vez, Le-
tellier. Si os embelesan los misterios del magnetismo,
traducid á Mesmer y Puysegur. Si en todo y para todo
quereis autores franceses, ahí están en ilustre muchedumbre historiadores, oradores, científicos, filósofos, y

hasta novelistas, grandes novelistas, como el autor de
René, el de Obermann, el de Corina.

Traducidnos la Enciclopedia, por Dios, traducídnosla,
vosotros que sois, oh españoles, tan amigos y partida-
rios de Rousseau, Diderot, d'Alembert, Grimm y más
puntos luminosos de la gran constelacion del siglo décimoctavo, cuya estrella polar, el hélice del infierno,
es Francisco Maria Arouet, convertido en Voltaire por
obra y gracia del demonio. Pero esos libritos, esas novelitas, esos santitos, esas estampitas de que están ates-
tadas las librerías de Madrid y Barcelona, todo tradu-
cidito de los autorcitos más chiquitos del Parisito del
dia ó de la noche, oh, estas chilindrinas son la vergüenza de la España moderna, la vergüenza de la América hispana. Este flujo por traducir todo lo insignificante, todo lo inútil, todo lo bajo; esta pasion por los
romances de menor cuantía, donde no falta una condesa
que viva amancebada con su criado, ni Adriana de
Cardoville que no cierre la cortina sobre ella y su príncipe Djalma; estos romances cuyo protagonista ha de
hacer mil trampas y picardías; estas obras magnas de
comer y beber con mujeres de ruin fama; esto de no
acostarse hasta las dos de la mañana, ni levantarse hasta
las doce; todo esto es escoria, amigos mios: de ella no
sacaremos jamas un grano de oro, por mucho que seamos avisados en la alquimia de la sociedad humana.
Vivir como perdidos, matarse como impíos, ¡qué historia, qué páginas! El héroe de la novela francesa
duerme de dia, come y bebe de noche, hace pegas abominables á los maridos, tiene duelos ó retos á la espada,

pide prestado y hace milagros, se arruina, pierde su querida, se despecha, va y se vuela la tapa de los sesos. Esta monserga atroz, este embolismo de pasiones arrastradas, vicios y caídas, puesto en rengloncitos que parecen escalera, sin unidad, sin número, sin gracia; esta literatura de lupanar os seduce tánto, los cristianos, los austeros, los juiciosos españoles? Confianza, pues, en Dios, los hijos mios, decia Antonio Pérez; que el señor os tiene á su cargo : confianza, pues, en el demonio, los hijos mios, dice España, que Pateta os tiene cogidos de las agallas, y no os dejará ni el dia de las cuentas y perdones. Traducid lo santo, lo sabio, lo poético, lo filosófico, lo moral; traducidlo, y traducidlo bien, á fin de que nosotros, hermanos menores vuestros, no recibamos malas lecciones, malos ejemplos, y vengamos á ser tan ignorantes y corrompidos como... los autores que nos mandais en mezquina, despreciable galiparla.

Se quejan los españoles de que los sud-americanos estamos corrompiendo y desfigurando la lengua castellana, y no están en lo justo : si esto sucede, mal pecado, obra de ellos es : ellos traducen el Telémaco de este modo, y nos envian sus traducciones por nuestro dinero. « Y los gallos cantaban, y las gallinas cacareaban, y los caballos relinchaban, y los burros rebuznaban, y los perros ladraban, y los puercos puerqueaban, y los cuchillos cortaban... » Qué más cuchillo que esta porreña descripcion, exclama don Antonio Capmany examinando la hábil obra de un compatriota suyo; cuchillo de palo, y bien á la vista? A esta clase de traducciones, acostumbrados están los españoles modernos, entre los cuales no hay ni un Coloma para los Anales, ni un doctor Laguna para Dioscórides, ni un Jáuregui para el Tasso. Moratin, desde luego, no podia ménos que ser buen traductor : un buen autor traducirá bien, mal que le pese. Gorostiza no pone la pica en Flandes, pero pasa ; y en poco está que don Eugenio de Ochoa no sea intérprete cumplido. Larra hizo una buena traduccion de Lamennais : las *Palabras de un creyente* hallaron eco grave y sereno en Fígaro, quien lo creyera ; y el autor de *El castellano viejo* pudo hablar como profeta antiguo. A los españoles, como á nosotros que somos carne de su carne, hueso de sus huesos, nos sobran aptitudes ; lo que nos falta es educacion : ya lo dijo Paulo Mérula muchos siglos há ; y entónces, como ahora, le estamos sacando verdadero.

Aunque es verdad tambien que torrentes de ineptitud se descuelgan de traducciones castellanas como las con que han deshonrado su idioma ciertos peninsulares eminentes en las letras humanas. El Genio del Cristianismo, obra á la cual no debiera uno llegar sino despues de santas abluciones en la fuente Castalia, ha sido escarnecido y ha quedado mal trecho, en términos que si ese Padre de la Iglesia coronado por las Musas que se llama Chateaubriand, saliese de la tumba, lloraria por los vivientes, como Raquel, y se volveria á la eternidad en busca del olvido.

« Ella sóla (la Iglesia) sabia hablar y deliberar ; ella sola *mantuviera* una cierta dignidad, y se *hiciera* respetable, cuando ninguna otra cosa *lo fuera*. Se *la viera* sucesivamente oponerse á los excesos del pueblo y despreciar la cólera de los reyes. La superioridad de sus luces, *debian* inspirarle generosas ideas en política, que ni *conocieran* ni *tuvieran los otros órdenes.* Colocada en medio de *ellos*, debian darle mucho que temer los grandes, y nada los comunes...; por eso en tiempos de turbacion, se la *viera* adherirse con preferencia al voto de los últimos. El más venerable objeto que ofrecian nuestros estados generales, *fuera* aquel banco de ancianos obispos, etc., etc. »

He aquí los tiempos del verbo reducidos á uno solo, y declarada inútil y abolida la conjugacion. Suelen los autores servirse del indefinido condicional en lugar del pretérito pluscuamperfecto, por rehuir la importuna consonancia que resulta de muchas oraciones que concurren en el propio caso; mas nadie, nadie, ningun escritor que merezca este título, ha usado jamas del indefinido por el imperfecto, y ménos por el perfecto ó pasado absoluto. Ese buen español no conoce ni tiempo ni modo, si no son los suyos. Dios le dé oido á ese monstruo, que no debe de tenerlo, para que no le zozobre ni desespere esa carretilla infernal de *eras*, donde no hay parvas de trigo, sino chícharos y zizaña. Supo su lengua ni la francesa el que tradujo de este modo una de las obras más floridas y amenas de nuestro tiempo? Y la Academia Española no lo privó del agua y el fuego á tan insigne malhechor?

« Destruid el culto católico, y en cada ciudad habreis *de menester* un tribunal con prisiones y verdugos. » Esto dice Chateaubriand, ortodojo sistemático. El conde José de Maistre, campeon de la Iglesia á todo trance, sostiene que sin verdugo no puede existir ninguna sociedad de hombres. *Et nunc intelligite.* Para mi propósito no importa cosa la contradiccion de esos dos foribundos ultramontanos : segun el uno, al .faltar la Iglesia el verdugo es indispensable ; segun el otro, la Iglesia no puede existir sin el verdugo. Allá se averigüen : mi negocio es entregarle al patíbulo al facineroso *de menester ;* y por fas ó por néfas, católico ó protestante, allá va á manos del señor conde don José. Toda expiacion requiere sangre, dice tambien ese sublime apóstol del cadalso ; derrame la de ese delincuente, y quede purificada la lengua castellana.

« Aunque Roma vista por dentro se parece hoy á las demas ciudades de Europa, *toda vez conserva ella un cierto carácter* particular ; porque ninguna otra presenta *una* tal mezcla de arquitectura y *de* ruinas, *á contar* desde el panteon de Agripa... La hermosura del *sexo* es *tambien otra* señal que la distingue de las demas ciudades. Admírase *de otra parte* en los romanos un cierto tono de carnes, que los pintores llaman color histórico... *Una otra* particularidad de Roma *es* los rebaños de cabras. »
Santo Dios, santo fuerte, santo inmortal, líbranos, Señor, de todo mal. Paréceme que he visto al diablo á media noche en el endríago espantoso que allí queda estampado á la española. *Toda vez conserva ella : toutefois elle conserve.* El castellano es *no obstante, sin embargo* conserva cierto carácter particular, echando fuera ese *ella* y ese *un,* cáncanos asquerosos que no sufre cuerpo limpio.

A contar desde el panteon : à compter dès le Panthéon.
Este *á contar* traducen, los que saben, por el gerundio,
y dicen : contando ó tomando del panteon : y el que escribe *á contar desde el panteon de Agripa*, puede muy
bien irse á revolcar en los establos de Augias.

« La hermosura *del sexo* es *tambien otra* señal. » *Tambien* y *otra*, pleonasmo : ora el uno, ora el otro, y Cristo
con todos. *La hermosura del sexo !* Ya dijo el traductor
que la habia visto á Roma por adentro, y así pudo darnos esa *señal*. En cuanto á saber si Roma es varon ó
hembra, averígüelo Várgas ; pues *el sexo* nos deja en
ayunas de esa noticia. *El bello sexo* suelen decir los poco
entendidos en lengua castellana ; los doctores en ella
dicen *el sexo femenino* ; y con más llaneza y elegancia, *las mujeres*, cuando hablan de las hijas de Eva, estas nuestras dulces enemigas que nos tienen hartos de
amarguras.

« Admírase *de otra parte* en los romanos un cierto tono
de carnes, que los pintores llaman color histórico. » Si
las carnes son las de una vieja facsímile de don Quijote,
el *tono* debe sonar á los oidos del viajero seca y estri-
dentemente, como quien ofrece á la historia de los pintores más huesos que carne, más pergamino que sucu-
lenta grasa. Si yo escribiera algun dia mis confesiones,
á modo de san Agustin, diria que esas carnes ni en
Roma me han gustado, ni pienso que ese color de pernil,
cual debe de ser por adentro el de las brujas del Traste-
bere, sea el *color histórico*. *De otra parte*, quiero decir
por otra parte, esos rebaños de cabras no *es una otra
particularidad ; son* otra particularidad, que no le va en

zaga al muslo ahumado de la vieja, ni á lo que el insigne hablista vió por adentro en Roma.

« A Pedro fué á quien se le mandó primeramente *de amar* más que los otros apóstoles, y *de pacer* y gobernarlo todo. » Siendo cierta esa órden, no seria sino la órden del dia del prefecto de Marsella, quien, debiendo tocar allí el emperador Napoleon el grande, *mandó* lo que sigue : « El ejército se alegrará por batallones : los batallones principiarán á sentirse dichosos por el flanco derecho. » Amor mandado, amor á palos. Jesus á nadie mandó que le amase ; á fuerza de amor y bondad, de mansedumbre y virtud, se hizo amar ; y si Pedro le amó con pasion más viva, fué por haber sido el predilecto de sus discípulos. *Mandar mas amor* . la esencia es tan errónea, como desapacible la forma de esta cacofonía.

Ya el pobre san Pedro está amando por mandato ; ahora le obligan tambien á *pacer :* á modo de oveja, de buey, cómo *pace* el mayor de los apóstoles? Lo que Jesus le mandó fué *apacentar* el rebaño ó la grey que dejaba á su cuidado, y de ningun modo ir rumiando por dehesas ajenas.

Esta órden del dia de Jesucristo, seamos justos, no es del traductor, sino del editor : cualquiera puede verla en la nota 15, y exclamar : « Para tal traductor, tal editor ! » En siendo yo que ellos, no diria *exclamar* sino *exclamarse,* como lo van diciendo á cada paso uno y otro : *s'écrier.* Vergüenza deben de tener los españoles cultos de que en España se publiquen semejantes libros, y pasen éstos los mares con los honores de la pasta primorosa, para venir á ser ludibrio de los semi-

bárbaros de América. *Mandar de amar, mandar de pacer*, oh Dios !

Y bien, hermano, le pesa á usted de haber *sufrido
algun poco?* dice un trapista moribundo á su abad.
(Nota L.) La leccion que el fraile estaba dando al superior de su convento, era buena; mas si dijo « le pesa á
usted *de haber sufrido algun poco,* » habló en castellano
como hablara un palanquin de Tarazona. Bueno es morirse ; mas somos de parecer que *in articulo mortis,* léjos de quebrantar preceptos ni transgredir leyes de
ninguna clase, debemos arrepentirnos de haberlos que-
brantado y transgredido. De otra suerte, al infierno
principal, infierno madre, vereis agregado, réprobos, el
de los suplicios especiales de los que prostituyen la lengua de su patria y la echan en el cieno.

« Nos acercamos *del* convento, y volvimos á ocupar-
nos en el taller, » escribe un frances metido fraile
huyendo del Terror. En Francia se habrá acercado *del*
convento ; en España tenia que acercarse *al* convento ;
y si acertaba á meterse de rondon, y ganar el laberinto
de Creta de patios, traspatios, sótanos y bodegas, podia
escapar del hacha de Robespierre.

« Allí ya se carda, ya se hila, ya se teje. *En tanto
que posible,* todo cuanto debe servir para los hermanos
se trabaja por ellos mismos. » *Pare imposibile,* dicen los
italianos, de una cosa á que se oponen la razon y la verosimilitud. Imposible parece, ciertamente, que un
español alcance á disfrazar, corromper y subvertir de

tal manera la lengua de sus padres. Habrá oido ese bendito en Madrid, Sevilla, Granada, y ménos en Toledo,
ni á la gente de la hampa, decir *en tanto que posible? En
tant que possible,* dicen los franceses; nosotros decimos
en lo posible, cuanto cabe, y otras expresiones tan graciosas como castizas. Si los hermanos hilaban y tejian
con el primor que ese literato escribia el castellano, bur-
das han de haber sido esas telas, bien como para monjes
de la Trapa.

« Porque *me haria escrúpulo* de despedir á un hombre
que *se salva del mundo,* para venir aquí á trabajar por
su alma. » Esto dice el abad, tratando del consabido
gabacho que *se salva del mundo,* por librarse de la gui-
llotina. El dicho abad de la Trapa *se hacia escrúpulo* de
darle con las puertas en las narices á ese buen candidato
para novicio; y no era para él cargo de conciencia hacerle salir por la tangente del globo terráqueo; pues no
otra idea inspira esto de *salvarse del mundo.* El abad
no; el traductor es el Arquímédes que así le echa como
con trabuco al país de los selenitas á ese digno compatriota de madama de Chantal. *Salvarse del mundo,* por
huir del siglo, ponerse en cobro, retraerse en un monasterio y entregarse á las meditaciones de la muerte,
seguro está que lo diga ni el sud-americano más in-
docto.

« Yo no sé cómo la conversacion vino á rodar sobre la
Val-Santa, cuyos pobres padres se habian visto forzados
á *salvarse en Rusia.* » Salvarse en Rusia es como salvarse en el infierno; y si los pobres padres se salvaron

en diciembre, doble condenacion. El Alighieri nos ha contado que los suplicios perdurables no son el fuego y el plomo derretido solamente, sino tambien la nieve de los polos. Pues así como hay infierno frio, así ha habido cielo frio. Con todo, el buen cristiano preferirá siempre salvarse remontando en espíritu á la diestra de Dios padre, donde reina un calorcillo de beatitud eterna, á salvarse en Rusia al lado de esos cosacos que parecen osos. *Salvarse en Rusia, se sauver en Russie*, por huir á Rusia : esto es de perder el juicio.

« Considerando la vanidad de las cosas terrestres, he resuelto no curarme sino de la eternidad. » Y del mal de piedra, y de la gota, y de los otros achaques, ¿porqué no se quiere curar? En todo caso, mejor seria salvarse en Rusia sano y bueno, que llevando á cuestas media arroba de lamparones, broncocele ó papera. Mas cabalmente ése quiere curarse de lo único que no se debe curar, pues si la eternidad es una enfermedad, enfermedad divina ha de ser, y ¡ dichosos los que la padecen en el seno de Dios ! Don Antonio Solis dice que Hernan Cortés no se curaba sino cuando no tenia de que cuidar. Tan cierto es esto, que una ocasion, hallándose de purga, montó á caballo, y les dió una mano tan buena á los indios de Tlascala, que les quitó la gana de venírsele encima cuando sabian que estaba enfermo. Lo que el infeliz traductor quiso decir fué, que habia el frances converso tomado la determinacion de olvidar el mundo y no dirigir sus pensamientos sino á las cosas eternas. *Curarse de* una cosa, por cuidar de ella, es obsoleto. Si yo padeciera de virtudes, y estuviera amenazado con la gloria, no cuidaria de curarme ; ántes por el contrario, me abstendria de todo medicamento : no tomara soberbia, ni avaricia, ni lujuria, ni ira, ni gula ; ni aguantara frotaciones de envidia, ni me dejara untar pereza, á fin de que se cumpliera cuanto ántes la feliz conminacion. Los materialistas, los ateos viven empeñados en curarse y en curar á sus semejantes de la eternidad, que para ellos es sarna perruna.

« Ah, que debiéramos exclamar, que cuanto hacemos aquí en el mundo por el cielo es todo bien poca cosa! » No tengo á la vista el original frances ; mas probablemente él dice : *Ah ! que nous devrions nous écrier que tout ce que nous faisons ici dans le monde pour le ciel est bien peu de chose !* En sabiendo los vocablos de esa lengua, su construccion allí está en ese castellano. Ah, que debiéramos exclamar á nuestra vez, que á nadie le es dado buscar la vida ni allegar dinero por medios ilícitos ; y medio ilícito y reprobado es meter la hoz en mies ajena, y abalanzarse uno á lo que no sabe ni entiende. Cuentan que lord Byron, viajando por Italia, supo que un escritor zarramplin habia acometido á traducir el Manfredo, uno de sus mejores poemas. El noble lord mandó llamar al traductor, y le dijo : Cuánto piensa usted ganar con su traduccion ? Ochocientos escudos, por lo ménos, milord. Elpoeta contó allí los ochocientos, y dijo : Los que usted se propone ganar ; y estos quinientos de adehala, para que no vuelva á pensar en traducir ninguna de mis obras. El señor vizconde de Chateaubriand le hubiera dado cincuenta mil reales, su cartera de negocios extranjeros encima, al literato español, para que no le tradujese « El Genio del Cristianismo. » Dirán quizá algunos peninsulares, que á posta hemos tomado la peor de sus traducciones, cual es la hecha en Valencia « con arreglo á la séptima edicion francesa, » para muestra de la literatura española. No nos pesa nuestra malicia ; pésanos echarles ejemplos de esa calaña á manta de Dios. Hemos preferido la gran obra de Chateaubriand, por ser ella la lectura predilecta de los jóvenes que se dedican á las humanidades : si fuera necesario, les daríamos en rostro con mil versiones de obras tan magistrales como las Veladas de Sanpetersburgo.

« Dejaron de existir la Olimpia, la Elide, el Alpheo, y el que *se propondria encontrar* el Peloponeso en el Perú, seria ménos ridículo que el que lo buscase en la Morea. » El que lo buscase en la Morea, decimos nosotros, seria todavía ménos ridículo que el que dice : *El que se propondria encontrar,* en vez de *el que se propusiera ó propusiese hallar.* Podemos *encontrar* lo que no estamos buscando ; si buscamos alguna cosa, puede ser que la *hallemos.* En cuanto á la forma del subjuntivo usada por el traductor, cualquier payo sabe que no puede concurrir en primer término con la terminacion en *ase, buscase.*

« En latin hay escrita una obra con el mismo titulo ; pero aquellos son vuelos á propósito para *quebrarse el cuello.* » En castellano *se rompe la cabeza* el tonto que echa á volar sin alas ; en frances se quiebra el cuello, ó *se casse le cou.* Y á los que á fuerza de ignorancia y atrevimiento se vuelven reos de lesa lengua, no les quebramos el cuello; les torcemos el pescuezo.

« Todo el que se *apartará* de esta idea girará eternamente al rededor del principio, como la aurora de Bernouille. » El futuro absoluto en segundo término requiere el subjuntivo ó el condicional por correspondiente. Decimos pues : todo el que *se aparte* ó *se apartare*, girará, como la aurora de Bernouille, ó como el cometa de Tico Brahe, ó como la luna de Flammarion, con selenitas y todo; mal que le pese á la Curia Romana.

« Un ministro que *arderia* en cólera al oir defender la existencia del purgatorio, nos concederia de buen grado un lugar de expiacion. » Decimos *arder de cólera*, y *montar en cólera*; arder en cólera, no es castizo *; y si lo fuese, todavía seria error garrafal y ofensa á la sintáxis usar del subjuntivo en esa terminacion, cuando la que corresponde en este caso es la en *iera*: un ministro que *ardiera de* cólera, nos concediera, etc.; ó un ministro que *ardiese de* cólera, nos *concederia* el lugar consabido de tormento. Puede esta ser verdad de á folio; pero lo es de á folio y medio la proposicion contraria; esto es : Un canónigo que muriera de cólera, ó se atragantara al acordarse de la abolicion del diezmo; un cura que se diera á todos los diablos de que le negasen la existencia del purgatorio, no se ahorcarian porque les pusiesen en duda la del infierno. Esto consiste en que

---

* Arder de rabia *Salvá Gram.*

del infierno, maldita si sacan la cosa, y el purgatorio les deja buenos cuartos. La saca de almas es un pontazgo de la Edad Media : el moro Galafre no *sacaba* más del puente de Mantible.

« Mas si consideramos *los hombres* los unos con respeto á los otros, qué sucederá de ellos? » Sucederá que á los tontos de capirote les demos algunos papirotazos; y á los ignorantes audacísimos los pongamos atados piés y manos á las puertas de la Duquesa, para que esta noble dama junto con su doncella Altisidora les den quinientos mil pellizcos, y los dejen con más cardenales que el Sacro Colegio. Los que saben *considerar*, no consideran *los hombres*, sino *á los hombres*; y cualquier cosa que suceda, no sucede *de* ellos, sino *con* ellos.

« *Todo al contrario*, querido conde, » dice el Senador en la Velada nona. *Tout au contraire, mon cher comte.* Seríamos nosotros capaces de investir á la Academia Española de poder coercitivo, y poner á sus órdenes un cuerpo de gendarmes, para que sepultase en negros calabozos á estos violadores y asesinos de la lengua. Y si ella hubiere menester un gran ejecutor, nuestro voto es por el señor conde José de Maistre, quien no se anda en chiquitas, y corta cabezas por daca esas pajas. Si obras como el Telémaco, El Genio del Cristianismo y las Veladas de Sanpetersburgo son traducidas de este modo, ¿qué suerte correrán las novelitas de Paris, ese pan de cada dia de la gente frívola, incapaz de cosa grande y buena? Verdad es tambien que en punto á galiparla ó insensatez, los sud-americanos no les cedemos una

mínima : De mal cuervo mal huevo, dice el Comendador Griego en su coleccion de refranes. De tal palo tal
astilla, responde Juan de Mallara. De semejantes traductores españoles no es mucho nazcan autores americanos
semejantes á ellos. Nada nos quedaremos á deber en
nuestro comercio galo - hispano con nuestros *frères*
del Manzanares, el Guadalquivir y el Tajo; porque si
ellos traducen el Telémaco con ese aire y ese aquel tan
sumamente grato, nosotros somos autores originales de
lo más curioso. El Tajo, el Tajo... Oh Tajo en cuya ciudad provecta, la imperial Toledo, no habia terciopelero
ni espadero que no las cortase en el aire en esto del
hablar pulido ! Pobre España para quien todo es *sufrimientos* en el dia ! Si está enferma, *está sufriendo*; si se
halla corta de facultades, *está sufriendo*; si le aquejan
dolores físicos ó morales, *está sufriendo*. Se le va una
hija con el sastre, se le llueve la casa, los comunistas de
Cartagena le dan en que merecer : todo es *sufrimientos*.
Ya no padece, vieja ingrata, como padecieron sus abue-
las : la Cava padeció; ¡ y digo si no habrá padecido la
bellaca, al ver cómo su amante salia por ahí gritando :
Moros hay en la tierra ! Hormesinda, hermana de Pelayo, padeció; pero así, llora llorando, se casó con su
moro. Vaya ! y no se habia de casar : era tonta por si
acaso ? No se halla un Munuza á la vuelta de cada esquina; y ménos Munuza como aquel tan bien carado y
valiente. La hermana de don Alonso el Casto, esa chica
que vosotros conoceis, amigos chapetones ; pues esa
casta princesa que las hubo con el conde de Saldaña, y os
benefició, *á furto*, como dicen las crónicas, con Bér-
nardo del Carpio ; esa guapa moza de blando corazon y

duras carnes, padeció, natural es que haya padecido cuando el rey su hermano y señor hubo puesto los Pirineos entre *él* y ella, habiéndolos encerrado tan bien á ella como á él, para que el uno muriese y el otro naciese en el encierro. La infanta doña Urraca, sitiada en su ciudad de Zamora, padeció; y el señor don Sancho, sitiador, no fué tan *galantuomo* que digamos, sino un *ungálan man*, como dicen los ingleses; un ambicioso, belitre, descortés y mal mirado caballero en hacer padecer tánto á la bella señora la princesa Urraca. Urraquita, Urraquilla... Tímida era y modesta en gracia de Dios; y á ésta sí que no se le podia llegar y besarla durmiendo, porque ni padecia de despechada, ni aguantaba pulgas, ni sufria olvidos ó pretericiones. Y sino, vedla cómo se le sube á las barbas á su señor padre don Fernando primero en su lecho de muerte.

> Morir os queredes, padre,
> Sant Miguel os haya el alma:
> Mandaste las vuestras tierras
> A quien bien se os antojara:
> A mí por que soy mujer
> Dejaisme desheredada.
> Irme he por esas tierras
> Como una mujer errada,
> Y este mi cuerpo daria
> A quien bien se me antojara,
> A los moros por dinero,
> A los cristianos por gracia.
> De lo que ganar pudiere
> Haré bien por la vuestra alma.
>   Allí preguntara el rey:
> Quién es esa que así habla?
> Calledes, hija, calledes,
> Non digades tal palabra...

Conque para esa señorita el *padecer* y el *sufrir* eran cosas muy diversas; tan diversas, que si la envidia, la cólera, el terror de quedarse en la calle le causaban padecimientos morales de quitarle el juicio; el sufrimiento, el santo sufrimiento, ese freno de oro que nos contiene y detiene al labio del abismo del despecho, no reprobaba en ella esas tan audaces como feas determinaciones.

> Irme he por esas tierras
> Como una mujer errada,
> Y este mi cuerpo daria
> A quien bien se me antojara.

La infanta doña Urraca y todas ellas padecieron : los españoles de hoy no padecen, *sufren*. España sí, padece, puesto que ni lo sabe ni lo advierte. A la hembra desamorada á la adelfa le sepa el agua. Le ha perdido el amor á su hermoso idioma; que padezca, aun cuando no alcance espíritus para el noble sufrimiento, y quiera irse ella tambien por *esas tierras*

> En traje de peregrina :
> A los cris... Mas faga cuenta
> Que las romeras á veces
> Suelen parar en rameras,

segun que se prometia doña Urraca. Nosotros tambien *sufrimos*, todo nos lo sufrimos : sufren los indios, sufren los negros; ¿ qué mucho que suframos los seudo-europeos, cuasimalayos ó semi-africanos ? Cuenta con pago, señores nobles del Pichincha, el Funza, el Rímac y el Plata. No direis por lo ménos que no servis de novillos ó de puertas para este rehilete, ó, si suena me-

jor, venablo. No hay gusto que se iguale con llamarle
vieja á una vieja, negro á un negro, tonto á un tonto,
pícaro á un pícaro : si hay satisfaccion comparable con
ésta, es la de llamarle vieja á una presumida que las da
de jóven ; *cholo, roto ó lépero* á un Capoche por cuyas
venas corre sangre de Benavides de Leon ó de Zúñigas
de Villamanrique. Tontos, gracias á Dios, muchas veces
los hemos llamado á hombres de más talento que nosotros, merced á la vanidad ó á la cólera ; mas en cuanto
á calificar de bribon á uno de bien, nunca nos ha ten-
tado el diablo, ni ha sido de nuestro gusto. Y con esto
volvemos á los indios.

Por la mayor parte, íbamos á decir, en las ciudades
interiores de la América del sur la bacía la llevan los
indios, sin que el barbero de Sevilla les eche el pié adelante en lo de parlanchines, bellacos, alcahuetes y be-
bedores. Un dia, pasando nosotros por una calle, el barbero, ó señor rapador, segun se expresa Don Quijote,
de calzon y zapato de medio pié, estaba plantado en el
umbral de su tienda : no en el dintel, como dicen los
que ahora escriben, porque no estaba colgado. Acertó á
pasar asimismo una india de pollera colorada y rebozo
amarillo, cubierto el cuello de cuentas y corales como
huevos de paloma, que era un pescuezo de pavo en su
más soberbio esponjamiento. ¿ Cómo está la comadre ?
Está sufriendo, le oimos responder al pícaro. Habia pa-
rido la pazpuerca, y el bribonazo del indio llamaba á
eso *estar sufriendo.* Qué esperanza nos queda de volver
á oir ni hablar la lengua castellana en nigun tiempo ?
Cuando las indias empiezan á hallarse *en estado intere-*

sante, y están sufriendo, podemos dar por vendida, perdida y concluida ; traicionada, abortada y desbaratada ;
enferma, enteca y muerta la dicha lengua ; lengua en la
cual las mujeres antiguas, y no tan antiguas como las
Hermengardas, Hermentrudas y Hormesindas ; ni como
las Berenguelas, Guiumares y Faviolas ; sino allá no
más por los tiempos de las doñas Engracias y doñas Pila-
res ; estas mujeres, decimos, estaban preñadas, si eran
llanas é ingenuas ; en cinta, si más cultas ; y parían ó
daban á luz un hijo en haz y paz de nuestra santa
madre Iglesia, la cual imprimia en ellos con sal y agua
carácter de Juan, Diego ó Antonio ; Dolores, Mercédes ó
Gertrudis. Ahora no : ninguna quiere estar en cinta ;
preñada, ménos. Aunque se llame Ambrosia y le mane
azufre por el ojo izquierdo, está *en estado interesante ;*
y no pare por nada de esta vida, sino *desembaraza,* y
se pone *á sufrir* de nuevo. Dudamos que cuando están
en *estado interesante* nos interesen más que cuando
delgadas, iguales, ligeras y vivas andan conquistando
el mundo con sus negros ojos y sus labios rubicundos.
Para un pobre que ve ahí amontonados en un rincon
seis chicos muertos de hambre y harapientos, no debe de
ser tampoco de gran interes el *estado* de la que le viene
amenazando á más andar con el séptimo cachorro. Y casti-
guemos de paso otro dislate, que así pervierte la idea
como la forma, el estilo como el lenguaje. *Estado* indica permanencia, fijeza, carácter que por su invariabilidad viene á
ser natural é inherente al individuo ; y aun por eso decimos que el del matrimonio es un *estado,* dando á entender que esta cadena orinecida, pesada y crujiente, ni el
diablo la puede romper, ni el mísero mortal suspenderla

en la puerta de su casa é irse por el mundo libre y suelto. La de las cosas que no aterran con la perpetuidad se llama *situacion*. Medrados estábamos, si *el estado interesante* de nuestras Evas, Hebes y Niebes fuera cosa perpetua! Por dicha no es sino situacion con término fijo, al fin del cual vuelven á *interesarnos* las que tienen la letra menuda y poseen el arte de embarnecer, sonrosearse, aderezarse y salir andando, erguida la cabeza, repujado el pecho, amables los ojos y la boca. Miéntras nuestras mujeres no vuelvan á los dichosos tiempos de estar en cinta, no hemos de ver el renacimiento de la lengua castellana; y miéntras no estén de parto en brazos de la madre naturaleza, todo ha de ser *desembarazo* para ellas y embarazo para nosotros. ¿ Porqué no querrán parir llana y cristianamente las de ahora, como lo estilaron las doñas Mensías y doñas Violantes que nos sirven de tatarabuelas? No faltan ya monarquistas y republicanas, aristócratas y demócratas, patricias y plebeyas que estén *acuchadas ó de couches*, porque las francesas *sont accouchées* ó se disponen para *leurs couches*. Santo Dios! hay más que decir, como apuntamos arriba, que van á parir ó están de parto? Si no quieren ó no deben estarlo, escóndanse, sepúltense, métanse debajo de la tierra, que esto al fin es prudente y ménos malo que estar *de couches*.

Entre el sufrir y el padecer va la propia diferencia que entre la virtud y la necesidad : padecemos á más no poder, y muchas veces dándonos á todos los diablos de nuestra negra fortuna. En este caso es cuando ménos nos cumple decir que sufrimos, por cuanto el sufrimiento es acto del espíritu muy acepto para con Dios, una cosa misma con la resignacion. Sufrir es llevar en paciencia nuestra suerte, los trabajos que nos agovian y las penas que estamos devorando : sufrir es ponernos en manos de la Providencia divina, obedecer sus decretos y quedarnos humildemente á la esperanza : sufrir es ejercitar el ánimo en la filosofía, romperlo á la guerra del mundo y burlarnos santamente de los rigores de la injusticia : sufrir es ser hombre ó mujer fuerte sobre quien nada pueden ni privaciones, ni provocaciones, ni linaje de agravios : sufrir es levantarse sobre el pantano donde están hirviendo cólera, desaliento, desesperacion, quejas amargas, propósitos malignos. Sufrimiento es filosofía : Sócrates sabe sufrir : ni las injurias de Aristófanes le irritan, ni el molino de Xantipa le saca de sus quicios, ni la precipitacion de los treinta tiranos le exaspera. Sufrimiento es santidad : San Bartolomé sabe sufrir : desollado de los piés á la cabeza, se echa su piel al hombro dando gracias á Dios, y se va sin maldecir á los verdugos. Sufrimiento es sabiduría : Galileo sabe sufrir : preso, encadenado, oyendo chirriar á cuatro pasos la hoguera con que le amenazan, tranquilo exclama : *E pur si muove.* Sufrimiento es grandeza de alma : héroes, filósofos, grandes monarcas, mártires, han probado que poseian la virtud del sufrimiento, con afrontar serenos los insultos de la fortuna y morir tan grandes en la desgracia como habian vivido en la prosperidad resplandeciendo en el poder y las virtudes. Sufrimiento es virtud, virtud que trae gloria en sus luminosas entrañas. No sufren sino los fuertes : los bajos, los cobardes, los pobres de espíritu padecen ; su estrella es

padecer; pero no sufren, pues si suyo fuera el sufrir.
eleváranse sobre sí mismos, y padecieran ménos, y
fueran grandes por el sufrimiento. En cuanto á los malvados, sabed que ellos son los que padecen verdaderamente, y tanto más cuanto que no sufren : sufrimiento
y soberbia son enemigos : si hay malvado que no cul-
tive la soberbia, gran maravilla es. El hipócrita es malvado, y no la cultiva : malvado humilde, rastrero : es un
santo por defuera ; por dentro, todo infierno. La soberbia no sale en él al mundo, esto es todo : su corazon
está hirviendo en las más negras pasiones. El padecer
puede muy bien andar sin el sufrir : desgraciados, todos
lo somos por fas ó por néfas, ca mucho padecemos y
poco sufrimos. Si el sufrimiento absorbiera las malas
lágrimas, las lágrimas de soberbia, cólera, impotencia,
nuestros padecimientos cobraran aspecto de propicios y
vinieran á ser virtudes en nosotros. Así, cambiando los
vocablos pervierten las ideas los ignorantes y los vanos ;
y los vanos, pues habeis de saber que muchos hablan y
escriben mal á sabiendas : timbre es para los necios es-
tropear y pervertir la lengua propia, como del chacolo-
teo innoble de su boca resulte la opinion de ser tenidos
por hombres que han vivido ó viajado en Francia. No
seria mejor aprender la lengua francesa sin olvidar la
castellana ? cultivar las extranjeras sin consentir en que
se remonte la nacional ? ¡ Y qué lengua ! la de hablar
con Dios : la lengua muda del éxtasis en santa Teresa :
la de la oracion hablada en San Juan de la Cruz : la de
la elocuencia eclesiástica en Fray Luis de Granada : la
de la poesía en Fray Luis de Leon, Herrera y Rioja : la
de la historia en Mariana : la de la novela en Hurtado

de Mendoza : la de la política en Jovellanos : la del amor en Melendez Valdes : la de la risa en Fígaro : ¡ qué lengua ! la de la elocuencia profana en Castelar : ¡ qué lengua !

Por dicha, bien así en España como en América, los que van á la guerra debajo del pendon del siglo de oro, no son pocos. Ignorancia y ridiculez están en el bando opuesto, el cual es más numeroso que los ejércitos que sitiaban á Albraca. Traductores ignorantes, novelistas afrancesados, viajeros fatuos son nuestros enemigos : nosotros nos afrontamos con ellos, y si no podemos llevárnoslos de calles, defendemos el campo palmo á palmo; ni hay impío de ellos á quien le sea concedido penetrar el *sanctum sanctorum* de nuestro angélico idioma. Desde Capmany que se levantó como un gigante contra sus corruptores, hasta don Aureliano Fernández Guerra que le está sacando sobre sus hombros, muchos campeones y muy bizarros los ha habido. Don Diego Clemencin ha revuelto y profundizado el *Tesoro de la lengua castellana*, de Covarrubias, haciendo que reviertan para arriba montones de riqueza pura : ha puesto en manos de los aficionados el *Diálogo de la lengua*, de Juan Valdes : ha descompuesto el Quijote coyuntura por coyuntura, y nos ha mostrado los secretos de la complicada anatomía para cuyo estudio no basta la vida de un hombre. Clemencin es benemérito de la lengua, sagaz recopilador de cuantas noticias pueden convenir para su posesion completa. Don Rafael Maria Baralt, con su Diccionario de galicismos, ha hecho un servicio de tomo y lomo á sus compatriotas, dándoles copia de luces y remitién-

dolos adonde más largamente se contiene. Parece que
los españoles le estudian poco, á pesar de las recomendaciones de Hartzembusch; los hispano-americanos ,
mucho le debemos á ese ilustre hijo de Venezuela que
alcanzó un sillon en la Academia Española. Monlau, en
su Diccionario etimológico; Puigblanc, Gallardo y otros
muchos peninsulares amigos del buen decir, se están
oponiendo á pecho descubierto á las irrupciones de los
bárbaros que bebiendo las turbias aguas del Sena pierden memoria, amor patrio, respeto á sus padres, y
vuelven, las armas en la mano , contra esos santos
difuntos que se llaman Rivadeneira, Hurtado de Mendoza, Quevedo, Cervantes, Argensolas, Jovellanos.

Entre los escritores del dia los hay puros, ricos, elegantes, y ésta es gran fortuna, que hacen rostro á esas
montoneras furiosas de galomaníacos que ora hablando,
ora escribiendo quieren dar al traves con la lengua patria. En la América española, en cada República, existe
un grupo de aficionados en cuyo centro arde á la continua el fuego de Vesta, el fuego puro y misterioso, que
si se apagara temblaran los dioses mismos. De presumir
es que andando el tiempo, merced á la labor constante
de este puñado de jóvenes beneméritos, la *pobrecita li-
mosnera* de Voltaire recoja sus harapos, y la reina de
Cárlos Quinto se vuelva á echar sobre los hombros su
manton de púrpura. *C'est une pauvrette qui fait l'au-
mône à tout le monde*, decia el dios de Ferney, hablando
de la lengua francesa. Tánto ha dado la desnuda y
tánto ha recibido la vestida, que es vergüenza. El castellano de hoy no es sino el frances corrompido. El in-

glés, decia Alejandro Dumas el viejo, no es más que el
frances mal pronunciado. Ese amable Sileno lo decia
por tener y dar de que reir : nosotros estamos hablando
en verdad y conciencia. ¡ Qué es ver, mi Dios, un escritor español con gran fama de talento, escribir de Paris
un monstruo de lengua, mitad Gervasio, mitad Prota-
sio, que quien no supiere una y otra no entenderá palabra ! Ese periodista corresponsal, ó ha puesto en olvido
su idioma, ó se tiene pensado que el mestizo vale más, en
tiempo de democracia, que el godo neto por cuyas venas corre sangre de Leovigildos y Pelayos? La lengua
castellana en manos de los grandes escritores clásicos
es como el Amazonas, caudaloso, grave, sereno : sus
ondas ruedan anchamente, y sin obstáculo van á reem-
pujar y desalojar el océano, que se retira, y vuelve á él
con los brazos abiertos. Todo es paz y grandeza en esa
vena del diluvio . cuando hay alteraciones, las tempestades son sublimes, como cuando Fray Luis de Granada,
santamente irritado, exclama con los profetas : « Qué ha
sido tu corazon sino un cenegal y un revolvedor de
puercos? qué tu boca sino una sepultura abierta por do
salian los malos olores del alma que está adentro
muerta? que tus ojos sino ventanas de perdicion y
ruina? »

« Abrieron su boca sobre ti tus enemigos, y silbaron,
y regañaron con sus dientes, y dijeron : Tragaremos :
éste es el dia que esperábamos ; hallámoslo, vímoslo. »

« Allí fueron conturbados los príncipes de Edom y
temblaron los poderosos de Moab. »

Estas son tormentas grandiosas en boca de ese monje
profético · oimos el trueno, hemos visto el rayo, y la

espada del ángel del Señor, rompiendo esas nubes tremebundas, amenaza á los impíos y soberbios. Fuenmayor, en su Vida de Pio V, se espacia á un lado y á otro : es el Helesponto por donde ruedan los caudales de dos mares. Hurtado de Mendoza ha levantado un monumento á nuestra lengua en su Guerra de Granada como historiador, y en « Lazarillo de Tórmes » otro como novelista de costumbres. Ved sino esta manera de referir, ¡ y qué manera !

« Montaña áspera, valles al abismo, sierras al cielo, barrancos y derrumbaderos sin salida : ellos, gente suelta. »

Hay precision y gracia? Las más hermosas figuras están cometidas en este pasaje, con mano maestra, ¡ y en qué frase, si pensais ! Santa Teresa es hablista insigne : « Toda me parecia estaba desconyuntada y con grandísimo desatino de cabeza; toda encogida, hecha un ovillo, sin poderme mover, más que si estuviera muerta. »

« Tienen los niños un acelerado llorar que parece van á ahogarse; y con darles á deber cesa luego aquel demasiado sentimiento. »

« No hagas tan gran pecado como poner á Dagon par á par del arca. »

« Querer una como yo hablar en una cosa tal, no es mucho que desatine. »

« Suplique vuesa merced á Dios ó me lleve consigo ó me dé como le sirva. »

Bien está que no hablemos como esos antiguos en un todo; mas la pureza, la eufonía, la numerosidad, la abundancia, busquémoslas, imitémoslas. Para mí, yo bien quisiera, enternecido y afligido con la meditacion sobre la muerte, hablar á semejanza de este admirable antiguo : « Llegada es ya mi vez, cumplido el número de mis dias : ahora moriré á todas las cosas y todas ellas para mí. Pues, oh mundo, quedaos á Dios. Heredades y hacienda mia, quedaos á Dios. Amigos y mujer é hijos mios, quedaos á Dios, que ya en carne mortal no nos veremos jamas. »

« Breves son, Señor, los dias del hombre, y el número de los meses que ha de vivir, tú lo sabes. »

Ahora ved esta deliciosa cadencia de períodos : « Para ti enreda y trama el gusano hilador de la seda : para ti lleva hojas y fruto el árbol hermoso : para ti fructifica la viña : el vellon de lana que cria la oveja, beneficio tuyo es : la leche y los cueros y la carne que cria la vaca, beneficio tuyo es : las uñas y las armas que tiene el azor para cazar, beneficio tuyo es. »

¿ Cómo volviéramos á nuestro modo de escribir este lugar tan lleno de majestad y elegancia? La lana, las uñas... oh, esto es haber perdido la lengua, haberla corrompido hasta la medula, haber profanado una deidad propicia. Espíritu de la santa doctora, desciende sobre mí, alúmbrame. Alma del padre sabio, oh tú, Granada invisible, si en tus peregrinaciones al mundo ; si cuando sales á recoger tus pasos aciertas á distinguir á este devoto de tu nombre, bendícele. Y tú, Cervantes, á quien he tomado por guia, como Dante á Virgilio, para mi viaje por las oscuras regiones de la gran lengua de Castilla, echa sobre mí los ojos desde la eternidad, y anímame; llégate á mí, y apóyame; dirígeme la palabra, y enséñame. Cuando yo te pregunte: Maestro, quién es esa sombra augusta que á paso lento está siguiendo la orilla de ese rio? Tú has de responder: Inclínate, hijo: ése es don Diego Hurtado de Mendoza.

Maestro, quién es el espectro que allá va alto y sereno, los ojos vueltos arriba? Ese es Fernando Rojas, autor de La Celestina, salúdale.

Maestro, quién es ese espíritu que se agacha á beber en esa fuente, debajo de esos acopados mirtos? Es Moratin, llamado Inarco Celenio. A éste no le hables: huirá como una cervatilla: es tímido y esquivo como una vírgen vergonzosa.

Maestro, quién es esa alma rodeada de un resplandor divino, que está echándole la mano al cuello á ese arco íris? Ese se llama don Gaspar de Jovellanos, hijo. Es el pontífice de los escritores: llégate á él, y dobla la rodilla.

Y agora, mi buena señora, me acorred, pues que me es tanto menester.

COMENTARIOS

A lord Chatham, el gran pechero, le falta la h en este tomo, donde ha pasado de simple Chatam. Bien es verdad que esa letra aristocrática no está consagrada sino por el uso; pues de uno y otro modo se escribe el nombre, como puede verse en la geografía de la Gran Bretaña. Chatham ó Chatam, ciudad fuerte del condado de Kent, cerca de Rochester, en la embocadura del rio Medway. Pitt el antiguo, conde de Chatham, vizconde de Búrton, principió su carrera política en tiempo del célebre ministro sir Roberto Walpole, á quien hizo oposicion, no ménos que á sus succesores, hasta que se levantó él mismo, elocuente y poderoso, sobre las ruinas del marques de Rockingham. Cuando le llegó su vez, cayó de una pieza, pálido y mudo, ante el senador terrible que le abrumaba con este apóstrofe: « Con qué y con quién cuenta Vuestra Señoría para continuar la guerra? » Hablaba de los Estados Unidos, cuya independencia se negaba á reconocer con ira el ministro de Jorge III. Lord Richmond le mandó á la cama, y de allí á la sepultura. Rara emocion la de hombre que se deja caer sobre su asiento, y no recobra la palabra sino para decir que pasa á mejor vida! No murió de contado, pero fué necesario llevarlo en brazos ajenos, y al cabo de un mes rindió el aliento en su casa de Hayes. Su gran hijo, William Pitt, crecerá en breve el lustre de su nombre.

Algo hay de tenebroso y aflictivo en el decir: « Ahora veinte años, » « Ahora treinta años, » á pesar de la consoladora cortapisa, « Siendo yo muchacho. » Ay, ahora veinte y cinco años, siendo yo muchacho, venia cruzando los mares á bordo del *Paraná*, en mi primer viaje al antiguo mundo. Entre los doscientos pasageros de ese viejo, grande buque, un anciano sobresalia por el porte majestuoso y la barba enteramente cana. Sonrosado á despecho de la edad, era bello á modo de Príamo, con la belleza de la senectud. Alto, delgado, sus quince lustros no eran óbice para la viveza y agilidad de los movimientos. El general Brown fué reconocido, y no hubo quien no acudiese á rendir homenage á ese patriarca de la guerra; Brown, de quien hago mencion en el tratado de los héroes, cuando rompe el combate de Junin con esa lanzada memorable en los fastos de Colombia. Es el único de los próceres de la independencia á quien he conocido de persona á persona, y á quien he tenido la gloria de tratar familiarmente. Don Juan, no me deje sola á Pilar, me decia el anciano, cuando bajaba del puente á la cámara á entregarse horas enteras al rocambor con otros viejos que iban allí. Esta doña Pilar era su hija, boliviana hermosa que venia á conocer la patria de su padre. Un dia, trasbordándonos en Santómas, la niña estuvo en poco de irse al mar, de la tabla que une las dos naves en semejante caso. Yo, como el más proximo circunstante, le alargo la mano vivamente : rehúsala ella, quedándose al peligro, ántes que dar la suya á un desconocido : acude su padre, y la salva. Yo no sé cómo fué ni cómo no, pero ese desairado no tuvo en adelante interlocutor más benévolo ni compañía más constante que doña Pilar. Ay, don Juan, Cochabamba, Cochabamba es muy triste, decia, aludiendo á la residencia que el general habia escogido. En Inglaterra me despedí del noble anciano y su amable hija, la cual se casó en Alemania, tan luego cómo hubo llegado. Las minas de Cochabamba no la afligen ya probablemente. En cuanto al general Brown, no he sabido ni cuando, ni en donde habrá muerto. Pues si á 75 añadimos 25, tendremos un hombre de cien años; y no es de presumir que el héroe de Junin haya llegado á tanto. Brown, al valor de la batalla, unia la lealtad del hombre de bien y la nobleza del caballero. Sus gallardías en Bolivia, y despues en la campaña de Tarqui, no se han borrado de la memoria y el corazon de los hijos de la antigua Colombia.

Habiendo visto en un artículo reciente de un escritor provecto el nombre de Brown escrito *Braun*, á la española, volé á la biblioteca nacional en Paris, y en una de las salas reservadas á los libros raros, pedí la historia de Venezuela de Baralt y Diaz, con poca esperanza de obtenerla. A la vuelta de quince minutos estaban delante de mi silla dos magníficos volúmenes empastados en marroquin amarillo. En ciertas materias, yo sé muy bien lo que me pesco : á la segunda abierta, el general *Brown* compareció junto con O'Leary galopando en la planicie de Tarqui. *Braun*, no es ortografía alemana; pero escritor tan versado en esa historia, antiguo ademas, cómo podia haberlo desfigurado de ese modo? Mi duda fué en contra mia; pero la biblioteca nacional de la capital de Francia sentenció en mi favor. Por donde veo cuánto deber nos corre á los autores de ser exactos y prolijos: de otra suerte infundimos dudas infundadas, y con nuestros errores exponemos á los incautos á cometerlos ellos mismos. Pero quién se escapa de errores y equivocaciones? ¡Qué consuelo para mí ver la célebre edicion del Quijote de Clemencin con su fe de erratas cada tomo! Y qué erratas! *Florando* por *Florambel, la Eneida* por *el Orlando!* Si á todo un don Diego Clemencin se le fueron *metamórfosis* por *metamórfoses, cuatro* por *cinco,* no me retiraré yo á la Peña Pobre á llorar mis desventuras, porque mi impresor frances me ha puesto en castellano *hoye* y *Ola,* quitándole la cabeza á la interjeccion para ponérsela al verbo oir. Si en los Comentarios de Clemencin halla usted *membrar* por *membrarse, fines* por *mediados,* ya puede llevar en paciencia, amigo don Juan, que una vez haya salido el caballero andante de la *Argamacilla* con c, y no de la Argamasilla con s, como ha salido otras veces. ¡Cuando en un libro frances acabo de ver *Marcella* y no Marsella! Diga Rouget de Lisle si los puso patas arriba á los franceses con la *Marcellesa* ó con la *Marsellesa?*

Los Cervantistas echarán de ver que entre los protectores de Cervantes no he puesto al cardenal Zandoval, arzobispo de Toledo, persona de quien habla principalmente el señor de la Revilla. Sí, ese clérigo condecorado miró tambien por él; pero con mano tan escasa, que apénas fué para impedir que el gran mendigo se acabase de morir de hambre. *(Tout au plus pour empêcher qu'il ne mourût d'inanition.* MICHAUD.) Largo y pomposo en yendo de vanidades, fué corto y humilde su eminencia cuando tuvo que hacer con la caridad. A la gloria del siglo, no ménos que á la inmortal, sube el hombre por entre abrojos.

Fuera de los que habré cometido por inadvertencia, los conocedores del español me tomarán en un galicismo voluntario, donde he puesto: « Aníbal está allí que le disputa la precedencia; » « Delicados, puros, tiernos, la sensibilidad y la inteligencia los vuelven como divinos; pero la fortuna está allí que se ríe de su grandeza. » *Mais la fortune est là, qui rit de leur grandeur.* La intencion de Jovellanos es notoria cuando pone al servicio de su lengua muchos cortes y torneos de la francesa; pues en tan experto varon no es probable la ignorancia. Yo he usado á sabiendas, y yo sí que tengo que advertirlo, el galicismo que queda apuntado, porque me gusta aquel revoloteo elegante de la frase. La oracion de gerundio ha pasado á relativo; abuso que, no pecando ni contra la sintáxis castellana, ni contra ley ninguna de nuestro idioma, podria tener cabida entre nosotros, si lo propusiera escritor de más cuenta que yo. « Aníbal esta allí que le disputa la precedencia; » esto es, Aníbal está allí disputándole la precedencia. « Delicados, puros, tiernos; pero la fortuna está allí que se ríe de su grandeza, » esto es, riéndose de su grandeza. La fortuna se ríe siempre del talento, la sensibilidad, las virtudes: quieran los cielos que los hombres malos hallen que aborrecer, no de que reirse en este libro ; y quieran donde más altos están que los propensos á la verdad y el amor no le vuelvan las hojas, sin hallar aquí y allí algo que diga con sus propios pensamientos y afecciones.

BESANZON, IMPR. DE P. JACQUIN.